国家社会科学基金项目资助
河南省高等学校青年骨干教师培养计划资助

中国收入差距的机会不平等测度与对策研究

江求川 ◎ 著

中国财经出版传媒集团

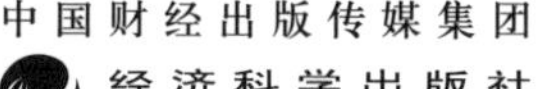

·北 京·

图书在版编目（CIP）数据

中国收入差距的机会不平等测度与对策研究/江求川著．--北京：经济科学出版社，2024.6
（郑州大学厚山人文社科文库）
ISBN 978-7-5218-5045-1

Ⅰ.①中… Ⅱ.①江… Ⅲ.①收入差距-研究-中国
Ⅳ.①F124.7

中国国家版本馆 CIP 数据核字（2023）第 159048 号

责任编辑：王 娟 徐汇宽
责任校对：蒋子明
责任印制：张佳裕

中国收入差距的机会不平等测度与对策研究
ZHONGGUO SHOURU CHAJU DE JIHUI BUPINGDENG CEDU YU DUICE YANJIU
江求川 著
经济科学出版社出版、发行 新华书店经销
社址：北京市海淀区阜成路甲 28 号 邮编：100142
总编部电话：010-88191217 发行部电话：010-88191522
网址：www.esp.com.cn
电子邮箱：esp@esp.com.cn
天猫网店：经济科学出版社旗舰店
网址：http://jjkxcbs.tmall.com
北京季蜂印刷有限公司印装
710×1000 16 开 17.75 印张 275000 字
2024 年 6 月第 1 版 2024 年 6 月第 1 次印刷
ISBN 978-7-5218-5045-1 定价：68.00 元
（图书出现印装问题，本社负责调换。电话：010-88191545）

郑州大学厚山人文社科文库
编委会

总　序

哲学社会科学是人们认识世界、改造世界的重要工具，是推动历史发展和社会进步的重要力量。习近平总书记指出："一个没有发达的自然科学的国家不可能走在世界前列，一个没有繁荣的哲学社会科学的国家也不可能走在世界前列。""高校是我国哲学社会科学'五路大军'中的重要力量。"充分肯定了高校的地位和作用。郑州大学哲学社会科学面临重大机遇。

一是构建中国特色哲学社会科学的机遇。历史表明，社会大变革的时代，一定是哲学社会科学大发展的时代。党的十八大以来，以习近平同志为核心的党中央高度重视哲学社会科学。习近平总书记在全国哲学社会科学工作座谈会上的重要讲话为推动哲学社会科学研究工作提供了根本遵循。《关于加快构建中国特色哲学社会科学的意见》为繁荣哲学社会科学研究工作指明了方向。进入新时代，我国将加快向创新型国家前列迈进的步伐，构建中国特色自主知识体系成为高校的重要使命。站在新的历史起点上，更好进行具有许多新的历史特点的伟大斗争、推进中国特色社会主义伟大事业，需要充分发挥哲学社会科学的作用，需要哲学社会科学工作者立时代潮头、发思想先声，积极为党和人民述学立论、建言献策。

二是新时代推进中原更加出彩的机遇。推进中原更加出彩，需要围绕深入实施粮食生产核心区、中原经济区、郑州航空港经济综合实验区、郑洛新国家自主创新示范区、中国（河南）自贸区、中国（郑州）跨境电子商务综合试验区、黄河流域生态保护和高质量发展等重大国家战略开展研究，为加快中原城市群建设、高水平推进郑州国家中心城市建设出谋划策，为融入"一带一路"国际合作和推进乡村振兴，推动河南实现改革开放、创新发展提供智力支持。同时，需要注重成果转化和智库建设，使智库真正成为党委、政府工作的“思想库”和“智囊团”。因此，站在中原现实发展的土壤之上，我校哲学社会科学必须立足河南实际、面向全国、放眼世界，弘扬焦裕禄精神、红旗渠精神、愚公移山精神、大别山精神和中原文化的优秀传统，建设具有中原特色的学科体系、学术体系，构建具有中原特色的话语体系，为经济社会发展提供理论支撑和智力支持。

三是加快世界一流大学建设的机遇。学校完成了综合性大学布局，确立了综合性研究型世界一流大学的办学定位，明确了建设一流大学的发展目标，世界一流大学建设取得阶段性、标志性成效，正处于转型发展的关键时期。建设研究型大学，哲学社会科学承担着重要使命，发挥着关键作用。为此，需要进一步提升哲学社会科学解决国家和区域重大战略需求、科学前沿问题的能力；需要进一步提升哲学社会科学原创性、标志性成果的产出质量；需要进一步提升社会服务水平，在创新驱动发展中提高哲学社会科学的介入度和贡献率。

把握新机遇，必须提高学校的哲学社会科学研究水平，树立正确的政治方向、价值取向和学术导向，坚定不移实施以育人育才为中心的哲学社会科学研究发展战略，为形成具有中国特色、中国风格、中国气派的哲学社会科学学科体系、学术体系、话语体系做出贡献。

“十三五”时期以来，郑州大学科研项目数量和经费总量稳步增长，走在全国高校前列。高水平研究成果数量持续攀升，多部作品入选《国家哲学社会科学成果文库》。社会科学研究成果奖不断取得突破，获得教育部第八届高等学校科学研究优秀成果奖（人文社会科学类）一等奖1项，二等奖2项，三等奖1项。科研机构和智库建设不断加强，布局建设11个部委级科研基地。科研管理制度体系逐步形成，科研管理的制度化、规范化、科学化进一步加强。哲学社会科学团队建设不断加强，涌现了一批优秀的哲学社会科学创新群体。

从时间和空间上看，哲学社会科学面临的形势更加复杂严峻。我国已经进入中国特色社会主义新时代，开始迈向以中国式现代化全面推进中华民族伟大复兴新征程，逐步跨入高质量发展新阶段；技术变革上，信息化进入新

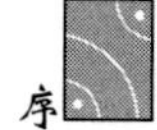

一轮革命期，元宇宙、云计算、大数据、移动通信、物联网、人工智能日新月异。放眼国际，世界进入到全球治理的大变革时期，面临百年未有之大变局。

从哲学社会科学研究本身看，重视程度、发展速度等面临的任务依然十分艰巨。改革开放40多年来，我国已经积累了丰厚的创新基础，在许多领域实现了从“追赶者”向“同行者”“领跑者”的转变。然而，我国哲学社会科学创新能力不足的问题并没有从根本上改变，为世界和人类贡献的哲学社会科学理论、思想、制度性话语权，中国声音的传播力、影响力还很有限。国家和区域重大发展战略和经济社会发展对哲学社会科学提出了更加迫切的需求，人民对美好生活的向往寄予哲学社会科学以更高期待。

从高水平基金项目立项、高级别成果奖励、国家级研究机构建设上看，各个学校都高度重视，立项、获奖单位更加分散，机构评估要求更高，竞争越来越激烈。在这样的背景下如何深化我校哲学社会科学体制机制改革，培育发展新活力；如何汇聚众智众力，扩大社科研究资源供给，提高社科成果质量；如何推进社科研究开放和合作，打造成为全国高校的创新高地，是我们面临的重大课题。

为深入贯彻习近平新时代中国特色社会主义思想和习近平总书记关于哲学社会科学工作重要论述以及《关于加快构建中国特色哲学社会科学的意见》等文件精神，充分发挥哲学社会科学工作者“思想库”“智囊团”作用，更好地服务国家和地方经济社会发展，推动学校哲学社会科学研究的繁荣与发展，郑州大学于2020年度首次设立人文社会科学标志性学术著作出版资助专项资金，资助出版一批高水平学术著作，即“厚山文库”系列图书。

厚山是郑州大学著名的文化地标，秉承“笃信仁厚、慎思勤勉”校风，取“厚德载物”“厚积薄发”之意。“郑州大学厚山人文社科文库”旨在打造郑州大学学术品牌，集中资助国家社科基金项目、教育部人文社会科学研究项目等高层次项目以专著形式结项的优秀成果，充分发挥哲学社会科学优秀成果的示范引领作用，推进学科体系、学术体系、话语体系创新，鼓励学校广大哲学社会科学专家学者以优良学风打造更多精品力作，增强竞争力和影响力，促进学校哲学社会科学高质量发展，为国家和河南经济社会发展贡献郑州大学的智慧和力量，助推学校世界一流大学建设。

“厚山文库”出版资助的程序为：学院推荐，社会科学处初审，专家评审。对最终入选的高水平研究成果进行资助出版。

河南省政协副主席、郑州大学党委书记刘炯天院士，郑州大学校长李蓬院士，郑州大学副校长屈凌波教授等对“厚山文库”建设十分关心，进行了具体指导。学科与重点建设处、高层次人才工作办公室、研究生院、发展规划处、学术委员会办公室、人事处、财务处等单位给予了大力支持。国内多家知名出版机构提出了建设性的意见和建议。在这里一并表示衷心感谢。

我校哲学社会科学工作处于一流建设的机遇期、制度转型的突破期、追求卓越的攻坚期和风险挑战的凸显期。面向未来，形势逼人，使命催人，需要我们把握学科、学术和研究规律，逆势而上，固根本、扬优势、补短板、强弱项，努力开创学校哲学社会科学发展新局面。

周　倩

2023 年 1 月 1 日

序　　言

党的十八大提出“逐步建立以权利公平、机会公平、规则公平为主要内容的社会公平保障体系”。党的十九大报告强调“使人人都有通过辛勤劳动实现自身发展的机会”。所谓机会公平，就是要为所有居民提供公平的发展机会，让每个人都能公平地享有发展成果。机会公平是指民族、地区、出生背景、性别以及其他非个人可控的特征不影响一个人的发展前景。一个人的成就仅仅与他的才能、努力程度以及所做出的选择有关。权利的公平和规则的公平从根本上保证和促进了机会公平的顺利实现，这三者充分体现了社会公平正义在构建和谐社会当中的重要意义，也充分彰显了现代哲学中最为重要的公平理念。

本书的研究主题聚焦于中国收入差距的机会不平等问题。本书选择这一主题的原因主要有以下三点。首先，收入是个人成就最主要的构成部分。收入获取过程中的机会不平等有可能是其他个人成就机会不平等的最终反映。例如，教育的机会不平等、健康的机会不平等都有可能最终反映到收入的机会不平等当中。因此，探讨收入的机会不平等问题能够比较深刻地反映整个社会的机会公平情况。其次，改革开放以来，我国的收入（结果）不平等问题一直是政策制定者、学者以及社会大众较为关心的话题。探讨收入机会不平等能够为收入结果不平等的研究提供更新颖、更深层的思路。最后，收入机会平等具有较为重要的工具价值。相对于收入结果不平等与经济增长之间的关系而言，最新的研究结果表明，收入机会不平等与经济增长的关系更加重要。

本书由八章构成。第一章对现有研究文献进行详尽的梳理。其中，第一节介绍早期的哲学、社会学以及经济学对平等问题的探讨，理清平等主义观点的发展脉络。第二节重点介绍现代经济学研究对机会平等的规范价格和工具价值的分析。第三节介绍机会平等原则在公共政策评价中的运用。第四节系统梳理机会不平等测度的理论及实证研究进展。第二章至第四章的研究重点是机会不平等的测度问题。第二章在一般化的机会平等定义下给出检验机会不平等存在性的方法。所使用的检验策略充分考虑实证研究过程面临的各种数据不完善问题。最终利用微观数据对中国收入差距当中是否存在机会不平等成分进行了严谨的计量检验。第三章进一步将第二章的存在性分析推进到具体的机会不平等程度量化测度分析。为了得到比较可靠的机会不平等测度结果，第三章使用大量现有测度方法，并在这些方法的基础上提出新的测度方法。通过多种测度的综合结果对中国收入差距的机会不平等程度及其所呈现出的城乡差异和性别差异等特征给出比较可靠的判断。第四章重点针对实证研究当中面临的客观数据约束问题进一步分析机会不平等的上下界。相比较机会不平等的测度，机会不平等的上下界分析为在数据不完备的情况下判断机会不平等程度提供最后保障。第五章在机会不平等测度研究的基础上，分析机会不平等在空间和时间上的变化特征。第六章和第七章探讨收入机会不平等与居民福利之间的关系。其中，第六章考查的是居民对机会不平等的主观感知情况以及主观感知的机会不平等对居民主观福利的影响。第七章则是在传统的社会福利函数基础上引入机会不平等的思想，分析机会不平等对社会总福利的客观影响。第八章分析我国的个人所得税政策对收入机会不平等的调节作用。

本书对中国的收入机会不平等程度、变化趋势和特征、形成机制以及相关公共政策在促进机会平等中的作用进行了较为全面深入的研究，将为促进居民在收入获取过程中实现机会公平提供可靠的政策依据。

虽然本书聚焦于收入的机会不平等测度问题，但相关的研究思路和方法同样可以运用于教育机会不平等、健康机会不平等以及其他相关的机会不平等研究领域。这些领域的机会平等是让所有居民公平地享有发展机会的基本前提和根本保证。

目　　录

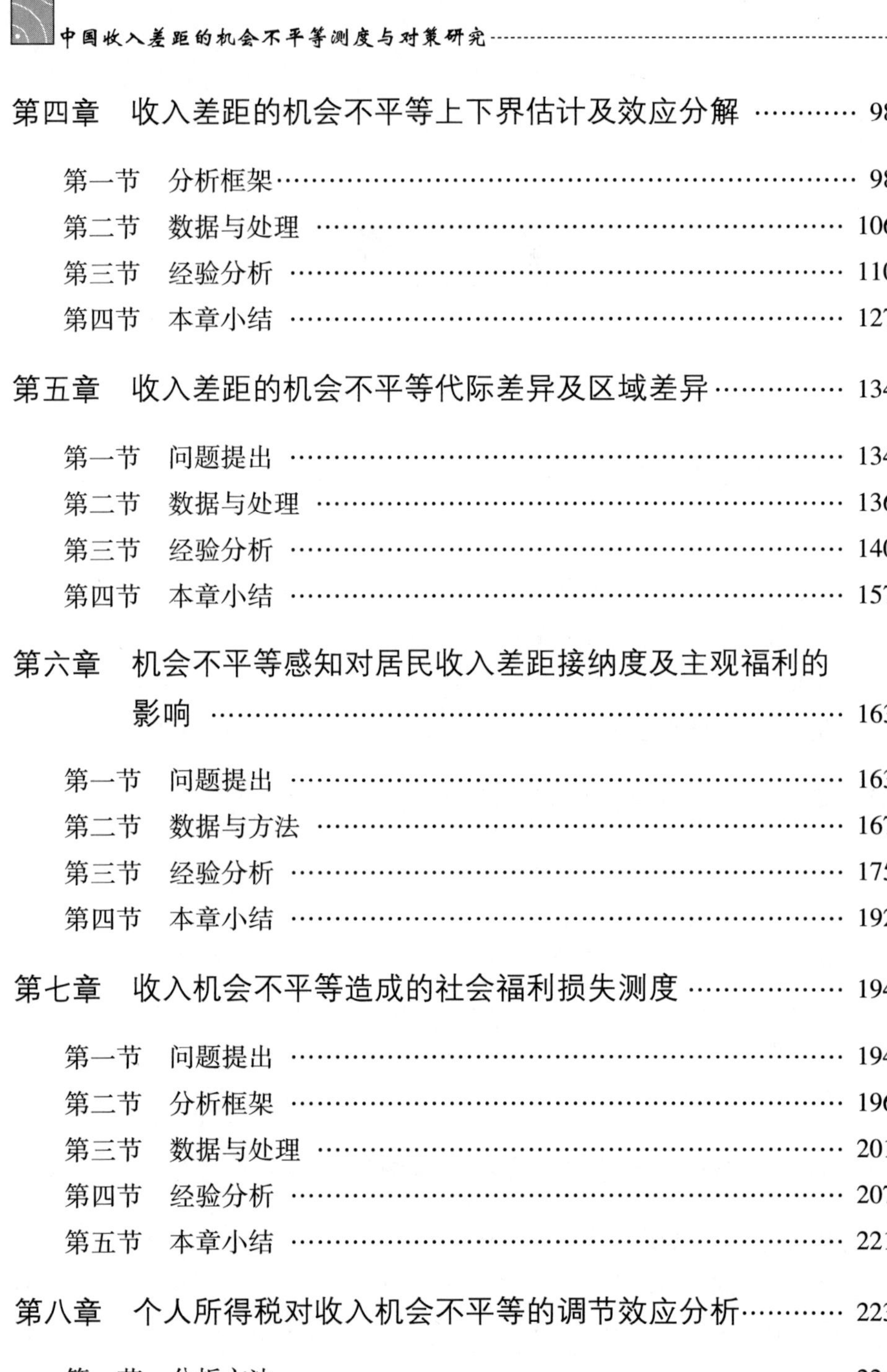

第一章

机会不平等研究进展

在人类历史的长河中，人们对“平等”和“公平”的诉求从未停止过。人类对平等的追求往往成为推动社会进步的重要动力。然而，在整个人类历史的演进过程中，“平等”和“公平”的具体概念并不是固定不变的。相反，关于“何为平等”以及“诉求何种公平”的争论从未停止过。

在福利主义的传统社会选择理论中，平等原则的具体含义是福利或效用的平等。然而，这种平等观念却遭受了极大的质疑。原因在于，福利主义的平等原则完全忽视了效用水平以外的个体差异，没有考虑到个体自身的选择行为、偏好以及利用资源转化为自身效用的方式都有可能存在差异。自罗尔斯（Rawls，1958；1971）对福利主义的批判后，一种新的平等理念蓬勃发展起来，在这一新的思想理念下，个体自身的责任被提到了至关重要的位置。在罗尔斯（1958；1971）及其支持者们看来，每个人都应该为自己所处的境况承担部分甚至全部的责任。因此，并不是所有的不平等都是不合理的，人们必须承担自己的一些不恰当行为所导致的不平等后果。自罗尔斯的开创性工作之后，强调个人责任成为人们探讨平等原则的重要特征。但是，强调个人责任仅仅是评价平等与否的方式和基本原则，而评价的对象是什么却是一个极具争议的话题。罗尔斯认为评价的对象是基本社会益品（primary social goods），而阿马蒂亚·森（Amartya Sen，1980）、罗纳德·德沃金（Ronald Dworkin，1981a；1981b）、理查德·阿纳森（Richard Arneson，1989）和柯亨（G. A. Cohen，1989）等学者并不完全认同罗尔斯的观点，他们对“什么要平等”（equality of what）这一问题进行了激烈的争论。

经济学对罗尔斯的平等主义原则及思想的探讨相对较晚。最早将罗尔斯的思想引入到经济学的研究是罗默（Roemer，1985；1993；1998），他提出了机会平等（equalize opportunities）的理念，并提供了促进机会平等政策的探索思路和方法。20 世纪 90 年代以后，机会平等思想引起许多经济学者的关注，尤其是在收入分布评价以及收入分配政策分析的相关理论研究中得到广泛应用（Walter Bossert，1995；1997；Vito Peragine，2004；Dirk Van de gaer，1993；Fleurbaey，2008）。虽然这些研究的核心在于强调机会平等原则的规范价值，即机会平等是道德上更合理的平等原则。但机会平等原则同样有着重要的工具价值。这一点在世界银行 2006 年的《人类发展报告》中得到充分的体现和强调（World Bank，2006）。伴随着人们对机会平等规范价值和工具价值的认可，机会平等在经济学实证分析中的运用开始兴起。布尔吉尼翁等（Bourguignon et al. ，2007）首次将机会平等思想运用到收入分布研究领域。这一研究也激发了大量利用机会平等原则评价收入分布及收入分配政策的相关研究。除此之外，机会平等在卫生经济和教育经济领域也得到广泛运用（Rosa Dias and Jones，2007；Rosa Dias，2009，2010；Donni et al，2014；Asadullah and Yalonetzk，2012；Gamboa and Waltenberg，2012；Ferreira and Gignoux，2014）。

下面，我们首先通过文献梳理，介绍政治哲学和经济学的研究如何从最初的福利主义平等观发展到当前的机会主义平等观。然后介绍机会平等的研究有什么价值，即介绍机会平等的规范价值和工具价值。接下来介绍经济学家们如何将机会平等的思想应用到公共政策的评价当中。最后介绍机会不平等测度的基本原则和测度方法的发展。

第一节　平等主义的发展

一、福利主义的平等观

功利主义强调的是社会福利的最大化，这里的社会福利是指由全体社会成员的效用总和构成的总福利。在给定每位社会成员的效用水平之后，效用的总和与加总时的顺序是没有关系的。这意味着效用水平在社会成员之间如何分配不会影响最后的加总结果。因此，直观上看社会福利最大化这一目标本身并没有任何诉求平等的含义（Sen，1992）。但是，追求社会福利最大化确实蕴含着对平等的要求。而且在罗尔斯（1971）提出他的平等观点之前，功利主义所蕴含的平等观点甚至是最重要的平等思想。

那么，功利主义所蕴含的对平等的诉求从何而来呢？仔细考查传统的功利主义方法可以发现，功利主义所蕴含的平等诉求源于对个体效用函数形式的设定。效用函数一般被要求是单调增的凹函数（即一阶导大于0并且二阶导小于0）。这一性质表明，将一单位收入从富人手中转移到穷人手中所导致的富人效用减少量小于穷人效用的增加量。因此，在社会总财富给定的情况下，较平等分配可以带来更高的社会总福利。阿特金森（Atkinson，1970）通过随机占优的方法严格地证明了功利主义社会福利函数与不平等之间的对应关系。由于功利主义的目标是最大化社会总福利，社会福利函数与不平等之间的对应关系，说明功利主义的目标等同于要求社会财富平等分配。显然，功利主义对平等的这种诉求并不是本意为之，而是一个极为特殊的巧合所致。为此，森（1997）将功利主义的这种对平等的诉求称之为“不虞之誉”。

然而，因效用函数形式设定而意外收获的平等诉求，也因为效用函数设定遭受到极大的质疑与批判。这种批判主要基于两点理由：第一，福利主义在设定效用函数时通常假定个体的效用由收入、财富等因素决定，完全不考虑除了收入、财富之外的其他非货币特征对个体效用的影响。也就是说，在效用函数的分配框架下，个体间的差异仅仅是效用水平的差异，其他人与人之间的差异被忽略了。但这种忽略通常会导致一些明显违背平等直观观念的分配结果（Rawls，1971；Sen，1997）。第二，效用本身是否是具体福祉的合理度量方式也是备受质疑的方面。显然，影响个体福祉的因素有很多，收入水平、财富水平、工作安全程度、自由程度、健康水平等等都对个体的福利有重要作用。而福利主义的效用往往只考虑收入或财富。如果传统的效用尚不足以合理地反映福利，在这种效用设定下得到的福利最大化以及由它衍生出来的平等诉求有多大的意义呢？因此，问题的关键是首先需要明确什么才是我们需要实现平等的东西，即平等的对象是什么或什么要平等。明确了平等的对象之后，第二个问题便是什么是平等，即平等的原则或平等的方式。以上两个问题的回答往往是交织在一起的，罗尔斯（1971）、阿马蒂亚·森（1980）、罗纳德·德沃金（1981a；1981b）、理查德·阿纳森（1989）和柯亨（1989）等学者都提出了自己的观点和看法。

二、罗尔斯主义及其发展

罗尔斯（1971）的工作开启了平等主义发展的新篇章①。罗尔斯试图打破功利主义在分配平等评价领域的主导地位，并提供新的平等观以替代功利主义的地位。在罗尔斯（1971）提供了新的平等思想当中，他强调了两个重要的基本原则：一是最大可能地保障居民的自由；二是最大化那些境况最糟的居民的基本益品（primary goods）② 水平。罗尔斯（1971）指出，在这两个基本原则中，第一个原则是前提，具有最大的优先权，而第二个原则仅仅是对第一个原则的进一步补充。因此，一个合理的制度安排应该是在保证居民自由的基本前提下才有可能实现，否则任何制度安排无论其社会财富如何分配，都不能视为是合理的。这一点有效地回避功利主义只关心效用这种做法的缺陷。第二个原则表明，在罗尔斯的平等思想当中并不是所有的社会成员都需要同等的对待，真正需要关注的是那些境况最糟的居民。这一点和功利主义的做法也是不同的。功利主义的社会福利最大化对所有居民的效用是同等对待的。罗尔斯的这种关注社会弱势群体的思想被称为“差别原则”（difference principle），但经济学者倾向于称之为“最大最小基本益品”（maximin primary goods）原则。罗尔斯用于论证自己观点的工具是一个被称为“初始位置”（original position）的理想环境。他假想了一个所谓的“无知之幕”（veil of ignorance），将每个社会成员所处的“初始位置”与其在现实世界中的真实境况隔离开。由于“无知之幕”的存在，决策者和社会制度安

① 罗尔斯的平等主义思想在他早期的工作中也有体现（Rawls，1958），但直到 1971 年他的代表作发表之后，他的思想才引起更多的关注。

② 或翻译为基本物品，用益品可以强调这些物品对个体福利的重要性。

排的制定者的所有决定都是在不知道自己真实处境的情况下做出的，并且在“无知之幕”拉开之前，决策者在现实世界中的真实处境有可能是任何一种可能。因此，决策者制定的制度安排必然是一个对所有人都公平的方式。并且“无知之幕”幕后的决策者在现实世界中的真实处境有可能是境况最糟的那种情形。所以，最合理的制度安排应该是最大化这一类人的基本益品的水平。

在罗尔斯（1971）的平等思想中，需要平等的对象是基本益品，而不是传统的功利主义所强调的效用。罗尔斯用基本益品替代效用的重要原因之一便是试图引入个人责任因素。在罗尔斯看来，个人福祉的最佳度量方式是一个人在多大程度上可以实现自己想要的生活。然而，每个人向往的生活方式是不同的，因此个体选择的生活方式存在差异并不是社会责任而是个体自身的责任。我们的社会以及制度安排需要做的是，为每个居民提供他们实现自己想要的生活所需要的基本物品，即所谓的“基本益品”。当然，罗尔斯认为的基本益品包含很多内容，比如个体的权利、个人的人身自由以及个体的收入和财富等。问题的关键是如何将这些基本物品加总成一个指标，以方便不同组合间的比较。罗尔斯在他的研究中并没有提供解决方案。

虽然罗尔斯（1971）对后来平等主义观点的发展起到了极大的带动作用，但他的思想仍然遭受到较大的质疑。比如是否应该将自由置于绝对优先的位置（Hart，1973）；平等的对象为基本益品是否合理（Sen，1980；Dworkin，1981a；1981b）等。根据对上述文献的总结，罗默和特拉努瓦（Roemer and Trannoy，2015）认为罗尔斯的论证在概念上就已经出现了很大的错误。他们认为，在罗尔斯的论证中，个体对生活方式的选择属于个人责任，因此“无知之幕”幕后的决策者应该知道这一信息，否则会导致生活方式的选择也会被平等对待，但罗尔斯在设计“无知之幕”时假定决策者除了要求他们知道基本的经济原理并且是自利的之外，并没有要求他们掌握生活方式选择的信息，相反生活方式的分布被假定是随机分布的。另外，罗默和特拉努瓦（2015）进一步指出，基因、出生在什么的家庭等信息也应该是“无知之幕”幕后的人需要知道的信息。最后，他们还对罗尔斯要求决策者是极度风险厌恶的这一假定提出了质疑。

针对罗尔斯（1971）的平等思想所存在的上述不足，德沃金（1981a；1981b）从资源分布的角度提出了自己的解决思路。他在第一篇文章中，批判了“福利平等”（equality of welfare）的思想。认为“福利平等”并不是道德上合理的平等思想。为了证明这一观点，他提出了一个所谓“昂贵偏好”的例子。即，如果一个人的偏好比较昂贵（比如喜欢消费奢侈品），在福利平等的思想中，社会应该分配给这个人更多的资源以提高他的效用，进而实现社会福利的最大化，但这一做法从道义上看是极不合理的，社会并没有义务为一个人的“昂贵偏好”买单。在第二篇文章中，德沃金进一步提出了自己认为道德上合理的平等对象，即“资源平等”（equality of resources）。德沃金所谓的“资源”指的是个体身体机能的各个方面以及他的出生环境。然而，他所指的“资源”多为不可分的物品。如何才能实现这些物品的平等分配呢？例如，如何实现将一个人的智商转移给另一个人一部分呢？为了实现“资源”的平等分配，德沃金假定在“无知之幕”之后还存在一个保险市场，并且幕后的决策者只知道自己在现实世界中的偏好情况，并不知道自己的资源禀赋情况。假定幕后的决策者们都拥有等量的货币。为了防止自己因运气比较差而在现实世界的资源禀赋较少，决策者们可以为自己的坏运气进行投保。德沃金认为经过“无知之幕”之后的保险市场上的交易之后，现实世界最终实现的资源分布将是平等的。

虽然德沃金的工作极大地推进了平等主义思想的发展，但是他的思想同样有可能导致不合理的资源分配。例如，罗默和特拉努瓦（2015）通过具体的例子证明德沃金的保险市场仍然存在不足。在随后的研究中，森（1980）、理查德·阿纳森（1989）以及柯亨（1989）等学者，都对平等主义思想的发展做了进一步的推进。这些学者的思想当中包含一个共同特征，即合理的平等原则应该是为每个居民提供公平地获得个人福利的机会（equalize opportunities for welfare）①。

机会平等思想在经济学中的运用主要是在罗默（1993；1998）的工作之

① 森（1980）的工作也推动了多维福利问题的发展和运用。例如联合国开发计划署（United Nations Development Programme）使用的评价各国社会经济发展状况的人类发展指数（human development index）就是基于森的工作。

后有了快速发展。机会不平等思想当中最为关键的内容，就是将不平等区分为公平的不平等（fair inequality）和不公平的不平等（unfair inequality）两个部分。其中，公平的不平等是指个人自身的责任因素导致的不平等，即每个人应该为自己的偏好不同所导致的结果不平等承担相应的责任。不公平的不平等是指个人不可控的外部因素导致的结果不平等。罗默（1993；1998）用“努力”（effort）泛指所有个人可控的责任因素，用“环境”（circumstances）泛指所有个人不可控的因素。通过上述区分，机会平等原则更加明确地突出了责任因素在评价分配平等问题当中的重要作用。这一思想从根本上改变了经济学关于分布评价和分配政策评价的思路，被广泛地运用到收入分布及分配政策、健康分布及医疗卫生政策、教育分布及教育公共政策等领域的研究中。接下来的文献主要探讨机会不平等在收入分布评价及收入分配政策评价领域的运用。

第二节 机会平等的价值研究

虽然平等主义思想的发展已经走向了机会平等时代，但前面提到的文献当中关于平等主义的探讨，更多是从理论上分析机会平等在道德上的合理性。这种规范价值是否被社会大众所认可？除了规范价值之外，人们对机会平等的诉求是否还具有背后的工具价值？这些问题都是近些年研究的重点。

一、规范价值

为了体现机会平等原则的规范价值，经济学者们通常会使用问卷或实验的方法来反映居民对不平等的态度，从而揭示出什么样的平等原则才是大众所认可的。从肖克卡尔特和拉格罗（Schokkaert and Lagrou，1983）的工作之后，利用问卷调查方法反映居民的平等观被广泛运用，大量经验研究通过问卷中的相关问题以及受访者的回答，分析人们对不平等的态度是否与研究者提供的平等主义相符合（Schokkaert，1999；Konow，2003；Gaertner and

Schokkaert，2012）。科诺（Konow，1996；2001）利用成人居民的电话调查以及在校学生的问卷调查数据分析发现，人们在评价个体获得的收入是否合理时，倾向于将那些外生的不可控因素带来的收入视为不合理，并认为个体可控的收入影响因素是合理的。这一研究提供了两个重要信息：一是在普通的民众看来，收入差距的确有公平和不公平之分；二是民众有一个区分责任因素和非责任因素的标准。当然，科诺的研究只是间接地反映出机会平等的规范价值被民众所认可。肖克卡尔特和奥弗莱特（Schokkaert and Overlaet，1989）、肖克卡尔特和卡波（Schokkaert and Capeau，1991）以及肖克卡尔特和德沃斯（Schokkaert and Devoogth，2003）等的研究则直接对机会平等的具体原则进行了探讨。更具体地说，常见的机会平等原则包括补偿原则（compensation principle）和回报原则（reward principle）两种（详见后文的介绍）。其中，补偿原则指的是环境因素相同的居民之间的收入差距是不合理的，是需要调整的。回报原则指的是付出相同努力程度的居民（即具有相同个体责任因素的居民）应该有相同的收入，换言之不同努力程度的居民之间的收入差距不需要调整。除了区分不同的机会平等原则，肖克卡尔特和德沃斯（2003）的研究也试图区分责任因素的界定以及探讨不同的社会文化是否会对人们的机会平等观念产生影响。为了达到上述目的，肖克卡尔特和德沃斯（2003）的问卷调查对象来自三个不同国家，分别是比利时、布基纳法索和印度尼西亚。在肖克卡尔特和德沃斯（2003）的问卷当中设计了一个只有两个人组成的社会，受访者根据问卷的情景设置回答他们对这个社会的收入分布公平性的评价。为了分析民众对责任因素的环境因素的界定，每个问卷设计了四种不同的情景：第一个情景是两个人的偏好不同导致收入不同，但并没有告诉受访者导致偏好不同的原因是什么；第二个情景是两个人的偏好不同导致收入不同，并且告诉受访者导致偏好不同的原因是他们的出生背景不同；第三个情景是两个人的努力不同；第四个情景是两个人的先天才能不同导致收入不同。他们的研究结果表明，在比利时和印度尼西亚的样本中，人们倾向于认同前三种情景下的收入差距是合理的，因此不需要进行收入再分配；而第四种情景下的收入差距被认为是不合理的，需要通过再分配的方式进行调整。因此，偏好不同和努力程度不同导致的收入差距被认为是公平的收入差距，并且环境因素所诱导的偏好差异也被视为责任因素。这一责任因素的界定方式和巴里（Barry，1991）以及弗勒拜伊（Fleurbaey，2008）的观点是相符的，但罗默（1998）认为，环境因素诱导的偏好差异也应该被视为是环境因素，这种差异导致的收入差距也应该得到补偿。文化差异的确会影响人们对机会平等的态度，肖克卡尔特和德沃斯（2003）发现，布基纳法索的样本并没有明显地呈现出他们对分布的公平性评价存在显著差异，在四种不同的情景下，认为收入分配合理和不合理的受访者所占比例大体相当。一些研究者也通过问卷调查的方式研究了中国的民众看待不平等的态度（怀默霆，2009）。在其他的研究当中，学者们就教育分布和健康分布的公平性进行了问卷调查（Lu and Trannoy，2013；Dolan and Tsuchiya，2009），这些研究表明，评价对象不同时也有可能导致人们对责任因素的界定方式不同。

利用问卷调查方法揭示民众对待不平等的态度也遭受不少学者的质疑。质疑者担心的是受访者在回答问卷时是否会隐瞒自己的真实态度。然而，盖尔特纳和肖克卡尔特（Gaertner and Schokkaert，2012）却为问卷调查研究进行了辩护。他们认为，受访者在接受访问时并没有涉及自己的利益，因此他们没有理由隐瞒自己的真实偏好。当然，即便是在这种辩护下，还是有更多的学者倾向于通过实验的方法揭示人们对待不平等的真实态度。

二、工具价值

机会平等不仅仅被认为是道德上更加合理的平等原则，它甚至有可能对经济增长起到一定的促进作用。自从世界银行在2006年的世界发展报告中将机会平等纳入到经济发展的考虑范围之后，机会平等与经济增长之间的关系受到学者的广泛关注。严重的机会不平等有可能抑制人们进行人力资本投资的积极性（Mejia and St－Pierre，2008），尤其是对穷人及其后代的发展不利，因此，维持长期的经济发展需要促进机会平等（World Bank，2006）。为了从实证上检验机会不平等与经济增长之间的关系，马雷罗和罗德里格斯（Marrero and Rodriguez，2013）利用美国各州的经济增长数据和各州的机会不平等数据分析发现，由机会不平等导致的收入差距会阻碍经济发展，而合理的收入差距对经济增长有一定的促进作用。雷欣等（2017）利用中国各省的数据做了类似的研究，结果也表明，公平的不平等可以促进经济发展，而不公平的不平等对经济增长有显著的限制使用。当然，机会不平等的测度需要较大的样本量，因此上述研究当中所用的机会不平等估计结果可能会存在一定的偏差，进而影响到最终的估计结果。费雷拉等（Ferreira et al.，2017）使用134个国家的微观调查数据分别估算了各国机会不平等程度，并以此分析机会不平等与经济增长的关系。他们发现，收入不平等确实与经济增长之间存在着负相关关系，但机会不平等程度与各国经济发展之间的关系并不明显。

第三节　机会不平等在政策评价中的应用

机会不平等在政策评价中的应用，主要是指利用机会平等原则评估公共政策在促进公平方面的使用。其基本思路构架由罗默（1993；1998）提出。

罗默（1998）将具有相同环境变量的个体称为一类，并假定整个社会由 T 类人群构成。每个居民最终可以实现的结果（结果可以是收入、财富、健康和教育等）取决于他面临的环境变量 c_t，$t=1$，…，T、他付出的努力程度 e 以及公共政策 φ，因此可以将结果变量表示为 $u(c_t, e, \varphi)$[①]。政策制定者的目标是为每个居民提供公平的机会。但是利用上述工具进行公平政策的评价时，面临的第一个问题是如何测度居民的努力程度 e，这是观测不到的信息，因此政策的制定不应该依赖于居民的努力程度信息。罗默（1993；1998）认为可以根据居民的结果变量反推出他们的努力程度。这是因为结果变量 $u(c_t, e, \varphi)$ 关于努力程度 e 是单调增的，所以结果变量的相对排序 π 可以作为相对努力程度的度量。根据这一思想，罗默将分析对象转换为 $v(c_t, \pi, \varphi)=u(c_t, e(\pi), \varphi)$。罗默认为促进机会平等的公共政策应该是下面最大化问题的解：

① 函数 $u(\cdot)$ 并不是个体的效用函数。一般而言，努力程度具有负效用，但这里的函数 $u(\cdot)$ 关于努力程度是单调增的。因此，函数 $u(\cdot)$ 表示的是环境变量、努力程度和政策如何影响结果变量（收入、健康和教育等），这些结果变量是影响居民效用水平的因素之一。

$$\max_{\varphi \in \Phi} \int_0^1 \min_t v(c_t, \pi, \varphi)\, d\pi \tag{1.1}$$

其中，Φ 表示所有可行的政策构成的集合。在上述最大化问题当中，促进机会平等的政策最大化的是函数 $v(c_t, \pi, \varphi)$ 的下包络线下方的面积。换言之，促进机会平等的政策最大化每个努力水平上状况最差的居民的结果变量。在实证操作当中，往往有一类居民的状况无论在何种努力程度上都是最差的，这时的最大化问题简化为最大化这一类居民的平均结果。弗勒拜伊(2008)、罗默和特拉努瓦（2015）分别探讨了其他寻找机会平等政策的方法。

上述政策评价思想在实证中的运用主要集中于收入分配政策的评价。利用机会平等原则评估收入分配政策的研究包括两类。第一类，建立个体行为模型，通过理论推导或微观模拟，分析均衡收入的变化。罗默等（2003）通过建立劳动供给模型研究了11个欧洲国家的税收—转移支付政策，发现许多欧洲国家的税收转移支付政策在促进收入机会平等上表现不错。阿博格和科隆比诺（Aaberge and Colombino，2012）用意大利的劳动供给微观模拟模型分析发现，当社会最底层人群的不平等厌恶程度较低或劳动供给弹性较低时，机会平等原则更倾向于支持再分配政策。第二类，利用政策前后的收入分布变化评估政策执行的效果。邓茨拉夫等（Dunnzlaff et al.，2011）发现，许多欧洲国家的税收和转移支付政策起到了缓和收入机会不平等的作用，且社会福利支作用较大。布切利（Bucheli，2014）利用乌拉圭税前和税后收入分析发现，虽然乌拉圭的税收政策在调节收入结果不平等方面表现出一定的效果，但对收入机会不平等的调节效应却不明显。

李和塞斯哈德里（Lee and Seshadri，2015）是较少利用机会平等原则评价公共教育政策的研究者之一。他们发现，教育补贴可以提高功利主义社会福利并降低收入的结果不平等。但教育补贴政策对机会平等并没有什么促进作用。坎伯和瓦格斯塔夫（Kanbur and Wagstaff，2016）认为，由于机会不平等在概念、环境变量界定等基本问题上还存在分歧，所以将机会平等原则应用到政策评价当中还有大量工作需要做。

第四节　机会不平等的测度研究

机会不平等的测度是利用机会平等原则进行相关实证研究的基础。因此，目前已经积累了大量探讨测度方法的研究文献。然而，在现有的文献当中，学者们对于如何在实证分析当中定义机会不平等以及以何种原则评判机会平等，都尚未形成共识。因此，实证研究当中提供的测度方法以及所遵循的基本原则往往存在差异，甚至不同的测度方法之间给出的结论相互不兼容。

为了便于后文的说明，我们首先解释一些基本符号。虽然机会平等的基本思想适用于任何结果变量，但为了分析更加具体和直观，我们假定所考虑的结果变量是居民的收入。考虑一个由 N 个居民构成的社会。对于任何一个居民，我们可以观测到他的三个特征信息，即收入 y_i、环境变量 c_i 和努力程度变量 e_i。其中，环境变量是指那些影响收入（结果变量）但居民自己无法控制的外生变量，努力程度变量是指那些影响收入且居民自己可以控制的变量。因此，前者也被称为居民的非自身负责特征，后者被称为居民的自身责任特征。在具体的实证分析中，可以观测到的环境变量和努力程度变量通常可能是多个变量的集合，因此，c_i 和 e_i 一般情况下都是向量。通常情况下，c_i 和 e_i 中的变量都是分类变量（或是连续变量转换成的离散变量），因此 c_i 和 e_i 的取值也可以用分类变量表示。假定 c_i 可以取 T 种不同的值，分别记为 c^1，…，c^T，e_i 可以取 R 种不同的值，分别记为 e^1，…，e^R。按照文献当中的习惯做法，可以将 $\{i \mid i \in \{1, \cdots, N\}, c_i = c^t\}$ 称为一类，即那些环境变量相同的居民构成一类。类似地，可以将 $\{i \mid i \in \{1, \cdots, N\}, e_i = e^r\}$ 称为一组。按照上述划分方式，可以用一个矩阵表示所有居民收入、环境变量和努力程度的联合分布特征。更具体地，我们可以建立一个 T 行 R 列的分块矩阵：

$$Y = \begin{bmatrix} g_{11} & \cdots & g_{1R} \\ \vdots & \ddots & \vdots \\ g_{T1} & \cdots & g_{TR} \end{bmatrix} \tag{1.2}$$

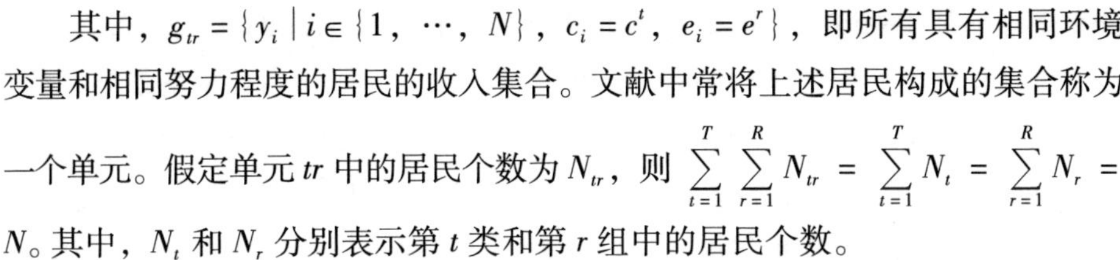

其中，$g_{tr}=\{y_i \mid i\in\{1,\ \cdots,\ N\},\ c_i=c^t,\ e_i=e^r\}$，即所有具有相同环境变量和相同努力程度的居民的收入集合。文献中常将上述居民构成的集合称为一个单元。假定单元 tr 中的居民个数为 N_{tr}，则 $\sum_{t=1}^{T}\sum_{r=1}^{R}N_{tr}=\sum_{t=1}^{T}N_t=\sum_{r=1}^{R}N_r=N$。其中，$N_t$ 和 N_r 分别表示第 t 类和第 r 组中的居民个数。

一、机会平等的基本原则

（一）补偿原则

补偿原则是将机会平等思想应用到实证分析当中所采用的基本原则之一。按照补偿原则的要求，合理的制度安排应该对那些由环境变量引起的收入差距进行合理的补偿，从而减少或消除环境变量对居民收入的影响。根据补偿原则所依据的居民特征信息，弗勒拜伊和佩拉金（Fleurbaey and Peragine，2013）将实证分析中可以采用的补偿原则区分为两种，分别称作事后补偿原则（ex-post compensation）和事前补偿原则（ex-ante compensation）。事后补偿原则是指在补偿的过程中需要具体知道居民的环境变量和努力程度变量信息，而事前补偿原则仅仅依赖居民的环境变量信息。我们可以用 Y 和 Y' 表示两个不同的收入分布矩阵，它们可以是同一个社会在不同时期的收入分布，也可以是两个不同社会的收入分布，因此可以将 Y 和 Y' 简单地理解为两个不同的社会状态。事前补偿和事后补偿原则事实上是根据两个不同的收入分布矩阵分别定义了两种评价社会状态优劣的方法。为了更清晰地表示补偿原则的基本思想，我们假定同一单元内部的居民具有相同的收入①。

事后补偿：假定两个社会对应的收入分布矩阵分别为 Y 和 Y'，并且存在努力程度 $r\in\{1,\ \cdots,\ R\}$ 和类别 $s,\ t\in\{1,\ \cdots,\ T\}$ 使得

$$y'_{tr}>y_{tr}>y_{sr}>y'_{sr},\ y_{ab}=y'_{ab},\ ab\neq\{tr,\ sr\},\tag{1.3}$$

那么，按照机会平等原则，收入分布 Y 对应的社会优于收入分布 Y' 所对应的社会。根据事后补偿原则的定义可知，这一补偿原则比较的是两个收入

① 这一假定实际上是指居民的收入完全由环境变量和努力程度变量决定。

分布矩阵的某一列收入，即那些具有相同努力程度的居民的收入分布。由于努力程度相同，所以处于相同列的居民之间的收入差距是由环境变量导致的。显然，根据机会平等的思想，同一列中的收入差距应该尽可能地小。给定居民的努力程度为 r，上述条件说明，在收入分布 Y 当中，第 s 类居民的收入与第 t 类居民之间的收入差距更小。这正好是机会平等所要求的，因此，按照机会平等的原则，收入分布矩阵 Y 比收入分布矩阵 Y' 更加公平。

与事后补偿原则不同，事前补偿并不要求在收入分布评价时需要观测到居民的努力程度信息。因此，在利用事前补偿原则评价两个社会的收入分布时，并不要求观测到的是收入矩阵 Y，我们仅需要观测到条件收入分布 $Y_t = \{y_{tr} \mid \forall r \in \{1, \cdots, R\}\}$ 即可。

事前补偿：假定两个社会对应的收入分布分别为 Y 和 Y'，（1）存在两个类别 $s, t \in \{1, \cdots, T\}$ 使得 $y_{sr} \geqslant y_{tr}\ \forall r \in \{1, \cdots, R\}$；（2）存在 $l, r \in \{1, \cdots, R\}$ 使得 $y'_{sl} > y_{sl}$ 并且 $y'_{tr} < y_{tr}$，$y_{ab} = y'_{ab}$，$ab \neq \{tl, sl\}$，按照机会平等原则，收入分布 Y 对应的社会优于收入分布 Y' 所对应的社会。

根据事实补偿原则的定义可知，根据这一原则评价收入分布的优劣需要满足两个条件。第一条件说明存在一类环境变量 s 总是比另一类环境 t 更好，即环境变量 s 在每种努力程度下的收入总是比环境变量 t 在对应努力程度上的收入更高。换言之，条件收入分布 Y_s 一阶随机占优于条件收入分布 Y_t。第二条件说明在收入分布 Y' 当中，较好的环境变量 s 在某些努力程度下得到的收入相对于收入分布 Y 有进一步的增加，而较差的环境变量 t 在某些努力程度下得到的收入相对于收入分布 Y 有进一步的下降。因此，在收入分布 Y' 当中两种环境变量的收入差距进一步拉开，这表明机会不平等更加严重。

从上述两种补偿原则的定义可知，二者都认为环境变量导致的收入差距需要得到政策的补偿，不同环境变量之间的收入差距越大，说明收入分布越不公平越不合理，对应的机会不平等程度也越高。但是，弗勒拜伊和佩拉金（2013）的理论分析说明，事后补偿原则和事前补偿原则在对两个收入分布进行评价时有可能给出不同的结论。我们可以借助拉莫斯和范德加格（Ramos and Van de gaer，2016）构建的数值例子更加直观地理解弗勒拜伊和佩拉金（2013）的结论。拉莫斯和范德加格（2016）构造了两个 4×2 的收入分布矩阵。在这两个收入分布矩阵当中，我们可以找到一个类别 s 在每种努力程度下的收入都高于类别 t 在对应努力程度下的收入。显然，$s=1$，$t=2$ 满足上述要求。我们可以认为环境类别 1 比环境类别 2 更好。类似地，$s=3$，$t=4$ 也满足上述要求。因此，我们同样可以认为环境类别 3 比环境类别 4 更好。根据事前补偿原则可知，如果进一步拉开第 1 类与第 2 类之间的收入差距，或进一步拉开第 3 类和第 4 类之间的收入差距，都会提高机会不平等程度，得到更加为合理的收入分布。所以，Y 的分布比 Y' 更加合理。另一方面，两个收入分布当中的两列分别表示两个不同的努力程度，因此，按照事后补偿原则可知，增加每一列内部的收入差距也会导致机会不平等更加严重，收入分布更加不合理。由于 Y 的第一列比 Y' 的第一列收入差距更加重，Y 的第二列比 Y' 的第二列收入差距也更加重。所以，按照事后补偿原则可知，收入分布 Y 比 Y' 更加不合理。这与按事前补偿原则到得的结论正好相反。

$$Y=\begin{bmatrix}20 & 15\\15 & 10\\30 & 6\\25 & 1\end{bmatrix}\quad Y'=\begin{bmatrix}21 & 15\\15 & 9\\30 & 7\\24 & 1\end{bmatrix}\tag{1.4}$$

由于理论分析并不能说明事前补偿原则和事后补偿原则之间孰优孰劣，所以在实证分析当中选择何种补偿原则完全取决于研究者的偏好。这有可能导致不同的研究结果相互矛盾。然而，考虑到实证分析时往往难以观测到努力程度变量，采用事前补偿原则通常是更加可行的做法。

（二）回报原则

回报原则是机会平等主义者提出的另一种基本理念。与补偿原则的思想不同，回报原则强调的是尊重合理的收入差距，即那些付出了不同努力程度的人理应得到相应的回报。从收入分布矩阵的角度来看，补偿原则关注的是矩阵的不同行之间的收入差距，而回报原则关注的是收入分布矩阵的不同列之间的收入差距，且前者认为不同行之间的收入差距需要消除，而后者认为不同列之间的收入差距需要保留。与补偿原则面临的问题相似，回报原则在具体的操作过程当中也有多种不同的方法（Ramos and Van de gaer，2016）。

在众多的回报原则当中，研究文献中最为常见的回报原则是一种被称为自由主义回报原则（liberal reward）的思想（Bossert，1995；Fleurbaey，1995；Bossert and Fleurbaey，1996；Fleurbaey and Maniquet，2005；2008；Ramos and Van de gaer，2016；Fleurbaey and Peragine，2013）。按照这一思想，政府在制定税收政策时应该尊重那些努力程度差异导致的收入差距。如果两个居民属于同一类，即他们面临的环境变量完全相同，但由于他们付出的努力程度不同，所以拥有不同的税前收入。在自由主义回报原则的支持者看来，这种收入差距是合理的，因此他们应该支付相同的税收。换言之，在自由主义回报思想看来，居民的税收（或转移支付）额度与他们的努力程度无关。合理的税收制度安排应该尽可能减少税收额度与努力程度之间的关联程度（Fleurbaey and Peragine，2013）。如果用z_{tr}表示第t类第r组居民的税收额度。自由主义回报原则要求$z_{tr}=z_{tl}\ \forall t=1,\ \cdots,\ T,\ \forall r,\ l=1,\ \cdots,\ R$。从税收制度安排的比较角度来看，如果存在两种不同的税收政策z和z'，并且$z'_{tr}>z_{tr}>z_{tl}>z'_{tl}$，那么$z$所对应的税收政策及其收入分布更加合理。因为自由主义回报思想要求相同类别的居民承担的税收额度应该相同。z'的税收安排使得同一t类的居民承担的税收额度不同并且差距比z中的差距更大。博塞特（Bossert，1995）和弗勒拜伊（Fleurbaey，1995）认为自由主义回报原则和前面提到的事后补偿原则之间有可能存在矛盾。为了更清楚地说明这一点，我们仍然借助拉莫斯和范德加格（2016）提供的数值例子。在如式（1.5）所示的2行2列收入分布矩阵当中给出了一个社会的事前收入分布情况。按照事后补偿原则，税收政策应该减少同一列内部的收入差距。因此，对于式（1.5）第一列而言，需要从第一行向第二行进行转移支付，而对第二列而言，需要从第二行向第一行进行转移支付。但这种做法正是自由主义回报原则所反对的。因为自由主义回报原则的要求是第一行的居民面临的税收政策是相同的，第二行的居民面临的税收政策是相同的。

$$Y=\begin{bmatrix}30 & 5\\20 & 10\end{bmatrix} \tag{1.5}$$

功利主义回报原则（utilitarian reward）是理论分析当中另一种较为常见

的思想（Fleurbaey，2008）。这一回报原则认为，尊重居民自身的努力程度带来的收入差距也意味着对这类收入差距应该完全忽略。因此，我们需要关心的是每一类居民的收入总和。事实上，这一加总后的收入反映的是每一类居民的总体福利状况。功利主义回报要求不同类别的居民应该具有相同的总体福利，至于这一总体福利在每类居民内部如何分布并不是机会平等主义需要关心的内容。因此，功利主义回报原则可以表述如下：假定两个社会对应的收入分布分别为 Y 和 Y'，如果存在 $t \in \{1, \cdots, T\}$ 使得 $\sum_{r=1}^{R} N_{tr} y_{tr} > \sum_{r=1}^{R} N'_{tr} y'_{tr}$ 且对所有 $s \neq t$ 有 $\sum_{r=1}^{R} N_{sr} y_{sr} = \sum_{r=1}^{R} N'_{sr} y'_{sr}$，那么收入分布 Y 所对应的社会状态要比收入分布 Y' 对应的社会状态更加合理。

功利主义回报原则与其他机会平等的基本原则同样存在着无法相容的问题。弗勒拜伊和佩拉金（2013）的分析表明，功利主义回报和自由主义回报之间有可能是相互矛盾的，同样，功利主义回报原则也有可能和事后补偿原则之间出现相互矛盾的情况。

除了上述两种回报原则外，文献中常见的第三种回报原则是一种被称为不平等厌恶回报原则的思想。与功利主义回报原则所提倡的做法不同，不平等厌恶回报原则反对无视同一类居民内部的收入差距。相反，不平等厌恶回报原则的支持者认为，即便是同一类居民内部的收入差距也有可能包含不合理的部分。其中的原则包含两点，第一，在勒弗朗茨等（Lefranc et al.，2009）学者看来，其他的机会平等基本原则都是在收入决定因素只有努力变量和环境变量这两种变量的前提假定下得到的。因此，给出环境变量之后，同一类别的居民内部收入差距可以视为是合理的部分。但问题在于这一做法的基本前提假定有可能是错误的。例如，运气也是影响居民收入的重要部分之一，这使得同一类别的居民之间的收入差距也并不是完全由努力程度差距导致。并且很多情况下一个人的运气与他的努力程度是无关的。因此，运气包含很多个人不可控的成分，运气导致的收入差距也应该得到相应的补偿。第二，在将机会平等的基本原则运用到实证分析当中时，研究者通常无法观测到全部的环境变量，这使得经验上划分出的同一类别居民之间仍然有可能存在环境变量的差异，从而使得他们之间的收入差距包含不合理的部分（Roemer，2012）。从这一角度来看，简单地将同一类别的居民收入进行加总并不是可靠的做法。不平等厌恶回报原则的思想可以表述如下：假定两个社会对应的收入分布分别为 Y 和 Y'，如果存在 $t \in \{1, \cdots, T\}$ 和常数 $\delta > 0$ 以及努力程度 r，$l \in \{1, \cdots, R\}$ 使得 $y'_{tr} - \delta = y_{tr} \geq y_{tl} = y'_{tl}$，$y_{ab} = y'_{ab}$，$ab \neq \{tr, tl\}$，那么收入分布 Y 所对应的社会状态要比收入分布 Y' 对应的社会状态更加合理。

弗勒拜伊和佩拉金（2013）证明不平等厌恶回报原则与事后补偿原则之间同样存在无法相容的问题。并且他们的理论分析还表明，其他机会平等的基本原则相互之间均存在许多相互矛盾的情况。这些矛盾为实证研究如何选取机会平等的基本原则带来很大的不便。

二、机会不平等测度方法

近些年来，机会平等思想受到学者们的广泛关注，已经积累了大量利用机会平等原则评价收入分布的实证研究文献。学者们对如何测度收入分布当中的机会不平等程度进行了深入的探索。一般而言，测度收入差距的机会不平等程度可分为两个步骤完成。第一步工作是构建一个反事实收入分布。这个反事实收入分布是消除环境变量（努力变量）影响之后的收入分布，这个收入分布的收入差距完全由努力变量（环境变量）所致。第二步工作是选择合适的不平等测度指标对反事实收入分布的不平等程度进行测度。由于不平等测度指标已经是收入分配研究领域当中非常成熟的内容，所以机会不平等测度的重点是第一步工作，即反事实收入分布的构建。拉莫斯和范德加格（2016）对现有文献中提出的几种反事实收入分布构建方法进行了详细的介绍。在其他章节当中我们也对几种常用的反事实分布进行了仔细的说明。因此，这里仅对构建反事实分布的一般思路进行说明。

根据反事实分布的构建思路，机会不平等的测度方法可以分为直接测度和间接测度两种（Pistolesi，2009）。直接测度是指在反事实分布中消除努力程度变量对收入差距的影响，反事实分布的收入不平等程度即为收入差距当中的机会不平等程度。间接测度是指反事实分布中消除了环境变量对收入的影响，反事实分布的收入不平等程度为合理的收入差距部分，为了得到机会不平等，可以用真实的收入差距减去合理的收入差距。从收入分布矩阵 Y 的角度来看，直接测度的基本思想是消除每一行内部的收入差距，而间接测度的基本思路是消除每一列内部的收入差距。范德加格（1993）、勒弗朗茨等（2008）、皮斯托莱西（Pistolesi，2009）、切奇和佩拉吉尼（Checchi and Peragine，2010）、费雷拉和吉格努（Ferreira and Gignoux，2011）以及阿博格等（Aaberge et al.，2011）都提供了直接测度的反事实分布构建方法。为了消除分布矩阵 Y 每一行内部的收入差距，这些文献分别给出了不同的方法。范德加格（1993）、切奇和佩拉吉尼（2010）将每一行的收入均替换为对应行的均值。勒弗朗茨等（2008）将每一行的收入替换为该行收入分布构成的洛仑兹曲线下方的面积。这两种做法的区别在于，后者在构造每一行的反事实收入时使用的是该行收入的加权平均值，且对较低的收入赋予较小的权重，而前者对不同的收入赋予相同的权重。因此，勒弗朗茨等（2008）对同一行内部的收入差距也进行了调整，采用的是不平等厌恶回报原则，而范德加格（1993）和切奇和佩拉吉尼（2010）完全忽视了同一行内部的收入差距，采用功利主义回报原则。皮斯托莱西（2009）、费雷拉和吉格努（2011）借鉴了布尔吉尼翁等（2007）的参数方法，将每一行的收入替换为用环境变量对收入进行回归得到的拟合值。上述文献在提出反事实分布构建思路的同时，也对不平等指标的选取进行了讨论。例如，切奇和佩拉吉尼（2010）、费雷拉和吉格努（2011）认为，应该用路径无关的不平等测度指标（如平均对数偏差）测度反事实分布的不平等情况。而阿博格等（2011）则认为应该使用路径依赖的不平等测度指标（如基尼系数）。

间接测度方法虽然与直接测度方法是一个对偶问题，但实证分析中使用间接测度的方法研究并不多见。切奇和佩拉吉尼（2010）认为可以将收入分布矩阵的每一列元素替换为对应列的均值，消除每一列内部的不合理收入差距，保留在收入分布矩阵当中的是列与列之间的合理收入差距。布尔吉尼翁等（2007）的思路是，通过收入方程的回归估计环境变量和努力变量对收入的影响，再将每个个体的环境变量替换为样本均值对个体收入进行拟合。以上两种方法的共同特点是需要观测到个体的努力程度信息，因此都属于事后测度。费雷拉和吉格努（2011）提出一个事前间接测度的思路。与直接测度消除收入分布矩阵行内收入差距的做法相反，费雷拉和吉格努（2011）的做法是消除行间的收入差距保留行内的收入差距。为实现这一点，他们建议将每一行的收入都乘以样本的均值再除以对应行的均值。由于乘以一个常数不改变不平等程度，所以上述做法不影响每行的行内不平等，但每行所乘的常数不同，并且反事实分布矩阵当中的每行均值都等于样本均值，所以行间不平等被消除。除了上述间接测度方法之外，拉莫斯和范德加格（2016）还根据现有研究的直接测度方法提出了对应的间接测度方法，但这些方法在实证研究中较少运用。导致间接测度难以在实证分析中应用的最主要因素之一是间接测度通常为事后测度方法，即需要观测到个体的努力程度，这对研究数据提出更高的要求。

除了对机会不平等进行测度以外，使用随机占优方法对机会不平等的存在性进行检验也是实证研究中常用的方法之一。随机占优方法在收入分布分析当中的运用较为广泛，其基本思想是通过社会福利函数建立不平等与收入的累积分布函数之间的对应关系，这一思想最早由阿特金森（1970）引入到分布分析领域。勒弗朗茨等（2009）认为，诉求机会平等相当于要求收入分布矩阵各行的条件收入分布之间不存在占优关系。因此，可以通过对各行的条件分布进行随机占优检验以判断机会不平等是否存在。但随机占优分析存在两点缺陷：一是随机占优是定性分析，无法对机会不平等程度进行量化；二是随机占优往往无法对所有收入分布的机会不平等存在性给出判定。第二个缺陷的原因在于实证研究当中经常会出现条件收入累积分布曲线相互交织的情况，这会导致随机占优检验失败。

上述测度方法已经被广泛地运用到实证研究当中。其中利用直接测度方法的研究文献主要包括科尼奥和梅斯普·松普斯（Cogneau and Mesple - Somps，2008）对5个非洲国家的研究，勒弗朗茨等（2008）对法国和英国的研究，费雷拉和吉格努（2011）对多个拉美国家的研究，哈辛（Hassine，2011）对埃及的研究，费雷拉等（2011）对土耳其的研究，马雷罗和罗德里格斯（2011）对美国的研究，张和埃里克森（Zhang and Eriksson，2010）以及江求川等（2014）对中国的研究。利用间接测度方法的研究文献主要包括萨尔维（Salvi，2007）对尼泊尔的研究、布尔吉尼翁等（2007）对巴西的研究，皮斯托莱西（2009）对美国的研究，切奇和佩拉吉尼（2010）对意大利的研究，比约克隆等（Bjorklund et al.，2012）对瑞典的研究。勒弗朗茨等（2009）是较少利用随机占优分析的文献之一。除此之外，德沃格（Devooght，2008）和阿尔玛斯等（Almas et al.，2011）等学者还从公理化分析出发提出了其他机会不平等的测度方法。

总结以上理论与实证研究可以发现，目前的收入机会不平等测度研究面临以下三个主要问题。第一，环境变量的选取以及环境变量观测不全。在实证分析中如何界定环境变量往往是比较困难的事情。一种界定标准是根据变量是否是个体不可控的变量，这一方法主要是依据阿纳森（1989）、柯亨（1989）以及罗默（1993；1998）的观点。根据这一标准，家庭背景、性别、年龄、智商以及其他生来就有的内在特质等都可以作为环境变量。另一种界定方法是根据变量是否是个体的偏好和选择的结果，这一方法主要是依据罗尔斯（1971）、德沃金（1981a；1981b）、范·帕里斯（Van Parijs，1997）和弗勒拜伊（2008）等学者的观点。根据这一方法，智商以及其他生来就有的内在特质以及长相等都可以作为环境变量，但像性别和种族这些经常被视为环境变量的因素已经不再合适。因为性别、年龄导致的收入差距有可能是个体的偏好不同导致的。无论以何种标准划分环境变量，实证研究都要面临环境变量观测不全的问题。因此，实证分析给出的机会不平等仅仅是实际机会不平等的一个下界。尼埃夫斯和皮什尔（Niehues and Peichl，2014）利用长期面板数据的特性提供了估计机会不平等上下界的思路。第二，努力变量观测不到。无法观察到个体的努力变量是机会不平等研究的最主要障碍之一。为了解决这一问题，现有的文献提出了多种不同的方法。罗默（1993）认为收入和个体的努力是正相关的，因此可以根据个体的收入排序情况来反映他们的努力程度。比约克隆等（2012）认为个体的努力程度可能与他们面临的环境变量有关。他们将收入对环境变量回归的残差分解为两个部分：一部分残差的波动与环境变量有关（即回归方程存在异方差）；另一部分残差的方差与环境变量无关。比约克隆等（2012）将残差的平方当中与环境变量无关的部分当作努力变量导致的收入差距。萨尔维（2007）、尼埃夫斯和皮什尔

(2014) 都借助面板数据对不可观测的努力变量进行了估计。面板数据的优点在于，可以通过固定效应方法消除不随时间变化的环境变量和努力变量对个体收入的影响，使得残差项中的信息主要由不可观测且随时间变化的努力变量构成（环境变量一般都是不随时间变化的）。第三，如何处理与环境变量相关的努力变量。研究者们发现，即便是环境变量与努力变量之间的区分不存在争议，实证分析当中对这两个变量的处理仍然有很多困难。例如，当环境变量可以通过努力变量间接地影响收入时，是否需要将其视为机会不平等。按罗默（1993，1998）的观点，无论是环境变量的直接影响还是通过努力变量对收入的间接影响都应该视为机会不平等的一部分。但弗勒拜伊(2008) 却认为机会不平等只应该考虑环境变量的直接影响，这类似于计量经济当中所指的因果关系，即机会不平等应该反映的是环境变量与个体收入之间的因果关系，而罗默（1993，1998）的观点则将机会不平等视为环境变量与个体收入之间的相关关系。

第五节　本章小结

本章从机会不平等思想的发展历程、机会不平等的价值体现、机会不平等在政策分析中的作用以及机会不平等在收入分布分析中的应用这四个方面，对现有的研究文献进行了梳理。我们发现，自罗尔斯对功利主义的批判之后，政治哲学对平等主义的探讨已经逐渐趋同于对机会平等的认可。然而，不同学者对机会平等所要遵循的基本原则却有不同的看法。而且不同的机会平等原则之间往往存在诸多不能相互兼容之处，这种矛盾在一定程度上成为机会平等在实证研究中的应用障碍。当然，机会平等主义本身具有明显的规范价值和重要的工具价值，这极大地促进了机会平等在教育、健康尤其是收入分布分析领域中的应用。

从测度方法的发展来看，国内外学者对收入机会不平等测度已经进行了较为充分的研究，提供了多种较为成熟的测度方法。然而，机会不平等的测度方法问题并没有完全解决，未来需要解决的核心问题是在数据不完善的情况下如何给出机会不平等的精确估计。机会不平等测度面临的数据约束主要是两点：一是环境变量观测不全；二是努力变量观测不到。除此之外，政治哲学对如何界定环境变量和努力变量还存在一些争议，而经济学者们对机会不平等应该反映环境变量与收入之间的因果关系还是相关关系也存在一些争议。

第二章

中国收入差距的机会不平等随机占优分析

第一节 理论框架

在本章中，我们先给出机会不平等的一个一般化定义，然后在这个一般化的定义下检验中国收入差距中的机会不平等存在性问题。假定一个人的收入取决于三方面因素：一是他的社会经济背景，如出生地、家庭背景、性别、民族、户籍等个人不可控的因素；二是他的努力程度，如学习的努力程度、工作的努力程度等个人可控的因素；三是他的运气。用 y 表示个人的收入，用 c、e 和 l 分别表示个体的社会经济背景、努力程度和运气。c 是一个包含所有社会经济背景变量的向量。按照罗默（1998）的做法，我们将社会经济背景变量统称为环境变量，具有相似环境变量的个体构成一个类（type）。e 和 l 均为单值。个人收入与其决定因素满足如下关系：

$$y = Y(c,\ e,\ l) \tag{2.1}$$

用 $F(\cdot)$ 表示个人收入 y 的累积分布函数。机会平等的一般含义是：努力程度导致的结果不平等是可以接受的，应该尊重这类不平等，环境因素导致的结果不平等是不合理的，应该对这类不平等进行相应的补偿。运气对所有人而言是相同的，每个人都有可能因为好运气而获得比较好的收入，也可能因为坏运气而遭受较差的结果。换言之，运气是中性的，与个人所面临的环境因素无关。我们假定 $Y(c, e, l)$ 关于运气 $l \in (-\infty, +\infty)$ 是单调增的，当 $l<0$ 时，表明个体遭受了坏运气，反之则表示个体有好的运气。在这一基本框架下，机会平等可以表述为：给定每个人的努力程度，他未来有可能实现的结果的远景与其所面临的环境因素无关。这一机会平等理念可以通过下面的定义更为严谨地表示出来（Lefranc et al.，2009）。

定义 1：机会平等是指对任意的 c 和 c' 以及任意的 e，总有：

$$F(\cdot \mid c, e) = F(\cdot \mid c', e) \tag{2.2}$$

根据上述机会平等的定义，无论个体间的环境因素有何差异，只要他们付出了相同的努力，他们就会有相同的收入预期。因此，如果设想每个人都可以选择自己的环境因素，那么在机会平等的社会里，这种选择是毫无意义的。因为式（2.2）意味着不同的环境因素之间没有“好”与“坏”的区别。

上述机会平等的定义虽然要求比较直观，但即便是在机会平等的情况下，在实证分析的过程中用观察到的数据检验式（2.2）往往也会给出否定的结论。这是因为式（2.2）要求给定任意的环境因素和努力程度，两个条件收入分必须完全相同。而实际分析中所用的数据通常会受到测量误差和其他未观察到的干扰因素影响，使得两个条件收入分布难以相同。事实上，现有的研究也表明，式（2.2）在实际分析中很难得到支持（O'Neill et al.，2000；Dardannoi et al.，2005）。然而，当实际观察到的收入分布违背式（2.2）时，并不意味着这些收入分布从机会平等的视角看都是相同的。对于给定的 c、c' 和 e，如果 $F(\cdot \mid c, e)$ 和 $F(\cdot \mid c', e)$ 不满足式（2.2）。那么，这两个分布一定是以下两种情况的一种。第一，其中的一个条件分布高于另一个条件分布，即 $F(\cdot \mid c, e) \geqslant F(\cdot \mid c', e)$（或 $F(\cdot \mid c, e) \leqslant F(\cdot \mid c', e)$）。这等价于对任意的 l 总是有 $Y(c, e, l) \leqslant Y(c', e, l)$（或 $Y(c, e, l) \geqslant Y(c', e, l)$）[①]。第二，两个条件分布相互交叉，即在某些运气水平上 $Y(c, e, l) \leqslant$

① $F(\cdot \mid c, e) \geqslant F(\cdot \mid c', e) \Leftrightarrow \forall y, l, \Pr(Y(c, e, l) \leqslant y) \geqslant \Pr(Y(c', e, l) \leqslant y)$。注意到 $Y(c, e, l)$ 关于 l 是单调增的，上述关系表明 $\forall l, Y(c, e, l) \leqslant Y(c', e, l)$。

$Y(c', e, l)$，而在某些运气水平上 $Y(c, e, l) \geq Y(c', e, l)$。对于两条相交的条件分布，有可能出现以下两种情况：一是其中一个条件分布的累积分布线下方的面积始终大于另一个条件分布下方的面积；二是其中一个条件分布的累积分布线下方的面积在某些运气水平上大于另一个条件分布下方的面积，而在某些运气水平上前者小于后者。从机会平等的视角看，以上两种情况对应的收入分布是不同的，且更为重要的是，我们可以根据其中的差异给出机会平等的弱定义，这有利于在实证分析中对机会平等情况进行检验。

显然，当条件收入分布不满足式（2.2）时，这些分布有着不同的特征，并且从机会平等的视角看，这些差异有着重要的意义。为清楚说明这一点，我们可以借助德沃金（1981a，b）的"稀疏无知之幕"（thin veil of ignorance）[①] 思路来分析。假设人们通过"稀疏无知之幕"只能看到每种努力程度和环境因素下的收入远景 $F(\cdot \mid c, e)$，但他们并不知道自己在现实的世界中将会面临何种环境因素。如果允许幕后的人选择自己在现实世界中的环境因素，是否存在一个环境因素 c' 比其他环境因素 c 更好呢？显然，人们对环境因素的评价与其自身的偏好有关，我们假定幕后的人清楚自己的偏好信息。用 $u(y)$ 表示收入水平为 y 时的效用水平，在给定环境因素 c 和努力程度 e 的条件下，个体的预期效用水平为：

$$U(c, e) = \int_y u(y) dF(y \mid c, e) \tag{2.3}$$

对于任意两类环境因素 c 和 c'，如果 $U(c, e) \leq U(c', e)$，则处在"稀疏无知之幕"之后的人们会选择环境因素 c'，换言之，环境因素 c' 优于 c。机会平等要求给定努力程度 e，个人的收入预期与其所处的环境因素无关。根据这一基本含义和式（2.3），可以将机会平等定义为给定努力程度 e，个人的期望效用与其所处的环境因素无关。

定义 2：机会平等是指对任意的 c 和 c' 以及任意的 e，总有：

$$U(c, e) = U(c', e) \tag{2.4}$$

---

① 区别于罗尔斯（Rawlsian，1971）的无知之幕（veil of ignorance）。

我们希望通过式（2.4）比较不同的环境因素下条件收入分布 $F(\cdot|c,e)$ 之间的差异。但 $U(c,e)$ 的大小不仅依赖于 $F(\cdot|c,e)$，还和效用函数 $u(y)$ 有关。为此，我们需要对效用函数的形式加以限制。显然，作为一个合理的效用函数，$u(y)$ 必须关于收入水平 y 是单调增的。根据特斯法特（Tesfatsion，1976）关于随机占优与期望效用的关系，我们可以直接得到下面的推论。

推论 1（一阶占优）：对任意连续且单调增的效用函数 $u(y)$，以及任意给定环境因素 c、c'和努力程度 e，$c\neq c'$，$U(c',e)\geqslant U(c,e)$ 当且仅当：

$$F(\cdot|c',e)\leqslant F(\cdot|c,e) \tag{2.5}$$

推论 1 表明，如果存在环境因素 c'对应的累积分布函数曲线 $F(\cdot|c',e)$ 始终位于环境因素 c 对应的累积分布函数曲线 $F(\cdot|c,e)$ 以下，那么，从机会平等的视角看，环境因素 c'优于环境因素 c。根据式（2.4）以及德沃金（1981）“稀疏无知之幕”的思想，上述情况意味着机会不平等。因此，我们可以根据是否存在 c 和 c'满足一阶随机占优关系 $F(\cdot|c',e)\leqslant F(\cdot|c,e)$ 判断是否存在机会不平等。遗憾的是，一阶随机占优仅仅可以对两条不相交的条件分布曲线进行优劣比较。当两个条件分布曲线相互交叉时，我们无法从机会平等的视角对这两个分布进行比较。在实际分析中，累积分布曲线相交是较为常见的情况，这使得一阶占优条件的运用范围大大受限。例如，如果 $F(\cdot|c',e)$ 在除最佳运气水平上的累积密度高于 $F(\cdot|c,e)$ 之外，在其他运气水平上的累积密度均低于后者［$Y(c,e,l)$ 关于运气是单调增的，所以好的运气水平对应高收入水平］。当运气是离散值时，上述情况可用图 2-1 直观地表示。虽然一阶占优条件无法从机会平等的视角比较图 2-1 中两个分布的优劣，但我们可以从图中直观地看出 $F(\cdot|c',e)$ 位于 $F(\cdot|c,e)$ 之上的部分非常小。因此，直观上看环境因素 c'几乎比环境因素 c 更好。如果我们希望扩大可比收入分布的范围，使得对图 2-1 中的两个分布也能够从机会平等的角度给出优劣评价，那就需要对效用函数 $u(y)$ 做进一步的限制。

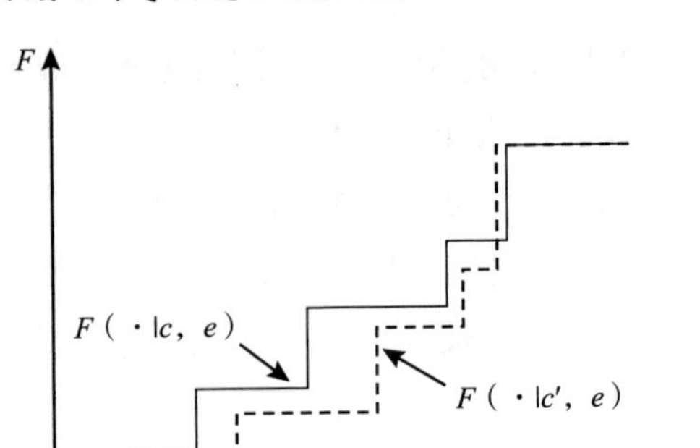

图2-1　累积分布交叉

一般而言，效用函数除了要求关于收入水平单调递增之外，通常还要求消费者是风险厌恶型的，即效用函数关于收入的二阶导为负。根据哈达和拉塞尔（Hadar and Russell，1969）、哈诺克和利维（Hanoch and Levy，1969）以及特斯法特（1976）等的研究，可以给出如下推论：

推论2（二阶占优）：对任意效用函数 $u(y)$（$u'(y)>0$，$u''(y)<0$），以及任意给定环境因素 c、c'和努力程度 e，$c\neq c'$，$U(c', e)\geqslant U(c, e)$ 当且仅当：

$$\int_0^z F(\cdot \mid c', e) \leqslant \int_0^z F(\cdot \mid c, e), \ \forall z \in (0, +\infty) \tag{2.6}$$

我们将推论2中 $F(\cdot \mid c', e)$ 与 $F(\cdot \mid c, e)$ 的关系记为 $F(\cdot \mid c', e) \geq_{SSD} F(\cdot \mid c, e)$。进一步地，如果存在 $\hat{z}\in(0, +\infty)$ 使得推论2中的不平等关系严格成立，则将 $F(\cdot \mid c', e)$ 与 $F(\cdot \mid c, e)$ 的关系记为 $F(\cdot \mid c', e) >_{SSD} F(\cdot \mid c, e)$。推论2表明，如果无知之幕之后的人是风险厌恶型的，即使是两个环境因素对应的收入分布相互交叉，也可以明确地比较两个分布的优劣。推论2的几何意义是，如果在所有收入水平上都是其中一个累积分布函数下方的面积比另一个累积分布函数下方的面积小，则前者对应的环境因素更好。根据推论2，我们给出机会平等的弱化定义。

定义3：机会平等是指不存在环境因素 c 和 c'满足：

$$\forall e, F(\cdot \mid c', e) \geq_{SSD} F(\cdot \mid c, e), \text{并且} \exists e^*,$$
$$\text{使得} F(\cdot \mid c', e^*) >_{SSD} F(\cdot \mid c, e^*) \tag{2.7}$$

根据定义3，如果存在环境因素 c'无论在何种努力程度上带给个体的预

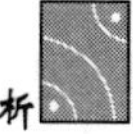

期效用都不低于环境因素 c 的预期效果，并且至少在某一个努力程度下环境因素 c'对应的预期效用严格大于环境因素 c 对应的效用，那么环境因素 c'和 c 之间的收入差距为机会不平等。

第二节　机会不平等识别策略

一、努力程度不可观测

利用定义3判断是否存在机会不平等，需要观察到条件收入分布 $F(\cdot \mid c, e)$。环境因素 c 通常是可观测到的，但努力程度 e 通常是研究人员观测不到的信息。正因如此，如果对努力程度的分布 $G(e)$ 不加任何限制，我们无法利用定义 3 对机会不平等进行检验。限定努力程度分布的最常见做法是假定努力程度独立于环境因素。勒弗朗茨等（2009）指出，在 $G(e \mid c) = G(e)$ 的条件下，可以得到定义 3 中机会平等的充分条件：

$$\forall c \neq c', \ F(\cdot \mid c') \not\succ_{SSD} F(\cdot \mid c) \tag{2.8}$$

如果不存在两个不同的环境因素，使得各自对应的条件收入分布满足二阶随机占优关系，那么按照定义3，收入差距中不存在机会不平等。但式（2.8）不是必要条件，因此即便是不存在机会不平等，仍有可能找到两个环境因素对应的条件收入分布满足二阶随机占优关系。式（2.8）的优点在于不需要观测努力程度，可以在实证分析中用于对机会不平等的存在性进行检验。当然，利用式（2.8）的前提是，努力程度独立于环境因素这一假定是否成立。这将取决于我们如何看待努力程度的测量。一种方法是按照罗默（1998）的做法，将努力程度视为相对值，其大小等于每个个体的收入在条件分布 $F(\cdot \mid c)$ 的分位数。根据定义有 $\forall c$，$G(e \mid c) = e$，所以 $G(e) = G(e \mid c)$①。因此，如

① 根据定义，当环境因素为 c 时，如果努力程度 $e^R = F(y \mid c)$，则有：

$$G(e^R \mid c) = \Pr(e \leqslant e^R \mid c) = \Pr(Y \leqslant y \mid c) = F(y \mid c) = e^R$$

其中，第二个等号是由于 $Y(c, e, l)$ 关于 e 是单调增的。而：

$$G(e) = \int G(e \mid c) dF_C(c) = \int e dF_C(c) = e = G(e \mid c)$$

其中，$F_C(\cdot)$ 为环境因素的分布函数。

果我们将努力程度定义为相对值，则可以利用式（2.8）检验是否存在机会不平等。另一种做法是将努力程度视为绝对值。此时没有合理的依据说明努力程度与环境因素相互独立。除非努力程度与环境因素在统计上是独立的，否则不能利用式（2.8）进行机会不平等的存在性检验。然而，柯亨（1989）指出个人的偏好可能在一定程度上与其所面临的环境因素有关。这里的偏好就包含个人的努力程度。所以，即便是统计上的独立性在实际的分析中也很难成立①。

二、环境因素观察不全

除了努力程度观测不到，实证分析中遇到的另一个主要问题是，环境因素无法全部观测到。机会平等的基本思想是尽可能缩小个体不可控的环境因素导致的收入差距。这些不可控的环境因素包含家庭背景、基因、出生地、性别等诸多方面。而常用的观测数据不太可能包含个体所有的环境因素，因此我们只能观测到其中的一部分环境因素。假定 $c=(c_1,\ c_2)$，且我们只能观测到其中的 c_1 部分，因此用于分析的条件收入分布实际是 $F(\cdot \mid c_1)$。勒弗朗茨等（2009）证明，$F(\cdot \mid c_1)$ 的二阶随机占优条件仍然可以作为机会平等存在性的检验准则。

第三节　机会不平等检验策略

根据上一节的分析，本章将努力程度取为相对值，利用式（2.8）对观测到的环境因素对应的条件分布进行二阶随机占优检验，判断我国的收入分布是否存在机会不平等。根据二阶随机占优的定义，$F(\cdot \mid c') >_{SSD} F(\cdot \mid c)$ 当且仅当：

$$\int_0^z F(y \mid c')dy \leqslant \int_0^z F(y \mid c)dy,\ \forall z \in (0,\ +\infty)\ \text{且存在}\ z\ \text{使得不等式严格成立} \tag{2.9}$$

① 当然，我们无法检验这一点，因为努力程度的绝对值我们很难观察到。

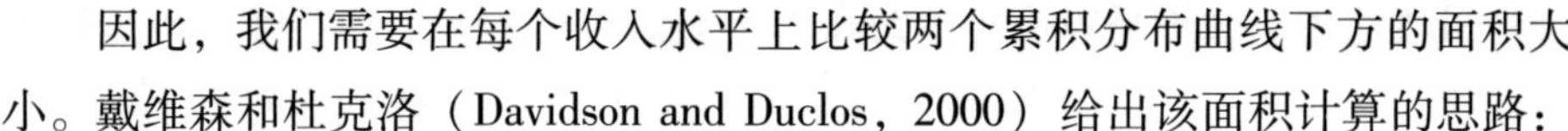

因此，我们需要在每个收入水平上比较两个累积分布曲线下方的面积大小。戴维森和杜克洛（Davidson and Duclos，2000）给出该面积计算的思路：

$$\int_0^z F(y \mid c)dy = \int_0^z (z-y)dF(y \mid c) \tag{2.10}$$

式（2.10）右边的经验估计值为 $\sum_{i=1}^{N}(z-y_i)\mathbf{1}(y_i \leqslant z)/N$，其中 N 为样本量，$\mathbf{1}(\cdot)$ 为示性函数。

对任意两类环境因素 c 和 c'，条件分布 $F(\cdot \mid c)$ 和 $F(\cdot \mid c')$ 二阶随机占优关系有以下四种可能：一是 $F(\cdot \mid c)$ 二阶随机占优于 $F(\cdot \mid c')$；二是 $F(\cdot \mid c')$ 二阶随机占优于 $F(\cdot \mid c)$；三是 $F(\cdot \mid c)$ 和 $F(\cdot \mid c')$ 相等；四是 $F(\cdot \mid c)$ 和 $F(\cdot \mid c')$ 不满足二阶随机占优关系。其中第四种可能是指两条累积分布曲线相互交叉，并且在某些收入水平以下 $F(\cdot \mid c')$ 曲线下方的面积大于 $F(\cdot \mid c)$ 下方的面积，而在其他某些收入水平以下后者大于前者。当所有环境因素对应的收入分布都不存在二阶随机占优关系时，我们无法根据定义 3 判断是否存在机会不平等。第一和第二种情况出现时均表明有机会不平等，第三种情况出现时表明机会平等。考虑到两个条件分布的关系有以上四种可能，我们用两步假设检验确定二者的关系。第一步先对原假设 H0：$F(\cdot \mid c') \geq_{SSD} F(\cdot \mid c)$ 进行检验，备择假设为 H1：$F(\cdot \mid c') <_{SSD} F(\cdot \mid c)$。如果没有拒绝原假设，则有可能是 $F(\cdot \mid c')$ 二阶随机占优于 $F(\cdot \mid c)$ 或二者相等，如果拒绝了原假设，则有可能是 $F(\cdot \mid c)$ 二阶随机占优于 $F(\cdot \mid c')$ 或二者相互交叉。第二步检验对原假设 H0：$F(\cdot \mid c) \geq_{SSD} F(\cdot \mid c')$ 进行检验，备择假设为 H1：$F(\cdot \mid c') >_{SSD} F(\cdot \mid c)$。根据两步检验结果可以判断两个条件分布的二阶随机占优关系。判断方法如表 2-1 所示。

表 2-1　　二阶随机占优检验结果的识别方法

项目	第一步拒绝	第一步不拒绝
第二步拒绝	相互交叉	$F(\cdot \mid c') > F(\cdot \mid c)$
第二步不拒绝	$F(\cdot \mid c) > F(\cdot \mid c')$	$F(\cdot \mid c') = F(\cdot \mid c)$

虽然上述机会不平等检验思路在理论上是可行的，但在实际分析过程中直接检验式（2.9）是不可能的。这是因为式（2.9）要求我们对每个可能的收入水平 z 进行检验，而收入是连续变量，因此 z 的取值有无穷多个，无法逐一检验。为此，我们借鉴巴雷特和唐纳德（2003）的检验方法。主要的检验思路如下：

第一步，对一系列 z 计算。

$$\Delta(z;\ F,\ c,\ c') = \int_0^z F(y \mid c')\,dy \leqslant \int_0^z F(y \mid c)\,dy \tag{2.11}$$

第二步，计算检验统计量。

$$\hat{S} = \left(\frac{NM}{N+M}\right)^{1/2} \sup_z(\Delta(z;\ F,\ c,\ c')) \tag{2.12}$$

其中，N 和 M 分别是环境因素为 c 和 c' 的两个子样本的样本量。

第三步，对 $\hat{S}$ 进行假设检验。

其中第三步要求我们估算在原假设成立的条件下 $\hat{S}$ 出现的可能性有多大，这意味着我们需要知道 $\hat{S}$ 的分布。巴雷特和唐纳德（Barrett and Donald，2003）提供了多种估计该分布的方法。我们采用巴雷特和唐纳德（2003）给出的自抽样方法，该方法可以通过四步完成。第一步是将两个子样本混合到一起，并有重复地随机抽取 R 对样本；第二步是利用每对样本计算检验统计量 $\hat{S}_r$，$r=1$，…，R；第三步是计算 $\hat{S}_r$ 中大于 $\hat{S}$ 的统计量所占比例 $p(c,\ c')$；第四步是选定置信水平 α，当 $p(c,\ c')<\alpha$ 时拒绝原假设。巴雷特和唐纳德（2003）证明，在原假设成立的前提下，上述推断方法拒绝原假设的概率极限不大于 α，即犯第一类错误的概率不大于 α。在备选假设成立的条件下，拒绝原假设的概率极限等于 1。

第四节　数据与处理

本章所用数据来自中国家庭收入调查（CHIP）数据库。该项调查为 1989 年、1996 年、2003 年、2008 年和 2014 年先后进行的五次入户调查，调查范

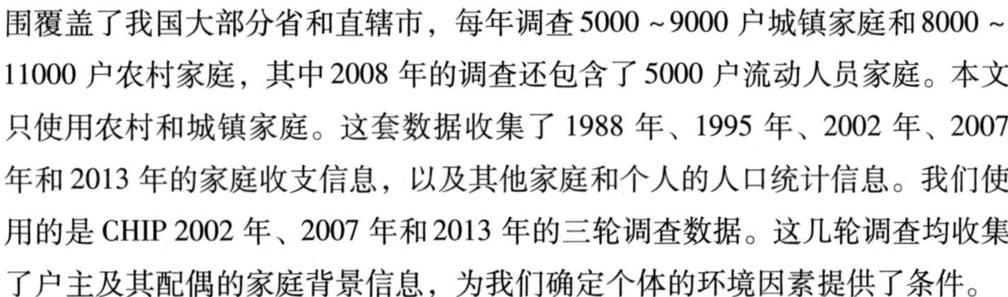

围覆盖了我国大部分省和直辖市，每年调查5000～9000户城镇家庭和8000～11000户农村家庭，其中2008年的调查还包含了5000户流动人员家庭。本文只使用农村和城镇家庭。这套数据收集了1988年、1995年、2002年、2007年和2013年的家庭收支信息，以及其他家庭和个人的人口统计信息。我们使用的是CHIP 2002年、2007年和2013年的三轮调查数据。这几轮调查均收集了户主及其配偶的家庭背景信息，为我们确定个体的环境因素提供了条件。

一、收入界定

研究收入差距的常用做法是利用个人收入数据（Checchi and Peragine，2010）。这是因为按照机会平等的定义，机会不平等指的是个人不可控因素对个人成就的影响。如果用收入反映个人成就，最合适的自然是个人收入。但也有文献利用家庭人均收入反映户主的个人成就（Ferreira et al.，2011；Lefranc et al.，2009）。严格来说，家庭人均收入并非反映个人成就的良好指标，因为家庭人均收入包含其他家庭成员的个人成就，而其他家庭成员的个人成就与其环境因素有关。例如，夫妻双方的婚姻匹配行为对家庭间的收入差距有显著的影响（李静等，2015；潘丽群等，2015；江求川，2016）。因此，家庭人均收入差距至少包含户主及其配偶双方的环境因素。CHIP数据既包含家庭收入信息，也包含个体收入信息。但在本章的分析中，我们主要考虑的是家庭人均收入作为户主的个人成就测量指标。这是因为本章的重点是分析我国整体的收入差距机会不平等问题，样本中包含城市和农村两个子样本。对于城市样本而言，个人收入是很容易界定的，主要包含人的工资性收入和个人经营性净收入。但对农村样本而言，个人收入的界定更加困难。大部分农村家庭的主要收入来源为家庭农业经营收入，这部分收入以家庭为单位记录，并没有区分到每个家庭成员。虽然CHIP对农村家庭也收集了个体的工资性收入和经营性净收入，但这部分收入只是农村居民个人收入的一部分。因此农村样本的个体收入测量误差比城市样本更大。考虑到两个样本的可比性，我们统一用家庭人均收入作为户主的个体成就指标。当然，我们在稳健性分析部分也会考虑用个体收入作为个人成就的指标。

二、环境变量

根据机会平等的基本思想，环境因素导致的收入差距是不合理的。因此，无论是检验机会不平等的存在性还是估计机会不平等程度，环境变量的选择都是关键的步骤。根据罗默（1998）的思路，环境因素应该是那些个人无法控制的并且影响收入的因素。根据这一界定标准，性别、出生地域、民族、父母的教育和职业以及基因等都是合理的环境因素。然而，实证中环境因素的选取不得不考虑两个方面的约束：一是大部分现有的数据库都只包含部分环境因素；二是即便是能够收集到丰富的环境因素信息，但受样本量的限制往往只能选取其中的部分因素进行分析。CHIP 收集的环境因素主要包括父母的教育和职业以及个体的性别和民族信息，但农村样本中没有父母的职业信息。除此之外，CHIP 也包含了个体当前的居住地信息。考虑到人口流动因素，当前的居住地和出生地可能不同，并且当前的居住地通常是内生的，个体能够在一定程度上控制其当前居住地，所以这个变量不适合作为环境因素。个体所属的民族是外生的且是个体无法控制的因素，但考虑到样本中汉族居民较多，将这一因素当作环境因素的意义并不大。父母亲的职业是个体无法控制的因素，因此是比较合适的环境变量，但农村居民的样本中没有这一信息，因此将父母职业作为环境变量会导致农村和城镇的样本不可比。此外，农村居民的父母往往也是农民，区分父母职业的意义并不大。因此，可作为环境因素的变量仅有父母的教育和自身的性别。然而，从样本量的约束来看，将这两个因素作为环境变量仍然难以实现。检验机会平等存在性的基本前提是能够精确地估计条件收入分布 $F(\cdot|c)$。在样本量给定的情况下，环境变量选择越多，属于同一类环境因素的观测值越小，从而导致条件收入分布$F(\cdot|c)$ 的估计偏差越大。综上考虑，我们将环境因素定为父母的教育。

CHIP 2002 年、2007 年和 2013 年的数据都收集了每个受访家庭户主及其配偶父母的教育程度信息。教育程度分为未上学（含扫盲班）、小学、初中、高中、中专、大专、本科和研究生。如果按原始的教育程度分类划分，属于同一类环境因素的观测值仍然很少。为此，我们按照常规的做法，将父母的教育程度分为三类：第一类为未上学（含扫盲班）；第二类为小学和初中；第三类为高中及以上。

CHIP 数据收集了每个受访住户的家庭成员关系信息，包括户主及其他家庭成员与户主的关系。利用这一信息我们可以确定户主及其配偶样本（如果户主在婚）。由于本章选用家庭人均收入作为分析对象，因此合理的方法应该是同时使用户主及其配偶双方的父母教育信息，以尽可能充分反映不同家庭间的环境因素差异。但由于我们将户主及其配偶父母的教育程度分为三类，如果同时使用双方父母的教育信息，至少可以将家庭分成 81 类，这仍然对样本量有较大的要求。为此，我们参照勒弗朗茨等（2009）仅用户主的父母教育信息。这样处理可以将环境因素的类别减少为 9 类，但考虑到利用非参数方法估计条件收入分布 $F(\cdot \mid c)$ 对样本量的要求更高，我们进一步参照切奇和佩拉吉尼（2010）的做法，将户主的环境因素设置为其父母双方的最高教育程度。这样处理可使环境因素的类别减少为 3 类。

CHIP 在确定家庭户主时并没有对户主的性别进行限制，因此在户主在婚的家庭中，户主有可能是夫妻双方的任何一方。为了避免因户主性别导致的家庭间差异，对于户主在婚的家庭，我们将户主重新界定为夫妻双方中的男性。

三、样本筛选与数据描述

我们保留了户主年龄在 25 ~ 60 岁的家庭，删除了户主的父母双方教育信息均缺失或个人收入和家庭收入均缺失的样本。剔除了家庭净收入小于 0 的样本。为了保证结果的稳健性，我们还剔除了家庭人均收入处于最高 0.1% 和最低 0.1% 的样本。

表 2 - 2 是样本的描述性统计情况。由于收入不平等与用何种尺度衡量收入（如元、千元等）无关，所以表 2 - 2 中各年的收入均为名义值。从此表可以看出，城市居民的家庭人均收入是农村家庭的 2 ~ 4 倍。从父母亲的教育程度看，2002 年父亲的教育程度平均水平大约为 2，即初等教育水平，母亲

的教育程度比父亲低，这符合男性教育程度高于女性的直观经验。其他年份的教育程度表现出类似的特征。但从教育程度的变化趋势上来看，父亲的平均教育程度从 2002 年的 1.99 下降到 2007 年的 1.95，再下降到 2013 年的 1.80；母亲的教育程度由 2002 年的 1.52 上升到 2007 年的 1.66，再下降到 2013 年的 1.51。这主要是因为样本中父亲的平均年龄均在 65 岁左右，即 2002 年样本中的父辈大约在 1937 年出生，2007 年的父辈大约在 1942 年出生，2013 年样本中的父辈大约在 1948 年出生。因此，2007 年和 2013 年样本中的父辈受 1966～1976 年"文革"影响的个人越来越多，这导致总体受教育程度有所下降。

表 2－2　样本描述统计

年份	项目	总体		城市		农村	
		均值	标准误	均值	标准误	均值	标准误
2002	人均收入（元）	5192.3	4771.9	8153.7	5371.8	2791.4	2227.8
	父亲教育程度	1.9875	0.7335	2.0848	0.8082	1.9080	0.6558
	母亲教育程度	1.5150	0.6887	1.5857	0.7786	1.4484	0.5841
	最高教育程度	2.0184	0.7339	2.1324	0.8043	1.9261	0.6572
	样本量（个）	12815		5738		7077	
2007	人均收入（元）	11088.9	12784.7	20923.3	16236.2	5357.4	3984.2
	父亲教育程度	1.9512	0.7878	2.1839	0.8040	1.8150	0.7452
	母亲教育程度	1.6623	0.7448	1.8710	0.8296	1.5399	0.6604
	最高教育程度	1.9764	0.7886	2.2254	0.7996	1.8313	0.7447
	样本量（个）	9902		3646		6256	
2013	人均收入（元）	18938.3	16760.8	27803.8	20398.5	13379.5	10771.1
	父亲教育程度	1.8032	0.7820	2.0978	0.8042	1.6184	0.7078
	母亲教育程度	1.5105	0.7118	1.8052	0.8140	1.3258	0.5660
	最高教育程度	1.8451	0.7903	2.1485	0.8024	1.6549	0.7203
	样本量（个）	12803		4934		7869	

注：a. 收入均按当年价格计算；b. 教育程度为分类变量，定义方式见正文。

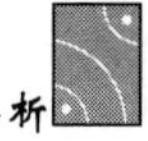

第五节　经验分析

尽管我们关注的焦点问题是收入差距的机会不平等情况，但无论是机会不平等，还是由于个人自身的努力程度差异，最终都会表现为收入的结果出现不平等。因此，有必要先看一下收入的结果不平等情况。由于结果不平等包含多种诱导因素，因此，在掌握了收入的结果不平等之后，接下来需要考虑的是这些结果不平等中是否包含了机会不平等。

一、收入不平等估计

反映结果不平等的指标有多种，常见的指标包括变易系数、对数标准差、广义熵指数等，不同指标对收入分布不同位置的变动反应敏感程度不同，如广义熵指数的参数越大，其对分布的右尾变动越敏感，而基尼系数对分布的众数位置变化更敏感。因此，在给出具体的不平等指标计算结果之前，可以先对整个收入的分布情况进行简单了解。图 2－2 分别绘制了 2002 年、2007 年和 2013 年的农村、城市和总体家庭对数人均收入的核密度估计结果。以 2002 年的对数人均收入为例，农村家庭的对数人均收入分布相对分散，且整个分布的位置明显位于城市的左侧。因此，可以推断农村家庭人均收入的不平等情况可能比城市更为严重。总体家庭对数人均收入的核密度是城市和农村两个子样本核密度的加权平均（权重为两个子样本的比例），所以总体核密度始终界于农村和城市的核密度之间。从图 2－2 中可以明显看出总体的核密度分布更为分散，这主要是因为总体收入分布不仅包含城乡内部的收入差距，还包含城乡间的收入差距。2013 年的核密度估计结果与 2002 年比较类似，即农村内部的不平等程度要比城市内部更为严重，且城乡间的收入差距使得总体的收入差距大于农村内部和城市内部的收入差距。2013 年核密度估计结果中的一个最明显特征是农村的分布虽然位于城市左侧，但二者的距离相对 2002 年和 2007 年的距离有所缩小。这说明农村家庭的收入增长速度有了更大的提高。这一点也可以从表 2 – 2 中的平均人均收入统计看出来。2007 年的核密度估计结果也反映出城乡之间的收入差距是总体收入差距的重要原因，但从图形中难以直观判断 2007 年农村内部和城市内部的收入差距相对大小。图 2 – 3（d）是三年对数人均收入的形状比较（由于这里关注的重点是各年收入的分散情况，所以对每年的人均家庭收入做了除以均值的处理）。从该图可以看到，2013 年的低收入群体和高收入群体所占的比例都有所下降，这有可能会导致 2013 年的收入差距下降。2007 年和 2002 年的收入分布则是出现了多次交叉，因此难以直接从图中判断这两年的收入差距相对大小。

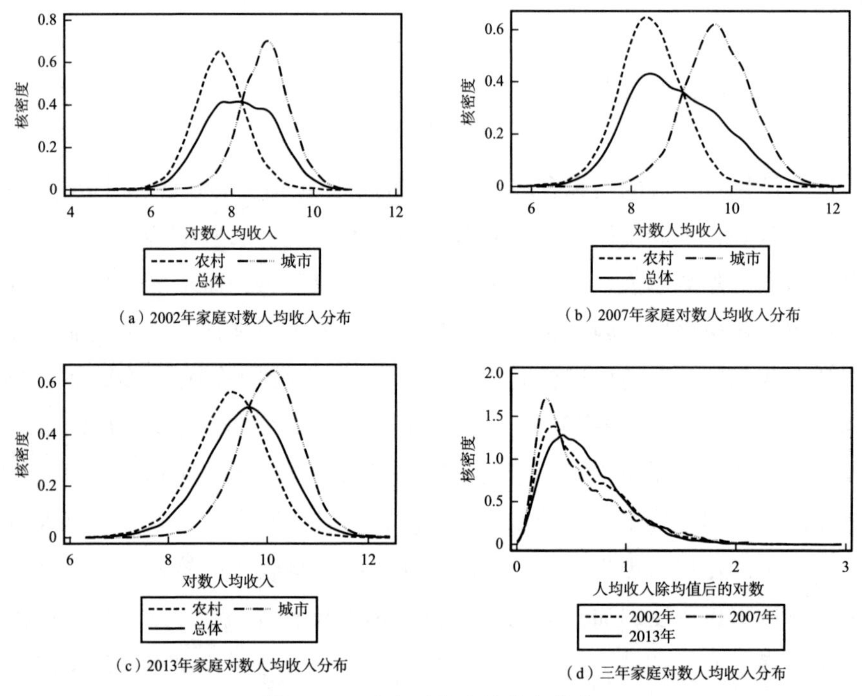

图 2 – 2　家庭对数人均收入分布

除了从对数收入的分布情况判断收入差距，另一种直观的方法是分析各个分布对应的洛仑兹曲线。图 2 – 3 是各年的洛仑兹曲线估计结果。2002 年和 2013 年的农村、城市和总体的洛仑兹曲线差距较为明显，可以清晰地看出总体的洛仑兹曲线最低，其次是农村，最后是城市。根据洛仑兹曲线与基尼系数的关系可知，2002 年和 2013 年的总体基尼系数最大，其次是农村内部的基尼系数，最小的是城市内部的基尼系数。2007 年的总体洛仑兹曲线也明显低于其他两条，农村的洛仑兹曲线和城市的洛仑兹曲线较为接近，但可以看出前者高于后者，即农村内部的基尼系数最小，其次是城市，总体基尼系数最大。最后，图 2－3（d）是三年总体的洛仑兹曲线比较。可以看出，2007 年的洛仑曲线最低，其他是 2002 年的洛仑兹曲线，最后是 2013 年。这说明 2013 年的基尼系数相对于 2002 年和 2007 年有所下降，而 2007 年的基尼系数是三年中最高的。

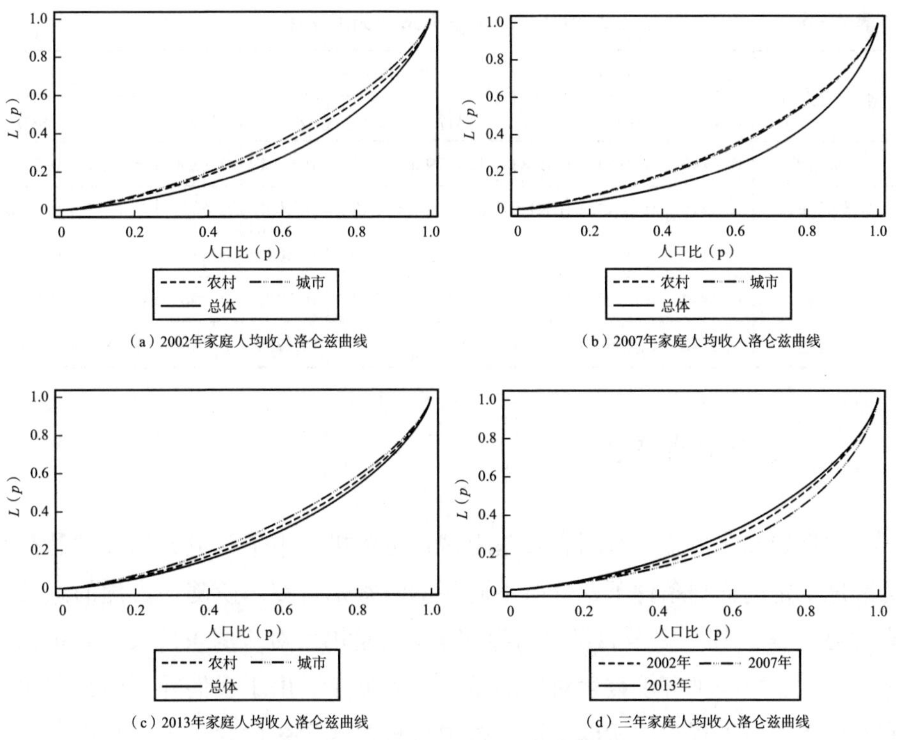

图 2－3　家庭人均收入洛仑兹曲线

表 2－3 是各年的几种常见不平等指标测算结果，包括变易系数、对数标准差、基尼系数、泰尔指数（参数为 1 的广义熵指数）和熵指数（参数为

-1 的广义熵指数)。基尼系数结果表明，2002 年总体的人均收入基尼系数为 0.4418，2007 年上升至 0.4999，2013 年下降至 0.4102。其他几种通用的不平等指标给出的结论与基尼系数给出的结论基本上是一致的。这说明样本期内的收入差距变化是相对稳健的，不平等指标的选取对分析不平等变化趋势影响不大。虽然测度结果表明 2013 年的收入差距有所下降，但从其大小上看仍然处于相对较高的水平，而且这种收入差距缩小是否是一个稳定的趋势还需要未来进一步观察。总而言之，中国的收入差距问题仍然是需要持续关注的话题。

表 2-3　　几种常用的不平等指标测度结果

不平等指标	2002 年			2007 年			2013 年		
	总体	农村	城市	总体	农村	城市	总体	农村	城市
变易系数	0.9190	0.7981	0.6588	1.1529	0.7437	0.7760	0.8850	0.8051	0.7337
对数标准差	0.8475	0.6641	0.6089	0.9182	0.6403	0.6640	0.7937	0.7273	0.6452
基尼系数	0.4418	0.3627	0.3272	0.4999	0.3505	0.3637	0.4102	0.3799	0.3440
泰尔指数	0.3284	0.2327	0.1789	0.4425	0.2125	0.2282	0.2907	0.2483	0.2059
熵指数	0.5178	0.2869	0.2311	0.6441	0.2585	0.2799	0.4460	0.3561	0.2663

二、经验分布估计

根据定义 3 可知，判断收入差距是否包含机会不平等成分的关键是在努力程度给定的前提条件下，分析不同环境因素是否在二阶随机占优的意义下有“好”与“坏”之分，即是否存在某个环境因素对应的条件收入分布二阶随机占优于另一种环境因素对应的条件收入分布。由于我们并不能真实地观察到个体的努力程度，所以实证分析中可根据式 2.8 检验是否存在机会不平等，这是机会平等的充分条件。由于本章探讨的环境因素仅包含父母的教育，所以我们需要分析的是给定父母教育后的条件收入分布差异。

图 2-4 是按父亲的教育程度类别对每年的总体、城市和农村样本分别进行分类以后得到的条件收入分布。图 2-4（a）是 2002 年的总样本对应

的三个条件收入分布图。从图中可以清晰地看到，父亲教育程度为 3 时（教育水平在高中及以上）的条件收入分布明显低于其他两类父亲教育程度对应的条件收入分布。根据二阶随机占优的几何意义，可以初步推断 2002 年的总体收入差距中包含着明显的机会不平等成分[①]。图 2－4（a）的另外两条曲线分别是第一类父亲教育程度（未上学）和第二类父亲教育程度（接受过初等教育）对应的分布曲线。这两条分布曲线比较接近，但可以大体上判断第一类父亲教育程度对应的分布曲线低于第二类。这一点有点出乎意料。因为，从图 2－4（b）和图 2－4（c）中可以看出，均出现了第二类父亲教育程度对应的分布曲线低于第一类的情形，而加总后得到的总体样本中这两条曲线的相对位置却相反。这主要是因为城市居民的受教育程度相对较高，那些接受过教育的父辈中有不少是接受了初等教育以上水平的教育，而农村居民中那么接受过教育的父辈主要集中在只接受过初等教育，从而导致城市样本中父亲教育程度为第一类的个体数与农村样本中父亲教育程度为第一类的个体数相当，但城市样本中父亲教育程度为第二类的个体数却远远小于农村样本中父亲教育程度为第二类的个体数[②]。也就是说在合并后的总体样本中，那些父辈为第二类的样本大多数来自农村，而农村居民的收入相对城市偏低，甚至会低于城市样本中那些父辈为第一类居民的收入[③]。图 2－4（b）是 2002 年的城市样本对应的三个条件收入分布。虽然这三条累积分布曲线比较接近，但仍然可以清晰地看出第三类父亲教育程度对应的收入分布最低，其次是第二类，最后是第一类。这说明城市内部的收入差距也可能存在机会不平等。图 2－4（c）是 2002 年农村样本。可以明显地看出，第一类父亲教育程度对应的条件收入分布明显高于其他两类，但第二类和第三类父亲教育程度对应的条件收入分布差别不明显。其他两年的条件收入分布图与 2002 年的大体上一致。这三年的收入分布表现出以下三个特征。第一，总体上看，

---

① 直观上看，图 2－4（a）已经有可能满足式（2.5）给出的一阶随机占优条件。而一阶随机占优的要求更为严格，如果两个收入分布满足一阶随机占优关系，那么也一定满足二阶随机占优关系。

② 直观来看，如果 $a<b$，$c<d$，但 $\lambda a+(1-\lambda)c$ 却不一定小于 $\delta b+(1-\delta)d$，$0<\lambda$，$\delta<1$。例如 $b<c$ 并且 λ 较小而 δ 较大时，有可能是后者小于前者。

③ 事实上，2002 年农村样本中父亲教育程度为第二类的个体平均收入为 2864.3 元，而城市样本中父亲教育程度为第一类的个体平均收入却为 7509.4 元。

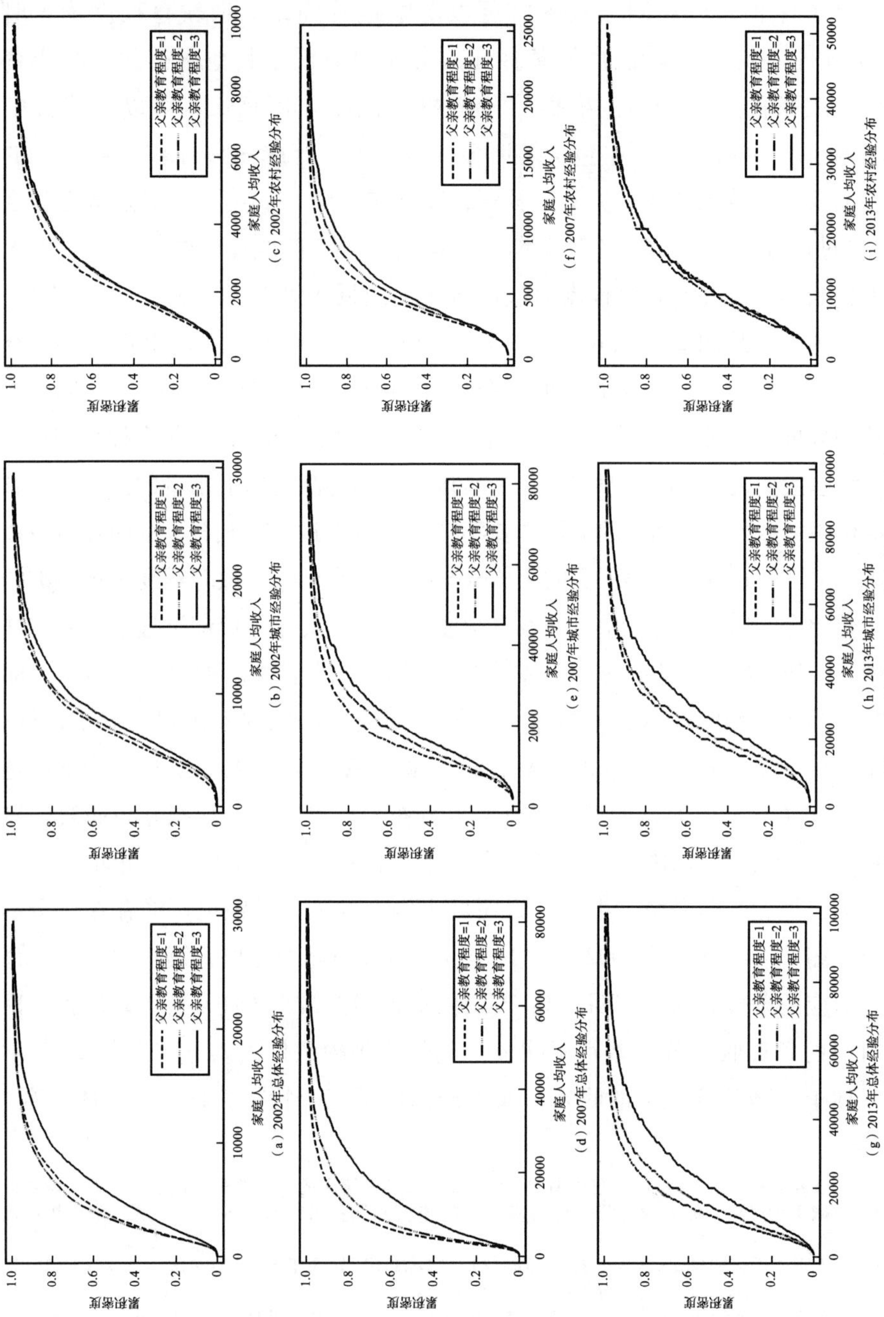
父亲教育程度=1
父亲教育程度=2
父亲教育程度=3
累积密度
家庭人均收入
（a）2002年总体经验分布
（b）2002年城市经验分布
（c）2002年农村经验分布
（d）2007年总体经验分布
（e）2007年城市经验分布
（f）2007年农村经验分布
（g）2013年总体经验分布
（h）2013年城市经验分布
（i）2013年农村经验分布

图2–4　按父亲教育程度分类的累积分布

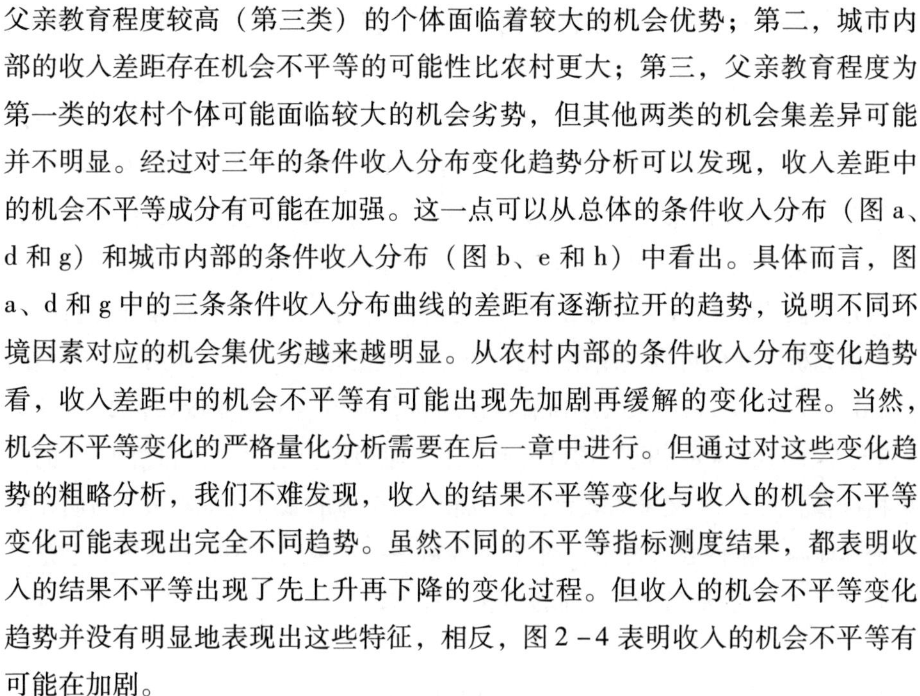

父亲教育程度较高（第三类）的个体面临着较大的机会优势；第二，城市内部的收入差距存在机会不平等的可能性比农村更大；第三，父亲教育程度为第一类的农村个体可能面临较大的机会劣势，但其他两类的机会集差异可能并不明显。经过对三年的条件收入分布变化趋势分析可以发现，收入差距中的机会不平等成分有可能在加强。这一点可以从总体的条件收入分布（图 a、d 和 g）和城市内部的条件收入分布（图 b、e 和 h）中看出。具体而言，图 a、d 和 g 中的三条条件收入分布曲线的差距有逐渐拉开的趋势，说明不同环境因素对应的机会集优劣越来越明显。从农村内部的条件收入分布变化趋势看，收入差距中的机会不平等有可能出现先加剧再缓解的变化过程。当然，机会不平等变化的严格量化分析需要在后一章中进行。但通过对这些变化趋势的粗略分析，我们不难发现，收入的结果不平等变化与收入的机会不平等变化可能表现出完全不同趋势。虽然不同的不平等指标测度结果，都表明收入的结果不平等出现了先上升再下降的变化过程。但收入的机会不平等变化趋势并没有明显地表现出这些特征，相反，图 2－4 表明收入的机会不平等有可能在加剧。

三、随机占优分析结果

图 2－4 虽然为判断是否存在机会不平等提供了非常直观的证据，但从收入分布图分析机会不平等的存在性面临两个问题：一是当两个条件收入分布非常接近或相互交叉时，我们很难直接根据图形进行判断；二是即便是条件收入分布表现出明显的差异，但我们并不知道这种差异在统计上是否显著。为了克服上述问题，我们需要对条件收入分布的占优关系进行严谨的量化分析，并判断这种关系在统计上的显著性。

首先考查总样本的机会不平等存在性问题。由于根据环境变量可将个体分为三类，需要检验的条件分布有 3 个，任何两个条件分布存在二阶随机占优关系则表明存在机会不平等，为此需要对这 3 个条件分布进行两两检验。用 $F1$，$F2$ 和 $F3$ 分别表示父亲教育程度为第一类、第二类和第三类的个体的家庭人均收入分布。对任意两个不同的条件收入分布，我们的原假设是其中一个条件收入分布二阶随机占优于另一个条件收入分布（共检验 6 组）。表 2 – 4 是利用三个总样本进行检验的结果。为了避免数值过大导致在计算过程中出现溢出问题，在具体的检验过程中，我们将每年的家庭人均收入除以当年的家庭人均收入均值。这样处理不影响我们判断两个条件收入分布的相对位置。表 2 – 4 的第一行检验的是 H0：$F1 \geq_{SSD} F2$。检验结果表明，除 2002 年没有拒绝原假设外（P 值 = 0.7959），其余两年均显著地拒绝了原假设。这一点和我们从图 2 – 4 中观察出的结果是相符合的。但通过严格量化分析的随机占优分析，我们可以判断条件分布在统计上的差异。表 2 – 4 第 2 行检验的是 H0：$F1 \geq_{SSD} F3$。结果表明所有年份均显著地拒绝了原假设。表 2 – 4 的第 4 行与第 2 行的结果相同，均显著地拒绝了原假设。这一点也和图 2 – 4 的结果相符合。图 2 – 4 父亲的教育程度为第三类个体的家庭人均收入分布明显也低于其他两个条件收入分布。而表 2 – 4 则进一步说明这种差异在统计上是显著的。表 2 – 4 的最后两行全部没有拒绝原假设。

表 2 – 4　　　　总样本随机占优检验结果

原假设	2002 年		2007 年		2013 年	
	统计量	P 值	统计量	P 值	统计量	P 值
H0：$F1 \geq_{SSD} F2$	0.0059	0.7959	6.8382	0.0000	8.0195	0.0000
H0：$F1 \geq_{SSD} F3$	14.187	0.0000	25.640	0.0000	23.504	0.0000
H0：$F2 \geq_{SSD} F1$	3.1986	0.0000	0.0014	0.8605	0.0001	0.9136
H0：$F2 \geq_{SSD} F3$	18.968	0.0000	19.829	0.0000	15.932	0.0000
H0：$F3 \geq_{SSD} F1$	0.0000	0.9028	0.0000	0.8920	0.0000	0.9136
H0：$F3 \geq_{SSD} F2$	0.0000	0.9190	0.0000	0.8938	0.0000	0.9028

注：统计量利用式（2.12）估计，P 值通过 1111 次自抽样（Bootstrap）方法估计。

根据表 2 – 4 的结果可以更精确地判断总体收入分布中三个条件收入分布的二阶随机占优关系，判断的方法见表 2 – 1。例如，根据表 2 – 4 第 1 行 H0：$F1 \geq_{SSD} F2$ 检验的 2002 年结果可知原假设没有被拒绝。因此，对于 2002 年的

条件分布 $F1$ 和 $F2$，有可能是 $F1 >_{SSD} F2$ 或 $F1 = F2$。为了判断 $F1$ 和 $F2$ 的相互关系，我们还需要进一步对 H0：$F2 \geq_{SSD} F1$ 进行检验，即表 2 - 4 的第 3 行。2002 年的结果表明原假设被显著拒绝，因此，两个分布的相互关系是 $F2 >_{SSD} F1$ 或 $F1 = F2$ 的可能性较小。综合两步的检验可知 $F1$ 和 $F2$ 的相互关系是 $F1 >_{SSD} F2$ 的可能性更大。再如，根据表 2 - 4 第 1 行检验的 2007 年结果可知原假设被显著拒绝，因此，对于 2007 年的条件分布 $F1$ 和 $F2$，有可能是 $F1 <_{SSD} F2$ 或 $F1$ 与 $F2$ 相互交叉。而表 2 - 4 第 3 行的 2007 年检验结果表明 H0：$F2 \geq_{SSD} F1$ 没有被拒绝，因此，这两个条件分布有可能是 $F2 >_{SSD} F1$ 或 $F1 = F2$。综合以上两步的检验可知，2007 年的 $F1$、$F2$ 相互关系是 $F2 >_{SSD} F1$ 的可能性更大。

利用同样的逻辑，可以对其他年份以及其他分布组合的占优关系进行确定。表 2 - 5 是汇报了每一年中 F_1、F_2、F_3 这三个条件收入分布两两之间二阶随机占优关系的判断结果。除 2002 年的 $F1$ 是二阶随机占优于 $F2$ 之外，其余各年均是父亲教育程度高的类别对应的条件收入分布二阶随机占优于父亲教育程度低的类别对应的条件收入分布。

表 2 - 5　　总样本中的三个条件分布占优关系

条件分布	2002 年		2007 年			2013 年			
	$F1$	$F2$	$F3$	$F1$	$F2$	$F3$	$F1$	$F2$	$F3$
$F1$	–	$>_{SSD}$	$<_{SSD}$	–	$<_{SSD}$	$<_{SSD}$	–	$<_{SSD}$	$<_{SSD}$
$F2$	•	–	$<_{SSD}$	•	–	$<_{SSD}$	•	–	$<_{SSD}$
$F3$	•	•	–	•	•	–	•	•	–

注：表中 • 表示与对称位置的占优关系相对应。– 表示无意义。

表 2 - 5 中关于 2002 年 $F1$ 和 $F2$ 的占优关系检验结果所蕴含的经济含义是，父亲未接受过教育的个体预期效用水平比父亲接受过初等教育的个体预期效用水平更高。这显然与直观上的感知是有些差距的。在前面的分析中我们指出，出现这种情况的原因在于城乡居民的收入差别较大，即便是父亲未接受教育的城市居民也比父亲接受过初等教育的农村居民拥有更高的家庭人均收入，

这种收入悬殊足够大且两个样本中不同类型的子样本相对比例差别足够大时有可能出现上述结果。虽然这种情况出现的可能性比较小，但为了保证结果的全面性与稳健性，有必要对农村和城市的样本进行分布检验。

表2－6是利用每年的农村样本进行随机占优检验的结果。与表2－4不同，当对原假设H0：$F1 \geq_{SSD} F2$ 进行检验时，三年的结果均表明原假设被显著拒绝，因此，$F1$ 和 $F2$ 的占优关系应该是二者相互交叉或者 $F2$ 二阶随机占优于 $F1$。类似地，对H0：$F1 \geq_{SSD} F3$ 进行检验的结果亦均显著拒绝了原假设。表2－6的最后两行与表2－4也相似，两行对应的原假设均未被拒绝。在对总样本进行H0：$F2 \geq_{SSD} F1$ 检验时，2002年的总样本显著拒绝了原假设，其他两年均未拒绝原假设，但利用农村样本进行检验时，所有结果均未拒绝原假设。同样存在较大差异的还有对农村样本的H0：$F2 \geq_{SSD} F3$ 检验与对总样本的H0：$F2 \geq_{SSD} F3$ 检验。这一点也可以从图2－4中得到解释。图2－4表明总样本中条件分布 $F3$ 明显低于条件分布 $F2$，而在2002年和2013年的农村样本中，这两个条件分布差距很小。

表2－6　　农村样本随机占优检验结果

原假设	2002年		2007年		2013年	
	统计量	P值	统计量	P值	统计量	P值
H0：$F1 \geq_{SSD} F2$	3.5370	0.0000	3.9027	0.0000	4.3391	0.0000
H0：$F1 \geq_{SSD} F3$	3.0116	0.0000	6.5826	0.0000	2.7338	0.0000
H0：$F2 \geq_{SSD} F1$	0.0004	0.8892	0.0053	0.8155	0.0004	0.8776
H0：$F2 \geq_{SSD} F3$	0.5519	0.2871	3.4404	0.0000	0.0035	0.8335
H0：$F3 \geq_{SSD} F1$	0.0071	0.7957	0.0020	0.8587	0.0000	0.9145
H0：$F3 \geq_{SSD} F2$	0.0089	0.8011	0.0000	0.9163	0.3284	0.4536

注：统计量利用式（2.12）估计，P值通过1111次自抽样（Bootstrap）方法估计。

进一步的，根据表2－6的检验结果可以对农村样本的三个条件分布之间的占优关系进行更精确地判断，如表2－7所示。其中，2007年的农村样本检验结果和2007年的总体样本检验结果相一致，都是父亲教育程度高的个体

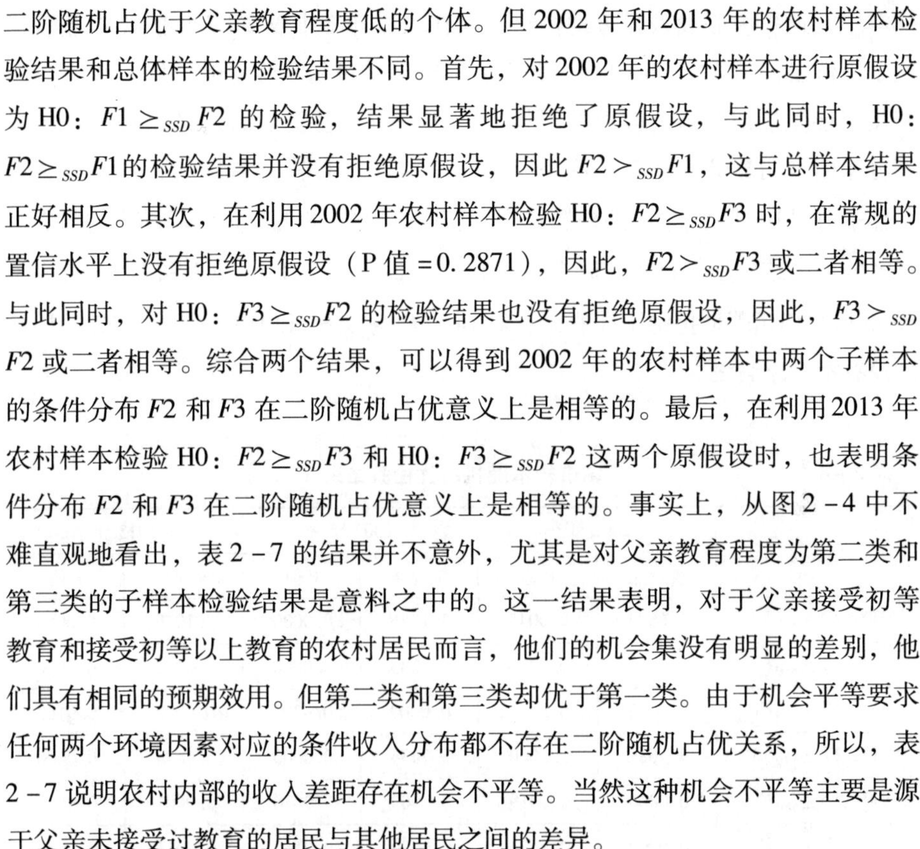

二阶随机占优于父亲教育程度低的个体。但2002年和2013年的农村样本检验结果和总体样本的检验结果不同。首先，对2002年的农村样本进行原假设为H0：$F1 \geq_{SSD} F2$ 的检验，结果显著地拒绝了原假设，与此同时，H0：$F2 \geq_{SSD} F1$的检验结果并没有拒绝原假设，因此 $F2 >_{SSD} F1$，这与总样本结果正好相反。其次，在利用2002年农村样本检验H0：$F2 \geq_{SSD} F3$ 时，在常规的置信水平上没有拒绝原假设（P值=0.2871），因此，$F2 >_{SSD} F3$ 或二者相等。与此同时，对H0：$F3 \geq_{SSD} F2$ 的检验结果也没有拒绝原假设，因此，$F3 >_{SSD} F2$ 或二者相等。综合两个结果，可以得到2002年的农村样本中两个子样本的条件分布 $F2$ 和 $F3$ 在二阶随机占优意义上是相等的。最后，在利用2013年农村样本检验H0：$F2 \geq_{SSD} F3$ 和H0：$F3 \geq_{SSD} F2$ 这两个原假设时，也表明条件分布 $F2$ 和 $F3$ 在二阶随机占优意义上是相等的。事实上，从图2－4中不难直观地看出，表2－7的结果并不意外，尤其是对父亲教育程度为第二类和第三类的子样本检验结果是意料之中的。这一结果表明，对于父亲接受初等教育和接受初等以上教育的农村居民而言，他们的机会集没有明显的差别，他们具有相同的预期效用。但第二类和第三类却优于第一类。由于机会平等要求任何两个环境因素对应的条件收入分布都不存在二阶随机占优关系，所以，表2－7说明农村内部的收入差距存在机会不平等。当然这种机会不平等主要是源于父亲未接受过教育的居民与其他居民之间的差异。

表2－7　　农村样本中的三个条件分布占优关系

条件分布	2002年			2007年			2013年		
	$F1$	$F2$	$F3$	$F1$	$F2$	$F3$	$F1$	$F2$	$F3$
$F1$	–	$<_{SSD}$	$<_{SSD}$	–	$<_{SSD}$	$<_{SSD}$	–	$<_{SSD}$	$<_{SSD}$
$F2$	•	–	=	•	–	$<_{SSD}$	•	–	=
$F3$	•	•	–	•	•	–	•	•	–

注：表中•表示与对称位置的占优关系相对应；=表示两个分布在二阶随机占优意义上是相同的；－表示无意义。

表2－8是利用每年的城市样本进行随机占优检验的结果。比较城市和农村的检验结果可以发现，二者的区别在于对H0：$F2 \geq_{SSD} F3$ 的检验。在城市

样本中，这一原假设被显著地拒绝，而在农村样本中仅2007年的样本显著拒绝了原假设。从图2－4中可以看出，父亲接受过初等教育的子样本收入分布和父亲接受过初等以上教育的子样本收入分布有着明显的差异，且后者的累积分布曲线明显低于前者。这一点是与农村样本有较大差别的，从而导致两个样本对H0：$F2 \geq_{SSD} F3$ 的检验结果不相同。表2－8的其他检验结果均与农村样本的检验结果是一致的。以H0：$F1 \geq_{SSD} F2$、H0：$F1 \geq_{SSD} F3$ 和 H0：$F2 \geq_{SSD} F3$ 的检验均显著地拒绝了原假设，对H0：$F3 \geq_{SSD} F1$ 和 H0：$F3 \geq_{SSD} F2$ 的检验均没有拒绝原假设。

表2－8　城市样本随机占优检验结果

原假设	2002年		2007年		2013年	
	统计量	P值	统计量	P值	统计量	P值
H0：$F1 \geq_{SSD} F2$	1.6593	0.0045	3.1056	0.0000	2.1019	0.0000
H0：$F1 \geq_{SSD} F3$	4.9674	0.0000	6.6285	0.0000	8.6222	0.0000
H0：$F2 \geq_{SSD} F1$	0.0000	0.8758	0.0000	0.9208	0.0000	0.9163
H0：$F2 \geq_{SSD} F3$	3.4688	0.0000	3.7434	0.0000	6.9634	0.0000
H0：$F3 \geq_{SSD} F1$	0.0000	0.9019	0.0000	0.9028	0.0007	0.8632
H0：$F3 \geq_{SSD} F2$	0.0000	0.9073	0.0000	0.9163	0.0011	0.8650

注：统计量利用式（2.12）估计，P值通过1111次自抽样（Bootstrap）方法估计。

表2－9是根据表2－8的结果对城市样本中三个子样本收入分布的条件分布占优关系判断结果。由于H0：$F2 \geq_{SSD} F3$ 均被显著拒绝，所以 $F2$ 和 $F3$ 的占优关系应该是二者相互交叉或者 $F3$ 二阶随机占优于 $F2$。而进一步的H0：$F3 \geq_{SSD} F2$ 检验均没有拒绝原假设，所以综合两步可以得到 $F3 >_{SSD} F2$。表2－9的其他各组条件分布占优关系的差别过程与结果与表2－7是一致的。根据机会平等的定义可以发现，城市内部的收入差距也是存在显著的机会不平等的。与农村不同的是，城市居民的任意两种环境因素之间都存在机会不平等。

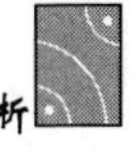

表 2－9　　城市样本中的三个条件分布占优关系

条件分布	2002 年			2007 年			2013 年		
	F1	F2	F3	F1	F2	F3	F1	F2	F3
F1	–	$\prec_{SSD}$	$\prec_{SSD}$	–	$\prec_{SSD}$	$\prec_{SSD}$	–	$\prec_{SSD}$	$\prec_{SSD}$
F2	•	–	$\prec_{SSD}$	•	–	$\prec_{SSD}$	•	–	$\prec_{SSD}$
F3	•	•	–	•	•	–	•	•	–

注：表中 • 表示与对称位置的占优关系相对应；＝表示两个分布在二阶随机占优意义上是相同的；－表示无意义。

四、稳健性分析

无论是对经验分布的直接观察，还是对经验分布随机占优关系的严格检验，前面的分析都支持了我国的收入差距中包含机会不平等成分这一论点。然而，另一个需要考查的问题是，这一结论是否与环境因素的选取有关，或者选择不同的环境因素是否还会得到同样的结论。CHIP 数据也收集了受访者的母亲受教育情况。按照同样的思路，我们可以利用母亲的教育程度作为环境变量。另一种常用的作法是用父亲和母亲的教育最高水平作为环境变量。接下来的部分将分别采取这两种环境因素的界定方法做进一步探讨。

（一）母亲教育程度作为环境变量

首先观察用母亲教育程度分类之后的家庭人均收入条件分布情况。图 2－5 表明母亲接受过高中及以上教育的个体对应的条件收入分布低于其他两个条件收入分布。因此，可以初步判断，按母亲的教育程度分类所得到的不同个体之间的收入差距也存在机会不平等成分。当然，比较图 2－4 和图 2－5 可以发现两种环境因素的选取是存在一些差异的。例如，从 2002 年农村和城市内部的收入分布看，母亲接受过初等教育的个体与母亲未接受过教育的个体所对应的条件收入分布非常接近，但都与母亲接受过高中及以上教育的个体对应的条件收入分布有较大的差距。但是在用父亲的教育程度分类时，仅城市样本有这一特征，农村样本中父亲接受过初中及以上教育的两个条件收入分布差距并不明显。这些差异有可能会影响我们对不同条件分布之间占优关系的判断，进而对机会不平等的存在性给出不同的结论。

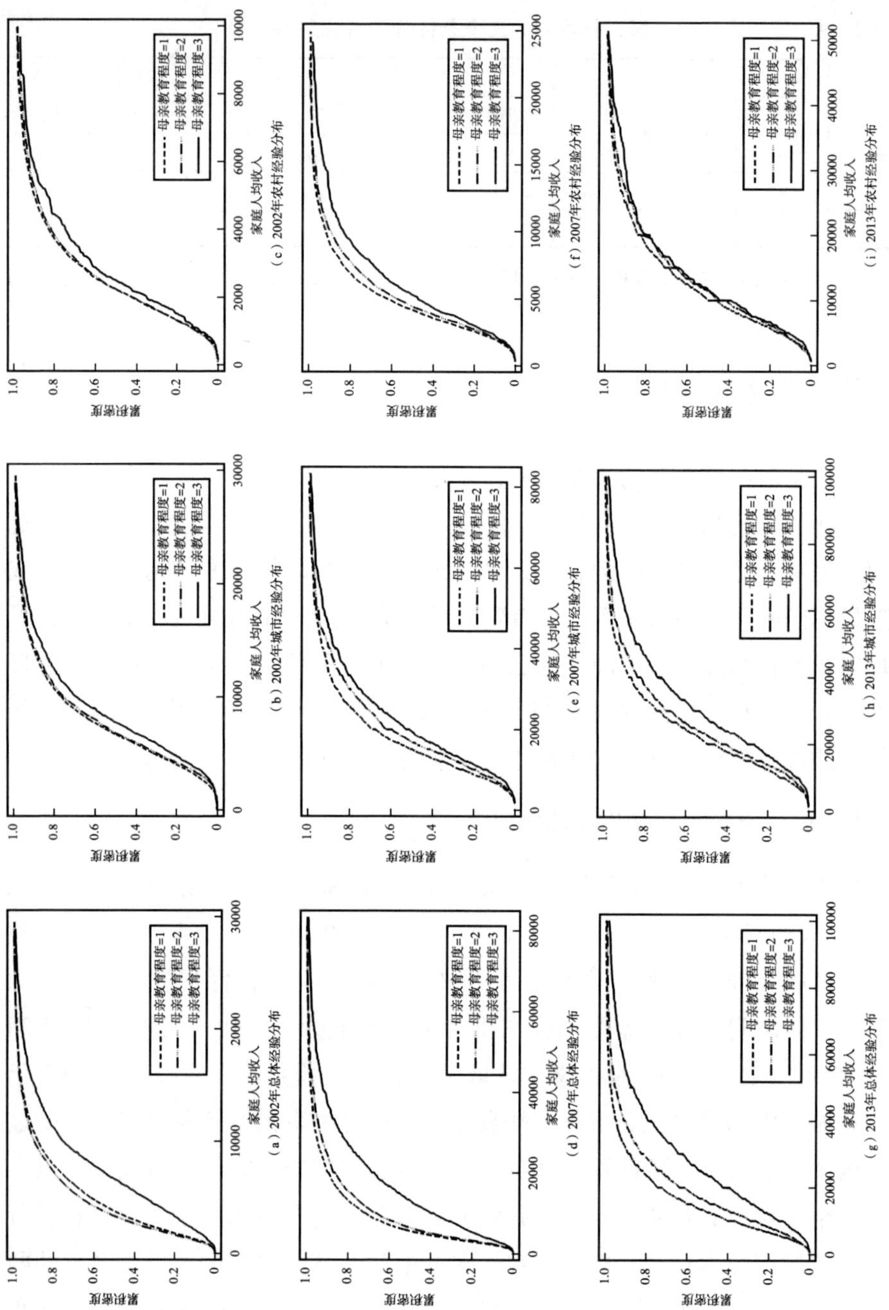
母亲教育程度=1
母亲教育程度=2
母亲教育程度=3
累积密度
家庭人均收入
（a）2002年总体经验分布
（b）2002年城市经验分布
（c）2002年农村经验分布
（d）2007年总体经验分布
（e）2007年城市经验分布
（f）2007年农村经验分布
（g）2013年总体经验分布
（h）2013年城市经验分布
（i）2013年农村经验分布

图2-5 按母亲教育程度分类的累积分布

为了进一步精确地判断各个条件收入分布之间的占优关系，我们利用巴雷特和唐纳德（2003）的检验方法对各个条件分布进行检验。表 2 - 10 是随机占优关系的检验结果。在总样本检验中，除 2002 年之外，其余两年的检验结果均显著拒绝了原假设 H0：$F1 \geq_{SSD} F2$。关于 H0：$F1 \geq_{SSD} F3$ 的检验结果也均显著拒绝了原假设。H0：$F3 \geq_{SSD} F1$ 和 H0：$F3 \geq_{SSD} F2$ 的检验结果均未拒绝原假设。根据这些结果，可以确定各个条件分布之间的二阶随机占优关系。表 2 - 11 汇报的是占优关系的确定结果。可见，虽然用母亲的教育程度作为环境变量导致各个条件分布发生了一些变化，但这种变化并没有影响我们对总样本中各个条件分布二阶随机占优关系的判断。表 2 - 11 中总体样本的二阶占优关系与表 2 - 5 是一致的。

表 2 - 10　　以母亲教育程度为环境变量时的随机占优检验结果

原假设		2002 年		2007 年		2013 年	
		统计量	P 值	统计量	P 值	统计量	P 值
总样本	H0：$F1 \geq_{SSD} F2$	0.0020	0.8655	5.6598	0.0000	9.9281	0.0000
	H0：$F1 \geq_{SSD} F3$	16.290	0.0000	26.480	0.0000	25.473	0.0000
	H0：$F2 \geq_{SSD} F1$	3.7572	0.0000	0.0000	0.8982	0.0004	0.8824
	H0：$F2 \geq_{SSD} F3$	17.492	0.0000	20.775	0.0000	15.978	0.0000
	H0：$F3 \geq_{SSD} F1$	0.0000	0.8889	0.0000	0.8889	0.0000	0.9020
	H0：$F3 \geq_{SSD} F2$	0.0004	0.8842	0.0000	0.9029	0.0000	0.9010
城市样本	H0：$F1 \geq_{SSD} F2$	1.0234	0.0666	3.1424	0.0000	2.8590	0.0000
	H0：$F1 \geq_{SSD} F3$	4.4177	0.0000	6.1705	0.0000	9.3388	0.0000
	H0：$F2 \geq_{SSD} F1$	0.0000	0.8812	0.0019	0.8533	0.0001	0.9154
	H0：$F2 \geq_{SSD} F3$	2.9882	0.0000	2.9742	0.0000	6.1073	0.0000
	H0：$F3 \geq_{SSD} F1$	0.0000	0.8794	0.0000	0.8920	0.0013	0.8416
	H0：$F3 \geq_{SSD} F2$	0.0052	0.8065	0.0000	0.9046	0.0013	0.8650

续表

原假设		2002年		2007年		2013年	
		统计量	P值	统计量	P值	统计量	P值
农村样本	H0：$F1 \geq_{SSD} F2$	1.2300	0.0702	2.8382	0.0000	3.3448	0.0000
	H0：$F1 \geq_{SSD} F3$	2.6520	0.0018	6.8338	0.0000	3.1502	0.0000
	H0：$F2 \geq_{SSD} F1$	0.0890	0.6265	0.0000	0.9127	0.0484	0.6863
	H0：$F2 \geq_{SSD} F3$	2.1555	0.0108	5.1245	0.0000	1.3708	0.0801
	H0：$F3 \geq_{SSD} F1$	0.0000	0.8794	0.0005	0.8776	0.0012	0.8413
	H0：$F3 \geq_{SSD} F2$	0.0000	0.8641	0.0021	0.8335	0.0005	0.8776

表2－11　　以母亲教育程度为环境变量时的条件分布占优关系

条件分布		2002年			2007年			2013年		
		$F1$	$F2$	$F3$	$F1$	$F2$	$F3$	$F1$	$F2$	$F3$
总样本	$F1$	–	$\succ_{SSD}$	$\prec_{SSD}$	–	$\prec_{SSD}$	$\prec_{SSD}$	–	$\prec_{SSD}$	$\prec_{SSD}$
	$F2$	•	–	$\prec_{SSD}$	•	–	$\prec_{SSD}$	•	–	$\prec_{SSD}$
	$F3$	•	•	–	•	•	–	•	•	–
城市	$F1$		$\prec_{SSD}$	$\prec_{SSD}$	–	$\prec_{SSD}$	$\prec_{SSD}$	–	$\prec_{SSD}$	$\prec_{SSD}$
	$F2$		–	$\prec_{SSD}$	•	–	$\prec_{SSD}$	•	–	$\prec_{SSD}$
	$F3$		•	–	•	•	–	•	•	–
农村	$F1$		$\prec_{SSD}$	$\prec_{SSD}$	–	$\prec_{SSD}$	$\prec_{SSD}$	–	$\prec_{SSD}$	$\prec_{SSD}$
	$F2$		–	$\prec_{SSD}$	•	–	$\prec_{SSD}$	•	–	$\prec_{SSD}$
	$F3$		•	–	•	•	–	•	•	–

分城乡样本进行检验所得到的结果与利用父亲教育程度作为环境变量时的结果也基本上是一致的，但存在一些差异。首先，部分占优关系检验结果的统计显著性发生了变化。例如2002年城市样本的H0：$F1 \geq_{SSD} F2$ 检验结果P值为0.0666，因此在5%的显著性水平上没有拒绝原假设，但在10%的显著性水平上原假设被拒绝。在利用父亲教育程度作为环境变量时，

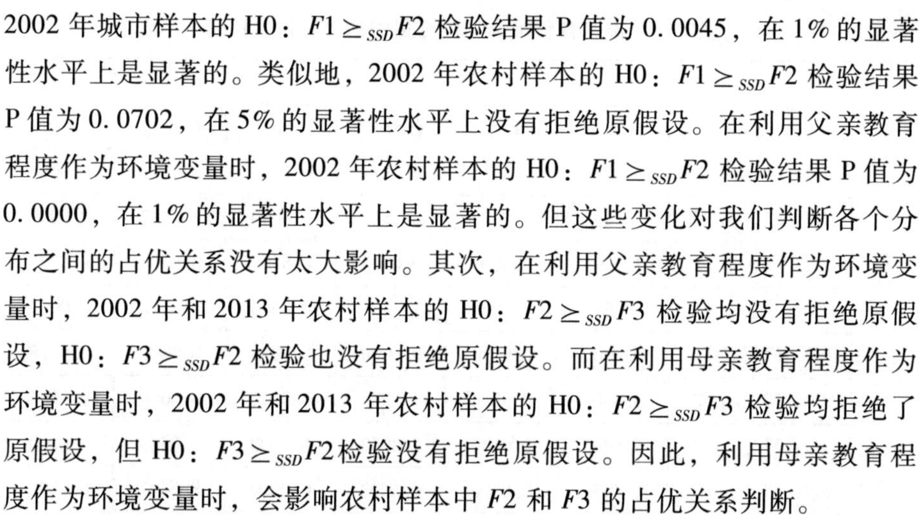

2002 年城市样本的 H0：$F1 \geq_{SSD} F2$ 检验结果 P 值为 0.0045，在 1% 的显著性水平上是显著的。类似地，2002 年农村样本的 H0：$F1 \geq_{SSD} F2$ 检验结果 P 值为 0.0702，在 5% 的显著性水平上没有拒绝原假设。在利用父亲教育程度作为环境变量时，2002 年农村样本的 H0：$F1 \geq_{SSD} F2$ 检验结果 P 值为 0.0000，在 1% 的显著性水平上是显著的。但这些变化对我们判断各个分布之间的占优关系没有太大影响。其次，在利用父亲教育程度作为环境变量时，2002 年和 2013 年农村样本的 H0：$F2 \geq_{SSD} F3$ 检验均没有拒绝原假设，H0：$F3 \geq_{SSD} F2$ 检验也没有拒绝原假设。而在利用母亲教育程度作为环境变量时，2002 年和 2013 年农村样本的 H0：$F2 \geq_{SSD} F3$ 检验均拒绝了原假设，但 H0：$F3 \geq_{SSD} F2$ 检验没有拒绝原假设。因此，利用母亲教育程度作为环境变量时，会影响农村样本中 $F2$ 和 $F3$ 的占优关系判断。

（二）父母最高教育程度为环境变量

当父母双方的教育信息都可以获得的时候，用父母的最高教育程度作为环境因素也是现有文献常用的方法。表 2 - 12 是按父母最高教育程度对样本分类的随机占优检验结果。表 2 - 13 是根据表 2 - 12 判断出的随机占优关系。其中，有关总样本和城市样本的随机占优检验以及随机占优关系的判断，与利用父亲教育程度作为环境变量所得到的结果基本上是一致的，此处不再赘述。表 2 - 12 和表 2 - 13 中的农村样本部分与表 2 - 6 和表 2 - 7 的结果略有差异。当利用父母最高教育程度作为环境变量时，2002 年农村样本的 H0：$F2 \geq_{SSD} F3$ 检验在 5% 的显著性水平上是显著的，而 2002 年农村样本的 H0：$F3 \geq_{SSD} F2$ 没有拒绝原假设，因此 $F3$ 二阶随机占优于 $F2$。然而，在利用父亲教育程度作为环境变量时，2002 年农村样本的检验结果表明 $F3 = F2$。

表 2 - 12　　以父母最高教育程度为环境变量时的随机占优检验

原假设		2002 年		2007 年		2013 年	
		统计量	P 值	统计量	P 值	统计量	P 值
总样本	H0：$F1 \geq_{SSD} F2$	0. 0054	0. 8133	6. 2814	0. 0000	7. 4174	0. 0000
	H0：$F1 \geq_{SSD} F3$	14. 415	0. 0000	26. 567	0. 0000	23. 219	0. 0000
	H0：$F2 \geq_{SSD} F1$	3. 0991	0. 0000	0. 0013	0. 8506	0. 0004	0. 8777
	H0：$F2 \geq_{SSD} F3$	19. 535	0. 0000	21. 465	0. 0000	16. 136	0. 0000
	H0：$F3 \geq_{SSD} F1$	0. 0000	0. 9010	0. 0000	0. 9085	0. 0000	0. 9178
	H0：$F3 \geq_{SSD} F2$	0. 0000	0. 9244	0. 0000,	0. 9010	0. 0000	0. 9066
城市样本	H0：$F1 \geq_{SSD} F2$	1. 5065	0. 0149	2. 8980	0. 0000	2. 0580	0. 0000
	H0：$F1 \geq_{SSD} F3$	4. 4059	0. 0000	6. 4292	0. 0000	8. 1497	0. 0000
	H0：$F2 \geq_{SSD} F1$	0. 0000	0. 8870	0. 0000	0. 8945	0. 0000	0. 8936
	H0：$F2 \geq_{SSD} F3$	3. 0835	0. 0000	3. 7829	0. 0000	6. 5881	0. 0000
	H0：$F3 \geq_{SSD} F1$	0. 0000	0. 8945	0. 0000	0. 9066	0. 0006	0. 8824
	H0：$F3 \geq_{SSD} F2$	0. 0000	0. 9076	0. 0000	0. 9104	0. 0010	0. 8646
农村样本	H0：$F1 \geq_{SSD} F2$	3. 2247	0. 0000	3. 5338	0. 0000	3. 7791	0. 0000
	H0：$F1 \geq_{SSD} F3$	3. 7321	0. 0000	6. 9096	0. 0000	2. 9661	0. 0000
	H0：$F2 \geq_{SSD} F1$	0. 0015	0. 8861	0. 0044	0. 8273	0. 0011	0. 8413
	H0：$F2 \geq_{SSD} F3$	1. 4319	0. 0439	4. 0909	0. 0000	0. 2521	0. 4846
	H0：$F3 \geq_{SSD} F1$	0. 0072	0. 8011	0. 0013	0. 8487	0. 0000	0. 9038
	H0：$F3 \geq_{SSD} F2$	0. 0073	0. 7965	0. 0000	0. 8945	0. 0113	0. 7815

表 2 - 13　　以父母最高教育程度为环境变量时的条件分布占优关系

条件分布		2002 年			2007 年			2013 年		
		$F1$	$F2$	$F3$	$F1$	$F2$	$F3$	$F1$	$F2$	$F3$
总样本	$F1$	–	$\succ_{SSD}$	$\prec_{SSD}$	–	$\prec_{SSD}$	$\prec_{SSD}$	–	$\prec_{SSD}$	$\prec_{SSD}$
	$F2$	•	–	$\prec_{SSD}$	•	–	$\prec_{SSD}$	•	–	$\prec_{SSD}$
	$F3$	•	•	–	•	•	–	•	•	–

续表

条件分布		2002 年			2007 年			2013 年		
		$F1$	$F2$	$F3$	$F1$	$F2$	$F3$	$F1$	$F2$	$F3$
城市	$F1$		$<_{SSD}$	$<_{SSD}$	–	$<_{SSD}$	$<_{SSD}$	–	$<_{SSD}$	$<_{SSD}$
	$F2$		–	$<_{SSD}$	•	–	$<_{SSD}$	•	–	$<_{SSD}$
	$F3$		•	–	•	•	–	•	•	–
农村	$F1$		$<_{SSD}$	$<_{SSD}$	–	$<_{SSD}$	$<_{SSD}$	–	$<_{SSD}$	$<_{SSD}$
	$F2$		–	$<_{SSD}$	•	–	$<_{SSD}$	•	–	=
	$F3$		•	–	•	•	–	•	•	–

第六节　本章小结

本章对中国的收入差距中是否包含机会不平等成分进行了严格检验。我们首先将决定个人收入的因素划分为环境、努力和运气三大类。在这一基本框架下，机会平等被定义为：给定个人的努力程度，不存在一种环境因素使得面临这种环境因素的居民拥有比其他居民更好的机会集。由于给定努力和环境因素之后，影响个体收入的还有运气。因此，个体的机会集实际上是一个条件收入分布。为了合理地刻画不同条件收入分布的优与劣，本章借助了收入分布的二阶随机占优分析，一个条件收入分布比另一个条件收入分布更好是指前者二阶随机占优于后者。从期望效用的角度来看，一个条件收入分布比另一个条件收入分布更好的经济含义是前者对应着更高的预期效用。我们借助巴雷特和唐纳德（2003）的方法对各个条件收入分布的占优关系进行严格检验。

在本章中，个体面临的环境因素被定义为父母的教育程度。分析结果表明，无论是城乡的总体收入差距，还是城乡内部的收入差距，都存在较为显著的机会不平等。居民的父亲受教育水平更高时，他们面临更好的机会集，即他们的条件收入分布二阶随机占优于父亲受教育程度低的居民收入分布。从期望效用的角度看，父亲受教育程度更高，居民拥有更高的预期效用水平。

具体而言，我们将父亲教育程度分为高、中和低三个层次，然后按父亲教育程度的高低将2002、2007和2013年的家庭人均收入分布分为三个条件收入分布并进行随机占优检验。结果发现，所有年份的总体样本和城乡样本中都至少可以找到一组条件收入分布之间存在二阶随机占优关系。本章的结论对环境因素的选取是比较稳健的，改用母亲教育程度或父母最高教育程度作为环境因素不影响本章的基本结论。因此，通过本章的分析可以确定，中国的收入差距中是包含机会不平等成分。接下来需要进一步分析的是，这种机会不平等成分在整个收入差距中占多大比重。

第三章

中国收入差距的机会不平等测度研究

第一节　基本理论

影响居民收入高低的因素包含很多方面，我们根据罗默（1998）的思路将这些影响因素划分为两大类。其中，第一类影响因素导致的收入差异不需要居民自身承担责任。因为这类影响收入的因素是居民自己无法控制的因素，如出生在什么样的家庭、出生在什么地方、性别、天生的身体缺陷和基因等。按照罗默（1998）的做法，我们可以将这一类因素统称为环境（circumstances）。由于环境因素是居民无法左右的因素，所以这类因素导致的收入差距被视为不公平的收入差距，这种差距需要得到相应的补偿才能体现基本的社会公平。与第一类影响因素相反，第二类影响因素导致的收入差异需要自己承担相应的责任，因为这类影响因素是居民自己可以控制的因素，如进取心、工作努力程度、工作时间长短、偏好等。罗默（1998）将这些因素统称为努力（effort）。人们应该为自己选择的行为负责，自然也需要为这些行为所带来的后果负责。因此，由努力因素导致的收入差异是公平的收入差距，付出不同努力的人应该得到不同的回报。

考查一个由 N 个居民构成的社会，居民的收入用 y 表示，决定收入的环境因素用 x^c 表示，努力因素用 x^e 表示。居民的收入决定方程如下：

$$y_i = g(x_i^c,\ x_i^e) \tag{3.1}$$

下标 i 样本中的第 i 个居民，$i\in\{1,\ \cdots,\ N\}$。在实证分析中往往假设 x^c 可以取 m 种不同的值，即 $x^c\in\{x^{c_1},\ \cdots,\ x^{c_M}\}$。这样假设的原因有两点：一是实证分析中可以观测到的环境因素通常是一些定性变量或离散的定量变量；二是考虑到估计方法受样本量的约束，即便是遇到连续变量也会做离散化的处理。根据每个居民的环境因素信息，我们可以对样本进行分类，所有具有相同环境因素的居民构成一类（type）。因此，可以将整个样本划分为 M 个不同的类。我们用 N_{m*} 表示第 m 类居民的下标集合，即 $N_{m*}=\{i\in\{1,\ \cdots,\ N\}\mid x_i^c=x^{c_m}\}$。努力因素通常是观测不到的，但假定努力因素可以观测有助于说明机会不平等测度的基本思想。为此，我们假设可以将居民的努力划分为 K 个不同的等级，即 $x^e=\{x^{e_1},\ \cdots,\ x^{e_K}\}$。根据居民的努力程度可以将样本划分为 K 级（tranche），每一级的居民都付出了同等程度的努力。我们用 N_{*k} 表示第 k 级居民的下标集合，即 $N_{*k}=\{i\in\{1,\ \cdots,\ N\}\mid x_i^e=x^{e_k}\}$。

一、测度方法

根据机会不平等的定义，学者们从两个角度提出了促进机会平等的原则。第一个基本原则认为，由环境因素导致的收入差距应该得到相应的补偿，即所谓的补偿原则（compensation principles）。第二个基本原则认为，由自身的努力因素导致的收入差距应该得到认可，即所谓的回报原则（Reward principles）。以这两种原则为基本思想，现有的文献提供了多种测度机会不平等的方法，但大体上可以划分为直接测度和间接测度两种（Pistolesi，2009）。

直接测度的基本思路是在最终的收入分布中消除由努力程度导致的收入差异，从而使得保留下来的收入差异全部由环境因素导致。用 y_i^c 表示消除努力程度因素之后的个体收入。收入机会不平等的直接测度指标可表示为：

$$I_{EOP}=I(\{y_i^c\}_{i=1}^N) \tag{3.2}$$

这里的 I 是不平等测度指标，常用的测度指标包括基尼系数、泰尔指数等。因此，直接测度的关键在于如何构造 y_i^c。

注意到第 m 类居民具有相同的环境因素，而这些居民的收入之所以会有差异是因为他们付出了不同的努力程度。根据机会不平等的基本思想，第 m 类居民的收入差距是可以接受的公平的不平等。相反，第 m 类和第 m'类居民之间的收入差距是不公平的不平等。根据这一特点，范德加格（1993）提出了一个直观且简单的机会不平等直接测度方法。他认为第 m 类居民的代表性收入可以用这一类居民的平均收入表示，这一平均收入也反映了第 m 类环境因素的价值。用 μ^{c_m} 表示第 m 类居民的平均收入，即：

$$\mu^{c_m} = \frac{1}{|N_{m*}|}\sum_{i \in N_{m*}} y_i \tag{3.3}$$

$|N_{m*}|$ 表示第 m 类居民的人数。拥有第 m 类环境因素的居民就相当于具有价值为 μ^{c_m} 的机会，每个居民的收入 y_i 与 μ^{c_m} 之间的差距由居民自身的努力程度决定。范德加格（1993）认为消除努力因素之后的收入分布为：

$$y^c_{Van} = \{\mu^{c_1}\mathbf{1}_{|N_{1*}|},\ \cdots,\ \mu^{c_m}\mathbf{1}_{|N_{m*}|},\ \cdots,\ \mu^{c_M}\mathbf{1}_{|N_{M*}|}\} \tag{3.4}$$

其中，$\mathbf{1}_N$ 表示 N 维全 1 向量。y^c_{Van} 将每个居民的收入替换为其所在类的平均收入。切奇和佩拉吉尼（2010）将 y^c_{Van} 称为平滑后的收入分布。y^c_{Van} 的构造完全忽略了同一类别居民内部的收入差距。这一方法遵循了弗勒拜伊（2008）提出的功利主义回报原则（utilitarian reward）。但部分学者认为，即便是考虑了环境因素之后，同一类居民内部的收入差距也应该得到一定程度的补偿。这一观点的提出主要基于两点理由。第一个理由源于我们在上一章中使用的分析框架，在这一分析框架中，勒弗朗茨等（2009）引入了决定收入的第三种因素——运气。勒弗朗茨等（2009）认为，当居民是风险厌恶型时，不同环境因素之间的差异不仅仅包含这种环境因素对应的平均收入，还包含这种环境因素对应的收入风险。换言之，刻画各个环境因素的特征时需要综合考虑平均收入和收入波动这两个方面。但功利主义回报内考虑了各个环境因素所对应的平均收入差距。第二个理由是实证分析中所观测到的环境因素只是影响个体收入的全部环境因素中的一部分，因此需要对给定环境因素后的条件收入进行凹转换（concave transformation）（Roemer，2015）。勒弗朗茨等（2008）建议用 μ^{c_m} 表示第 m 类环境因素对应的预期机会价值，用第 m 类居民的收入基尼系数 G^{c_m} 表示第 m 类环境因素对应的风险。综合考虑预期的机会价值和风险之后，勒弗朗茨等（2008）认为第 m 类环境因素的价值可表示为 $\mu^{c_m}(1-G^{c_m})$。

$$y_{LPT}^{c}=\{\mu^{c_1}(1-G^{c_1})\mathbf{1}_{|N_{1*}|},\cdots,\mu^{c_m}(1-G^{c_m})\mathbf{1}_{|N_{m*}|},\cdots,\mu^{c_M}(1-G^{c_M})\mathbf{1}_{|N_{M*}|}\} \tag{3.5}$$

与勒弗朗茨等（2008）的思想类似，江求川等（2014）认为可以用第 m 类居民的收入所对应的均匀分布等价收入作为第 m 类环境因素的价值。

$$y_{JRZ}^{c}=\{y_{EDE}^{c_1}\mathbf{1}_{|N_{1*}|},\cdots,y_{EDE}^{c_m}\mathbf{1}_{|N_{m*}|},\cdots,y_{EDE}^{c_M}\mathbf{1}_{|N_{M*}|}\} \tag{3.6}$$

其中，$y_{EDE}^{c_m}$ 为第 m 类子样本的均匀分布等价收入，其计算方法如下：

$$y_{EDE}^{c_m}=\begin{cases}\left(\sum\limits_{i\in N_{m*}}y_i^{1-\lambda}/|N_{m*}|\right)^{1/(1-\lambda)}, & \lambda\neq 1\\ \left(\prod\limits_{i\in N_{m*}}y_i\right)^{1/|N_{m*}|}, & \lambda=1\end{cases}$$

式（3.4）、式（3.5）、式（3.6）都是非参数方法。这两种方法的共同之处是利用环境因素将样本分组，组间不平等为机会不平等，并且在消除组内不平等的过程中均采用非参数统计方法。这种方法的一个不足之处在于受样本量的限制较大。这是因为利用非参数方法估计样本的统计特征（均值、方差及其他不平等指标）需要适当的样本量才能达到较为精确的结果。当样本的总量较小或对样本进行的分组过细时会导致 μ^{c_m} 和 G^{c_m} 等统计特征的估计值偏差较大。在样本量较少时，一种更为有效的估计方法是参数方法。当然，参数方法的代价是需要对收入方程的具体形式进行设定。

一种较为简单的参数方法是将式（3.1）设定为对数线性形式，即：

$$y_i=\exp(x^e\psi+x^c\beta) \tag{3.7}$$

为了直接反映环境因素对收入的影响，费雷拉和吉格努（2011）以及布尔吉尼翁等（2007）建议利用 OLS 估计 $\ln y_i=x^c\beta+\varepsilon$，再根据系数估计值构造如下分布：

$$y_{FG}^{c}=\{\exp(x^{c_1}\hat{\beta})\mathbf{1}_{|N_{1*}|},\cdots,\exp(x^{c_m}\hat{\beta})\mathbf{1}_{|N_{m*}|},\cdots,\exp(x^{c_M}\hat{\beta})\mathbf{1}_{|N_{M*}|}\} \tag{3.8}$$

由于在 OLS 回归过程中，仅控制了环境因素，因此 $\hat{\beta}$ 包含环境因素对收入的直接影响，也包含了环境因素通过努力因素对收入的间接影响。为了剔除收入差距中由努力程度导致的部分，式（3.8）将ψ设置为0。此外，在构造式（3.8）时，回归的残差部分完全被忽略，因此这部分差异事实上被视为努力因素导致的。

仅用对数收入对环境因素进行回归的另一个理由是，努力因素通常是观测不到的。如果可以观测到努力因素，可以根据罗默（1993）和皮斯托莱西（2009）的思路，将所有居民的努力程度都设定为某个参照值，从而消除努力因素的差异。例如用$\exp(\bar{x}^e\psi + x^c\hat{\beta})$替代式（3.8）中的$y_i = \exp(x^c\hat{\beta})$，这里的$\bar{x}^e$就是选定的努力水平参照值。通常可以用观测到的平均努力水平作为参照值，但罗默（1993）指出，理论上可以选取任意努力水平作为参照值，利用不同的参照值会得到不同的机会不平等估计值，可以用这些估计值的平均值作为最终的机会不平等估计。但是即便是在努力因素可观测的情况下，如何选取努力程度的参照值依然是一个有较大争议的问题。

将残差项全部视为努力因素并不是现有文献给出的唯一做法。另一种做法是将残差项全部视为环境因素导致的。然而，无论是哪一种处理方法都过于极端。考虑到实证分析中无法观测到努力程度，也无法观测到全部环境因素，残差项部分的差距一定是两类因素的综合结果。为此，我们参考式（3.5）的思路提供另一种折中的参数方法。与式（3.8）的第一步做法相同，我们先利用 OLS 估计$\ln y_i = x^c\beta + \varepsilon$。利用残差的拟合值$\hat{\varepsilon}_i$估计总体方差$\hat{\sigma}^2$，

$$\hat{\sigma}^2 = \sum_{i=1}^{N} \hat{\varepsilon}_i^2 / N \tag{3.9}$$

对第m类子样本估计方差$\hat{\sigma}_m^2$：

$$\hat{\sigma}_m^2 = \sum_{i \in N_{m*}} \hat{\varepsilon}_i^2 / |N_{m*}| \tag{3.10}$$

我们用$\hat{\sigma}_m^2/\hat{\sigma}^2$表示第$m$类子样本的残差波动异于其他样本的部分，这部分波动反映了第m类环境因素所对应的特殊风险。当$\hat{\sigma}_m^2/\hat{\sigma}^2$大于1时，说明第$m$类居民面临比其他居民更大的收入风险，反之则说明第$m$类居民面临比其他居民更小的收入风险。按照勒弗朗茨等（2008）的思路，合理地反映一类环境因素的价值不仅要考虑它所对应的预期收入，还要考虑它所对应的收

入风险。为此，我们可以构造如下分布：

$$y_{NEW}^{c}=\{\omega^{c_1}\exp(x^{c_1}\hat{\beta})\mathbf{1}|_{N_{1*}}|,\ \cdots,\ \omega^{c_m}\exp(x^{c_m}\hat{\beta})\mathbf{1}|_{N_{m*}}|,\ \cdots,\ \omega^{c_M}\exp(x^{c_M}\hat{\beta})\mathbf{1}|_{N_{M*}}|\}\tag{3.11}$$

其中，$\omega^{c_m}=\hat{\sigma}^2/\hat{\sigma}_m^2$。式（3.11）与式（3.8）类似，但我们用权重 ω^{c_m} 对每种环境因素的预期收入 $\exp(x^{c_m}\hat{\beta})$ 进行了调整。调整后的收入考虑了不同环境因素之间的风险差异，收入风险大于平均值的环境因素所对应的预期收入得到一定的补偿。

间接测度的基本思路是消除收入差距中由环境因素导致的差异部分，保留的收入差距仅仅由努力程度导致，因此，这个收入差距是机会平等状态下的合理的收入差距。

用 y_i^e 表示消除环境因素之后的个体收入。收入机会不平等的间接测度指标可表示为：

$$I_{EOP}=I(\{y_i\}_{i=1}^{N})-I(\{y_i^e\}_{i=1}^{N})\tag{3.12}$$

式（3.12）右边第一项为收入的结果不平等，第二项为公平的收入不平等，二者之差为环境因素导致的不公平的收入不平等。第一项可以通过常规的方法计算。所以，估计式（3.12）的关键在于计算右边的第二项。式（3.12）中的 y_i^e 表明，估计式（3.12）的基本前提是可以观测到每个居民的努力程度。将具有相同努力程度的个体之间的收入差距消除便可得到反事实收入 y_i^e①。这一类间接测度方法常常被称为是事后法（ex-post approaches）。但是，在实证分析中，研究人员是无法真实观测到个人的努力程度的。

针对努力程度不可观测的解决方案通常有两种。一种做法是为努力程度寻找代理变量。一般认为个人要的教育成果与其努力程度有关，因此部分文献用教育作为努力程度的代理变量（Bourguignon et al.，2007）。布尔吉尼翁等（2007）提出一个参数方法间接估计机会不平等的思路。这一思路与参数方法直接估计机会不平等类似。不同的是在对收入进行拟合时不再是选定努力程度的参照值，而是固定环境因素的参照值，即 $\exp(x^e\psi+\bar{x}^c\hat{\beta})$。$\bar{x}^c$ 通常

① Ramos and Van de gaer（2012）以间接估计的其他方法进行了梳理，这些方法都依赖于努力因素可以观测这一假定。

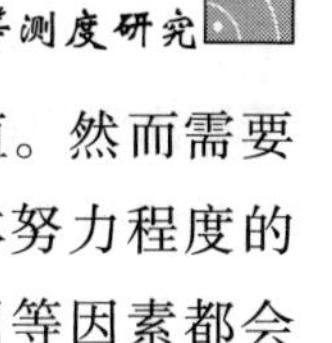

选用环境因素的均值，但其他环境因素的取值也可作为参照值。然而需要强调的是，教育作为影响个体收入的重要因素，不仅仅是个体努力程度的结果，也与个体面临的环境因素有关。例如，家庭背景和基因等因素都会通过影响个体教育的方式间接地影响个体的收入。因此，直接用教育作为个体努力程度的代理变量对样本进行划分会导致不同努力程度的个体之间不仅存在努力程度的差异，也存在环境因素差异。这会影响机会不平等的测度结果。

另一种解决方案是将努力程度视为相对值而非绝对值。罗默（1998）认为采用相对的努力程度意味着重要的是努力的相对大小排序。假定 $g(x_i^c, x_i^e)$ 关于努力程度是单调增的，因此，第 m 类居民的收入排序与其努力程度排序是一致的。根据这一特征可以为每个居民的努力程度寻找合适的代理变量。例如将每一类居民按收入大小分为 K 等分，所有处于相同分位点的居民具有相同的努力程度。但是，将努力程度视为相对值就意味着居民的努力程度与其面临的环境因素是相互独立的。而这一假定通常也难以成立。当然，间接测度也可以用事前法。切奇和佩拉金（2010）提供了一种不依赖努力程度的间接测度方法。他们的做法是将第 m 类居民的收入乘以权重 μ/μ^{c_m}，其中 μ 为总样本的均值。在转换后的收入中，每类居民的均值均为 μ，即通过上述转换消除了各类居民之间的收入差距，仅保留各类居民内部的收入差异，这个差异可视为努力程度不同导致的。

机会不平等的直接测度与间接测度给出的结果并不相同（Ferreira and Peragine，2013）。这主要是因为直接测度往往采用的是补偿原则，而间接测度通常使用的是回报原则，但这两种原则在理论上并不相容（Ferreira and Peragine，2013）。如果一种收入分布的改变在回报原则下促进收入差距的机会平等，但在补偿原则下却有可能加剧收入差距的机会不平等。为了避免理论上的相互冲突，本章仅采用事前直接测度方法。

二、测度指数

无论是采取直接测度方法还是间接测度方法，最终的机会不平等大小除了与选用的反事实分布构造方法有关，还与选择的测度指标$I(\cdot)$有关。实证分析中常常使用基尼系数、泰尔指数等测度收入的不平等程度。不同的指数所依赖的基础并不相同（Aaberge et al.，2011），因此会对同一分布的机会不平等程度给出不同的结果。为了保证结果的稳健性可以使用多种指数。

指数选用的另一个问题是，即便是采用事后法，使用直接测度和间接测度通常也会得出不同的结果。例如式（3.4）和式（3.11）都是根据环境因素将样本划分为M类，因此二者均为事后法。但$I(y^c_{Van})$和$I(y)-I(y^e_{CP2})$并不相同。为了避免这种问题，切奇和佩拉金（2010）建议使用平均对数偏差（mean logarithmic deviation）。这是因为福斯特和什尼埃洛夫（Foster and Shneyerov，2000）证明平均对数偏差是唯一一个分解结果不依赖于分解路径的不平等测度指数。利用平均对数偏差测度不平等程度时总有$I(y^c_{Van})=I(y)-I(y^e_{CP2})$，即结果不平等$I(y)$总是可以分解为公平的不平等和不公平的不平等之和。

考虑到机会不平等的事前测度与事后测度结果并不兼容（Ferreira and Peragine，2013），本章仅选用事前的直接测度方法①。因此，按照现有文献的通常做法，本章并不要求机会不平等测度满足路径无关这一特征。为了保证结果的稳健性，我们选取多种不平等指数。

第二节　数据与处理

本章使用的数据来自中国综合社会调查（CGSS）数据库。这套调查数据由中国人民大学中国调查与数据中心负责执行，调查始于2003年，每年在中国大陆地区的各省市自治区抽取10000多户家庭进行访问。该调查的覆盖面较广，是我国较早的全国性学术调查项目，系统、全面地收集社会、

① 事前测度不需要观测到居民的努力程度，因此事前测度大多为直接测度，而大多数间接测度方法为事后测度法。

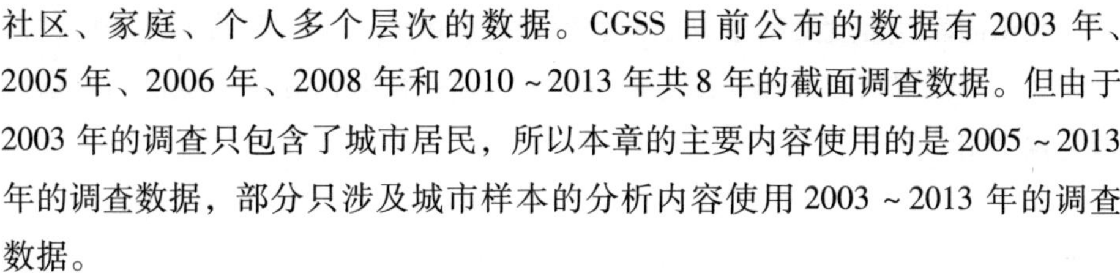

社区、家庭、个人多个层次的数据。CGSS 目前公布的数据有 2003 年、2005 年、2006 年、2008 年和 2010 ~ 2013 年共 8 年的截面调查数据。但由于 2003 年的调查只包含了城市居民，所以本章的主要内容使用的是 2005 ~ 2013 年的调查数据，部分只涉及城市样本的分析内容使用 2003 ~ 2013 年的调查数据。

CGSS 收集的收入信息有两类：一是个人收入信息，包括工资、各种奖金、补贴、分红、股息、经营性纯收入、银行利息、馈赠等所有收入；二是家庭各种收入总和信息。其中，涉及个人收入信息的问题包含两个，分别是个人上个月的收入和个人的全年总收入。考虑到有的工作具有季节性，上个月的收入可能不具有代表性，我们使用的是个人的年收入信息。当个人的全年收入信息缺失，且上个月的收入没有缺失时，我们用月收入的 12 倍表示其全年收入。除了使用个人收入之外，部分文献也使用人均家庭收入研究机会不平等问题。为此，本章选用的第二个收入变量是全年人均家庭收入。

与第二章相同，本章选用的环境因素仍然是父母的教育程度。CGSS 数据收集了受访者父母在受访者 14 岁或 18 岁时候的教育程度情况。问卷中将教育程度大致分为没有受过任何教育、小学、私塾、初中、职业高中、普通高中、中专、技校、大学专科、大学本科和研究生及以上。由于时间跨度较长，不同年份的问卷对教育程度的划分方式略有差异。为保持一致性，我们将教育程度统一划分为四类：未受教育、受过初等教育（包含私塾、小学、初中）、受过中等教育（包括职业高中、普通高中、中专和技校）和受过高等教育（包含大学专科、大学本科和研究生及以上）。

CGSS 各年的样本量较大。根据最终的估计需要，我们对样本进行了筛选。首先，我们删除了个人收入或家庭收入为负或缺失的样本。其次，剔除了父亲或母亲的教育程度信息缺失的样本。再其次，剔除了受访者年龄超过 60 岁的样本。最后，为了避免离群值对估计结果的影响，我们还剔除了家庭收入处于最高 0.5% 或个人收入处于最高 0.5% 的样本。表 3 - 1 是主要变量的统计性描述。2003 年只有城市住户，因此 2003 年的家庭人均收入和个人收入均比 2008 年以前的对应值更高。从父母双方的受教育程度看，平均而言，父亲的教育程度要高于母亲的教育程度。因此，在本章的主要分析过程中，我们选取父亲教育程度作为环境变量，但在稳健性分析中也使用母亲的教育程度划分样本。

表 3－1　　　　主要变量统计描述

主要变量	2003 年	2005 年	2006 年	2008 年	2010 年	2011 年	2012 年	2013 年
家庭人均收入（元）	6777	5742	5376	10520	11877	12357	15659	18153
个人收入（元）	10284	9548	8654	14445	16821	17137	21771	25084
性别（男性＝1）	0.492	0.474	0.464	0.504	0.493	0.474	0.513	0.512
父亲教育程度	1.936	1.776	1.763	1.787	1.758	1.803	1.824	1.821
母亲教育程度	1.634	1.490	1.524	1.523	1.488	1.535	1.552	1.565
城市（城市＝1）	1.000	0.570	0.558	0.634	0.591	0.572	0.616	0.620
样本量（个）	4190	7634	7672	4179	7124	3411	7327	6850

注：所有收入均为当年值。教育程度分为四类：1 表示未受教育；2 表示接受过初等教育；3 表示接受过中等教育；4 表示接受过高等教育。

在上一章中，我们阐述了机会不平等的定义。根据机会不平等的定义，判断是否存在机会不平等的关键，是比较不同环境因素下的条件收入分布是否存在二阶随机占优关系。机会不平等的存在性是机会不平等测度的基本前提。上一章中，我们利用 CHIP 数据对中国居民的收入分布进行了机会不平等的存在性检验。我们的结论证实了机会不平等是存在的。这一章中，我们不再严格检验这一问题，我们仅从不同环境因素下的条件收入分布进行直观的分析。图 3－1 是各年的四种父亲教育程度对应的条件收入分布。从图 3－1 可以清晰地看出，四种父亲教育程度所对应的条件收入分布存在明显的差别。父亲教育程度越低，对应的条件收入分布越高，这说明父亲教育程度越低，低收入的人所占的比例越多。根据上一章的分析可知，图 3－1 从直观上说明了机会不平等的存在性。

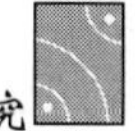

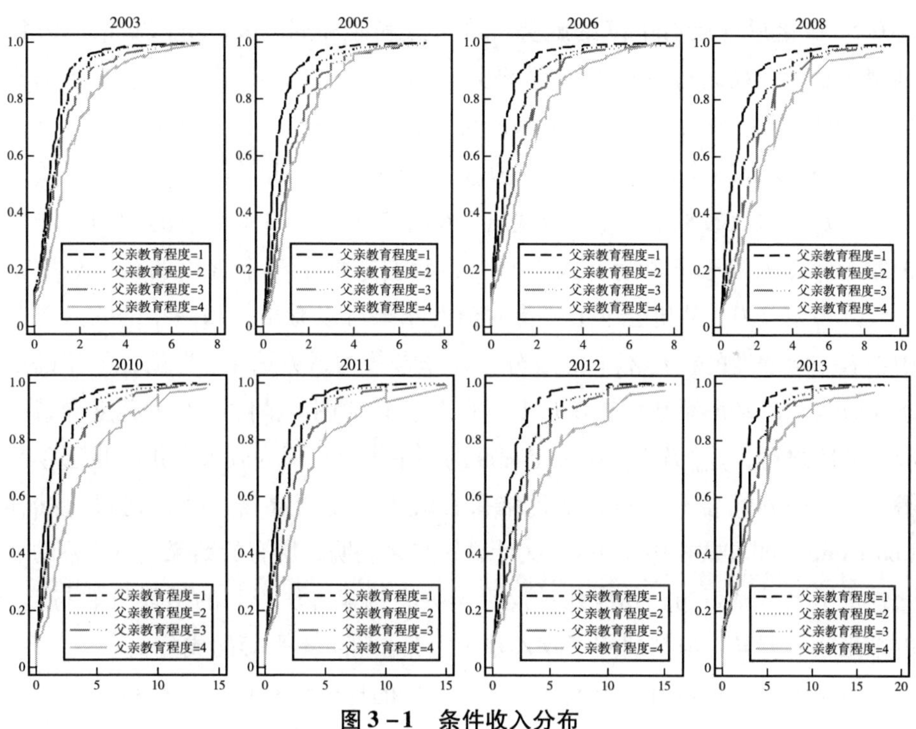

图 3-1　条件收入分布

第三节　实证结果

图 3-1 初步揭示了中国居民在获取个人收入时面临着机会不平等。然而仅仅对机会不平等是否存在进行定性分析，还不足以为政策分析提供精确的依据。本节将对收入机会不平等进行定量分析。我们根据上文介绍的测度方法估计机会不平等的程度，并从不平等指数的选取、收入的定义、环境因素选取等方面对结果进行稳健性分析。

一、总体机会不平等

首先分析城乡总体的机会不平等情况。表 3-2 是用个人年收入得到的测度结果。由于 2003 年的样本中只包含城市居民，所以表 3-2 中使用的是除 2003 年之外的各年样本。从个人收入的基尼系数看，收入差距在 2010 年到达0.5651之后开始有下降的趋势。这一点和谢和周（Xie and Zhou，2014）利用多套微观数据得到的测算结果是一致的①。机会不平等绝对值指的是 $I(y^c)$ 的计算结果。为了保证结果的可靠性和稳健性，我们选取了七种不同的 y^c 构造方式。y^c_{Van}、y^c_{LPT}、y^c_{FG} 和 y^c_{NEW} 分别对应式（3.4）、式（3.5）、式（3.7）、式（3.8），y^c_{JRZ}对应式（3.6）。其中式（3.6）中的均匀分布等价收入计算依赖于不平等厌恶参数 λ，我们选取了三个常用的值，分别是0.5、1.0和2.0。从机会不平等绝对值的结果可以看出，每一年的收入差距中都有一定程度的机会不平等成分。以非参数构造方法 y^c_{Van}为例，各年的反事实收入分布基尼系数大约在0.12～0.15。这说明，消除了努力程度导致的收入差距之后，y^c_{Van}仍然存在一定程度的不平等，这即为收入差距的机会不平等。为了检验机会不平等的估计结果在统计上是否显著，我们通过自抽样（bootstrap）的方式模拟了1000次计算，结果表明，所有的结果均在5%的显著性水平上是显著的。其他几种反事实分布构建方法得到的结果虽然与 y^c_{Van} 的结果略有差异，但都证实了收入差距中存在机会不平等的成分。

机会不平等相对值是指 $I(y^c)$ 与 $I(y)$ 的比值，它可以反映机会不平等成分在总的收入差距中所占的比例。我们的结果表明，居民获得收入的机会不平等大约使得收入的基尼系数增加了20%～30%。

表3－2　　总体机会不平等估计结果

项目		2005年	2006年	2008年	2010年	2011年	2012年	2013年
基尼系数		0.5114	0.5682	0.5291	0.5651	0.5448	0.5280	0.5178
机会不平等绝对值	y^c_{Van}	0.1404	0.1479	0.1419	0.1481	0.1318	0.1509	0.1286
	y^c_{LPT}	0.1696	0.1710	0.1831	0.1676	0.1539	0.1634	0.1487
	y^c_{JRZ}，$\lambda=0.5$	0.1523	0.1707	0.1603	0.1653	0.1506	0.1639	0.1440
	y^c_{JRZ}，$\lambda=1.0$	0.1635	0.1821	0.1800	0.1768	0.1630	0.1726	0.1561
	y^c_{JRZ}，$\lambda=2.0$	0.1619	0.1856	0.1917	0.1770	0.1618	0.1537	0.1640
	y^c_{FG}	0.1716	0.1108	0.1880	0.1209	0.1030	0.1213	0.1098
	y^c_{NEW}	0.1883	0.0724	0.1993	0.0595	0.1025	0.0661	0.1050

① 他们的结论也表明中国的收入基尼系数在2010年达到最高值之后开始下降。

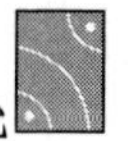

续表

项目		2005 年	2006 年	2008 年	2010 年	2011 年	2012 年	2013 年
机会不平等相对值	y_{Van}^{c}	0.2746	0.2603	0.2683	0.2621	0.2419	0.2858	0.2483
	y_{LPT}^{c}	0.3316	0.3010	0.3461	0.2965	0.2825	0.3094	0.2871
	y_{JRZ}^{c}，$\lambda=0.5$	0.2978	0.3003	0.3030	0.2924	0.2765	0.3104	0.2781
	y_{JRZ}^{c}，$\lambda=1.0$	0.3197	0.3205	0.3402	0.3128	0.2992	0.3269	0.3015
	y_{JRZ}^{c}，$\lambda=2.0$	0.3167	0.3267	0.3623	0.3132	0.2970	0.2911	0.3167
	y_{FG}^{c}	0.3355	0.1950	0.3553	0.2140	0.1890	0.2298	0.2120
	y_{NEW}^{c}	0.3681	0.1275	0.3766	0.1053	0.1881	0.1253	0.2027
样本量（个）		7634	7672	4179	7124	3411	7327	6850

注：本表选用的不平等指数为基尼系数。y_{Van}^{c}、y_{LPT}^{c}、y_{FG}^{c}和y_{NEW}^{c}分别对应范德加格（1993）、勒弗朗茨等（2008）、式费雷拉和吉格努（2011）和本章式（3.8）提供的非反事实分布构建方法。y_{JRZ}^{c}为式（3.6）提供的反事实分布构建方法，λ为不平等厌恶系数。所有估计结果均在5%的显著性水平上是显著的。

表3－2除了告诉我们居民的收入差距包含显著的机会不平等成分外，还向我们展示了机会不平等的变化趋势。为了更清晰地展现这种趋势，我们将估计结果绘制到图3－2中。图3－2（a）是5个非参数方法的机会不平等绝对值结果，图3－2（b）是参数方法的机会不平等绝对值结果，（c）和（d）分别对应非参数方法和参数方法的机会不平等相对值。从图3－2（a）中可以看出，在2008年以前，机会不平等的绝对值呈现出上升的趋势，而2008年以后，则有下降趋势。在图3－2（b）中，参数方法的估计结果在不同年份间波动较大，但大体上的趋势与非参数方法的结果类似。以往的经验研究也发现，在2008年以前城市居民的机会不平等有明显的上升趋势，这一点和本章的估计结果是一致的。

从图3－2（c）和（d）的机会不平等相对值来看，2008年以前的机会不平等相对值虽然波动较大，但整体上呈现出上升的趋势。江求川等（2014）利用城市居民的研究发现，机会不平等的相对值虽然波动较大，但整体上呈现出上升趋势。这一点也与本章的结论相符。2008年以后，机会不平等的相对值基本上有30%左右的波动，并未表现出明显的变化趋势。比较机会不平等相对值和绝对值的变化趋势可以发现，2008 年以前的收入机会不平等上升速度大于收入结果不平等的上升速度，从而导致机会不平等的相对值呈现出上升的趋势；而 2008 年以后的收入机会不平等下降速度和收入结果不平等的下降速度基本上相同，从而导致机会不平等的绝对值保持在一个相对稳定的波动范围内。

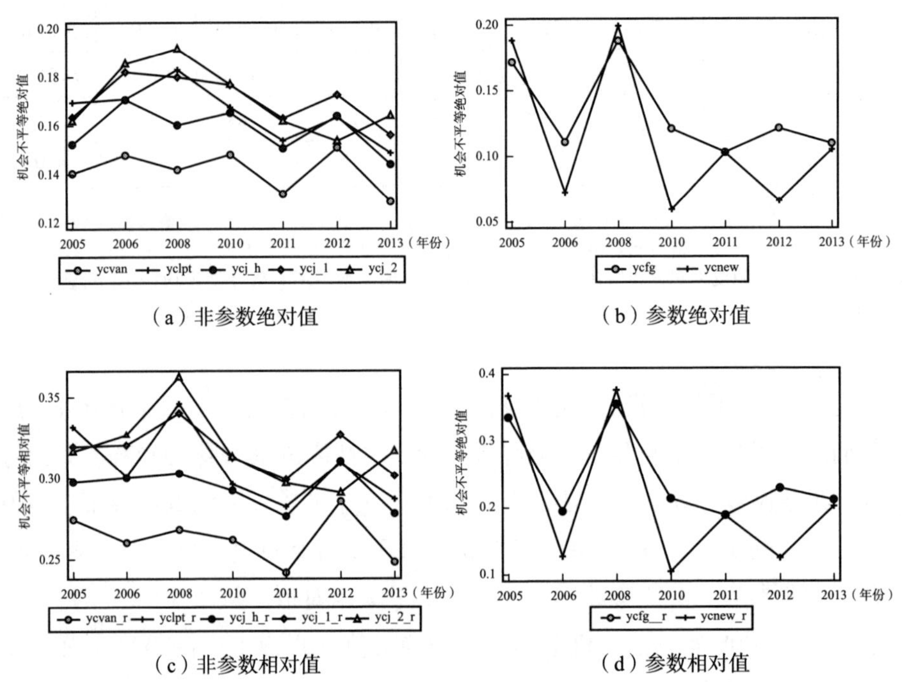

（a）非参数绝对值　（b）参数绝对值

（c）非参数相对值　（d）参数相对值

图 3-2　总体机会不平等趋势

注：ycvan、yclpt 为机会不平等绝对值，采用的反事实分布构建方法分别对应式（3.4）、式（3.5）；ycj_h、ycj_1、ycj_2 为机会不平等绝对值，采用式（3.6）的反事实分布构建方法，分别对应的不平等厌恶系数为 0.5、1 和 2 三种情况。ycfg 和 ycnew 为机会不平等绝对值，采用的反事实分布构建方法分别对应对应式（3.7）和式（3.8）。以上各指标后缀“_r”分别对应各反事实分布构建方法下计算的机会不平等相对值。

二、机会不平等分城乡估计

机会不平等程度往往和市场化的程度有关，而中国长期以来的二元经济使得城市和农村的经济发展有较大差异。为了进一步考查城乡居民在获取收

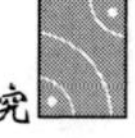

入过程中的机会不平等差异，我们将总样本分为城市和农村两个部分分别进行估计。

表3-3是城市内部的机会不平等估计结果。从机会不平等的绝对值看，非参数估计方法表明，2010年以前的城市居民收入机会不平等有上升趋势；2010年以后的城市居民收入机会不平等有下降的趋势。而非参数估计结果表明城市居民的收入机会不平等有较为明显的下降趋势。江求川等（2014）发现，2008年以前的城市居民收入机会不平等虽然部分年份有波动，但总体上是上升的。这和本章的估计结果略有差异。我们认为，导致这一结果的主要原因是本章采用了相对保守的环境因素方式。具体而言，本章的环境因素只包含父亲教育程度，这比以往研究的环境因素更少，因此，由环境因素导致的收入差异相对更小，这使得本章识别出的机会不平等大小比以往研究给出的结果稍小。从机会不平等相对值看，非参数估计结果表明，2008年以前的机会不平等相对值略呈上升趋势，而2008年以后的收入机会不平等在总体收入差距中的占比相对稳定，并没有表现出明显的变化趋势。参数估计结果则表明，2008年到2012年间的收入机会不平等占总不平等的比例呈现出下降趋势，但到2013年又回到2008年时的水平。综合机会不平等相对值和绝对值和估计结果可以看出，城市居民的收入机会不平等在2010年以后变动幅度比较小，但总体上表现出微弱的下降趋势。

表3-3　　　　城市居民机会不平等

项目		2003年	2005年	2006年	2008年	2010年	2011年	2012年	2013年
基尼系数		0.4908	0.4461	0.5068	0.4552	0.5238	0.4951	0.4785	0.4621
机会不平等绝对值	y^c_{Van}	0.0931	0.0813	0.0753	0.0900	0.1053	0.0959	0.1008	0.0853
	y^c_{LPT}	0.1008	0.0948	0.0913	0.1101	0.1129	0.1080	0.0955	0.0923
	y^c_{JRZ}，$\lambda=0.5$	0.0868	0.0796	0.0791	0.0923	0.1108	0.1016	0.1028	0.0911
	y^c_{JRZ}，$\lambda=1.0$	0.0859	0.0837	0.0855	0.0993	0.1158	0.1095	0.0989	0.0946
	y^c_{JRZ}，$\lambda=2.0$	0.0829	0.0900	0.0958	0.1287	0.1228	0.1425	0.0911	0.0964
	y^c_{FG}	0.1413	0.1289	0.1136	0.1383	0.1021	0.1075	0.0771	0.1249
	y^c_{NEW}	0.1893	0.2013	0.1455	0.1832	0.0889	0.1204	0.0636	0.1758

续表

项目		2003 年	2005 年	2006 年	2008 年	2010 年	2011 年	2012 年	2013 年
机会不平等相对值	y^c_{Van}	0.1896	0.1823	0.1487	0.1978	0.2010	0.1938	0.2106	0.1846
	y^c_{LPT}	0.2054	0.2126	0.1802	0.2418	0.2156	0.2182	0.1996	0.1998
	y^c_{JRZ}，$\lambda=0.5$	0.1769	0.1785	0.1560	0.2029	0.2116	0.2052	0.2148	0.1972
	y^c_{JRZ}，$\lambda=1.0$	0.1750	0.1876	0.1687	0.2181	0.2211	0.2212	0.2068	0.2047
	y^c_{JRZ}，$\lambda=2.0$	0.1689	0.2019	0.1891	0.2828	0.2344	0.2878	0.1904	0.2086
	y^c_{FG}	0.2880	0.2889	0.2242	0.3038	0.1950	0.2172	0.1612	0.2703
	y^c_{NEW}	0.3857	0.4514	0.2871	0.4024	0.1697	0.2431	0.1329	0.3805
样本量（个）		4190	4349	4279	2649	4213	1952	4513	4244

表 3－4 是农村居民的机会不平等估计结果。很显然，农村居民获取个人收入的过程中也存在明显的机会不平等成分。但与城市的估计结果不同，农村居民的收入机会不平等在 2012 年以前一直呈现出比较明显的上升趋势，虽然 2013 年的农村收入机会不平等有所下降，但仍然维持在比 2008 年更高的水平。与此同时，农村内部的收入不平等也有小幅的上升，且收入基尼系数高于城市内部的收入基尼系数。收入的结果不平等和机会不平等的这种特殊变化趋势，也使得农村内部的收入机会不平等相对值不同于城市。机会不平等相对值估计结果表明，农村的机会不平等相对值在 2012 年以前也呈现出明显的上升趋势。这说明，农村的收入机会不平等上升速度比其结果不平等的上升速度更快。

表 3－4　　农村居民机会不平等

项目		2005 年	2006 年	2008 年	2010 年	2011 年	2012 年	2013 年
基尼系数		0.5107	0.5322	0.5621	0.5525	0.5525	0.5414	0.5402
机会不平等绝对值	y^c_{Van}	0.0824	0.0681	0.0726	0.0926	0.0895	0.1162	0.0731
	y^c_{LPT}	0.0898	0.0615	0.0874	0.1006	0.0865	0.1239	0.0767
	y^c_{JRZ}，$\lambda=0.5$	0.0834	0.0761	0.0829	0.1055	0.1012	0.1250	0.0915
	y^c_{JRZ}，$\lambda=1.0$	0.0821	0.0771	0.0846	0.1081	0.1003	0.1286	0.0977
	y^c_{JRZ}，$\lambda=2.0$	0.0571	0.0824	0.0734	0.0947	0.0800	0.1142	0.1027
	y^c_{FG}	0.0944	0.0293	0.0709	0.0490	0.0103	0.0921	0.0122
	y^c_{NEW}	0.1431	0.0903	0.0469	0.0285	0.1250	0.0366	0.0962

续表

项目		2005 年	2006 年	2008 年	2010 年	2011 年	2012 年	2013 年
机会不平等相对值	y^c_{Van}	0.1613	0.1280	0.1292	0.1676	0.1620	0.2146	0.1353
	y^c_{LPT}	0.1758	0.1155	0.1554	0.1821	0.1566	0.2288	0.1419
	y^c_{JRZ}，$\lambda=0.5$	0.1632	0.1429	0.1474	0.1909	0.1831	0.2310	0.1693
	y^c_{JRZ}，$\lambda=1.0$	0.1607	0.1448	0.1505	0.1956	0.1815	0.2375	0.1809
	y^c_{JRZ}，$\lambda=2.0$	0.1119	0.1549	0.1305	0.1713	0.1448	0.2110	0.1902
	y^c_{FG}	0.1119	0.0551	0.1261	0.0888	0.0186	0.1701	0.0227
	y^c_{NEW}	0.2802	0.1697	0.0833	0.0516	0.2263	0.0676	0.1781
样本量（个）		3285	3393	1530	2911	1459	2814	2606

利用城乡分样本估计的一个重要目的是分析城乡内部的机会不平等大小差异。为了更为清晰地观察这些差异，我们将城乡的机会不平等估计结果绘制在图 3－3 和图 3－4 中。图 3－3 比较的是城乡机会不平等的绝对值大小，图 3－4 比较的是城乡机会不平等的相对值大小。图中实线和虚线分别为城市和农村的估计结果。从图 3－3 中的机会不平等绝对值比较结果可以看出，除 2012 年的 7 个不平等指标中有 6 个指标的估计结果是农村大于城市外，其余各年的 7 个不平等指标中大部分的结果都是城市大于农村。图 3－4 体现的机会不平等的相对值也有类似的特征。上述结果表明，我国的城市居民面临着比农村居民更为严重的机会不平等问题。我国的城乡二元经济导致城市的经济发展水平高于农村，大量经济资源和工作机会集中在城市，这一分布特征对机会不平等的影响有两个方面。一方面，丰富的经济资源和工作机会有可能使得居民受家庭背景因素的约束变小，只要自己付出足够的努力就可以获得较高的收入；另一方面，如果经济资源的分布已经不平等，家庭背景因素对经济资源传承的影响力度有可能变得更大。相反，农村的经济资源虽然不如城市丰富，但也使得家庭背景影响经济资源分配的力度变小。而且农村居民可以通过自己的努力进入城市寻找更丰富的经济资源。我们的实证分析结果支持了后一种逻辑，即在经济资源丰富的城市，家庭背景因素的所蕴含的经济价值更高，而在经济资源相对匮乏的农村，良好的家

庭背景所蕴含的经济价值却相对低，从而导致农村居民的收入机会不平等相对较小。

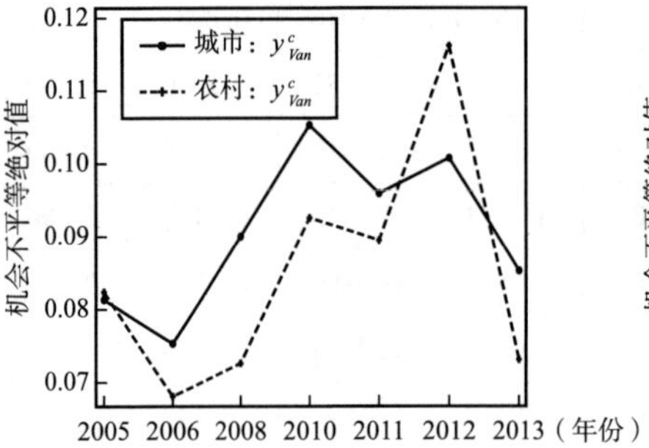

（a）y^c_{Van}方法

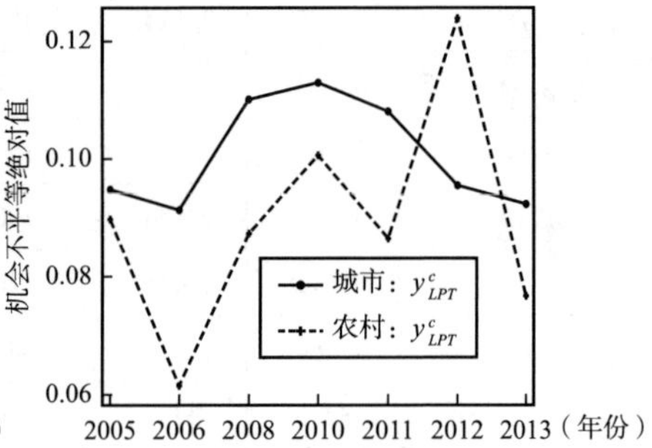

（b）y^c_{LPT}方法

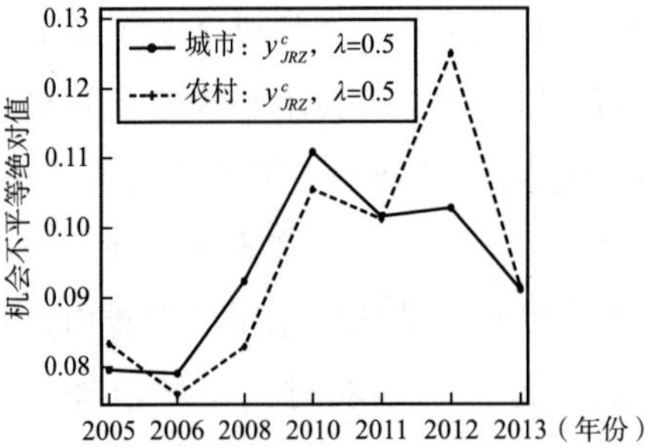

（c）y^c_{JRZ}，λ=0.5方法

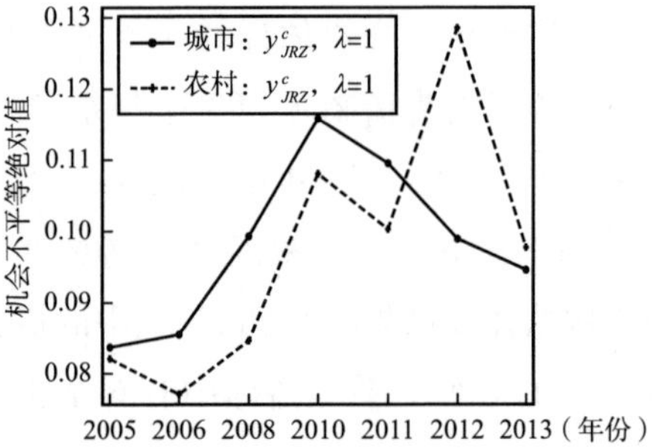

（d）y^c_{JRZ}，λ=1方法

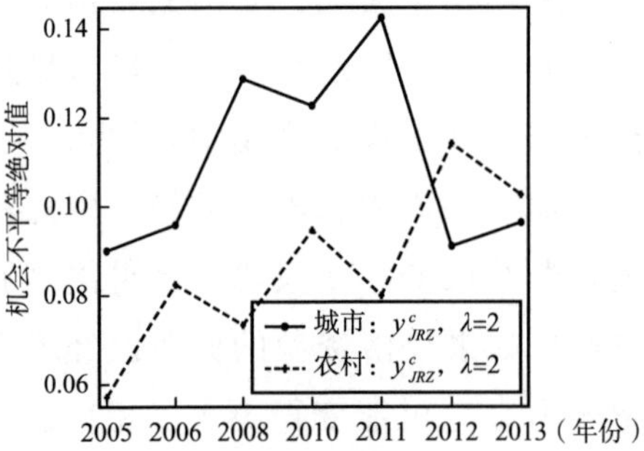

（e）y^c_{JRZ}，λ=2方法

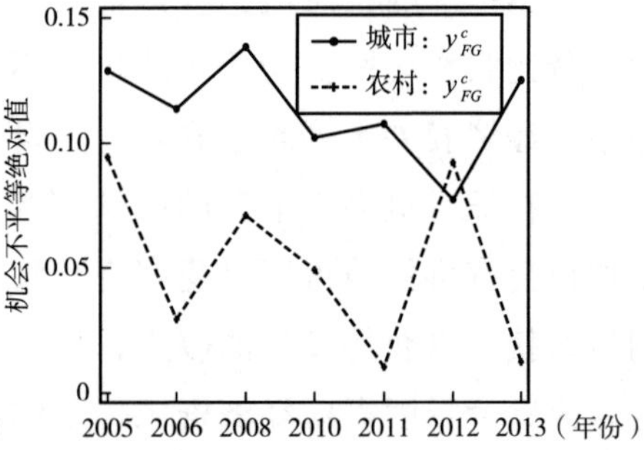

（f）y^c_{FG}方法

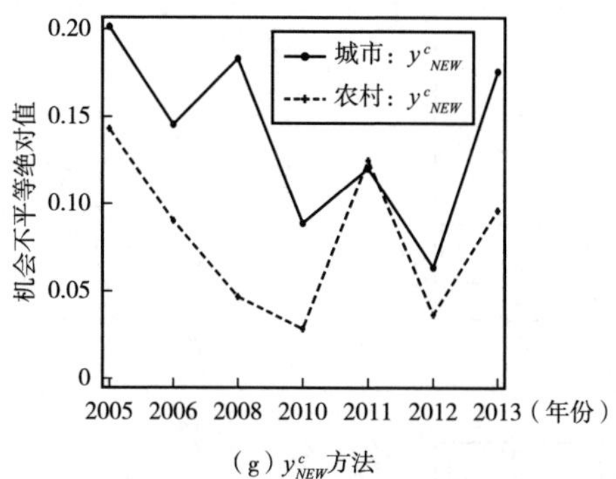

（g）y^{c}_{NEW}方法

图3－3　城乡机会不平等绝对值比较

注：y^{c}_{Van}、y^{c}_{LPT}、y^{c}_{FG}和y^{c}_{NEW}分别对应范德加格（1993）、勒弗朗茨等（2008）、费雷拉和吉格努（2011）和式（3.8）提供的非反事实分布构建方法。y^{c}_{JRZ}为式（3.6）提供的反事实分布构建方法，λ为不平等厌恶系数。

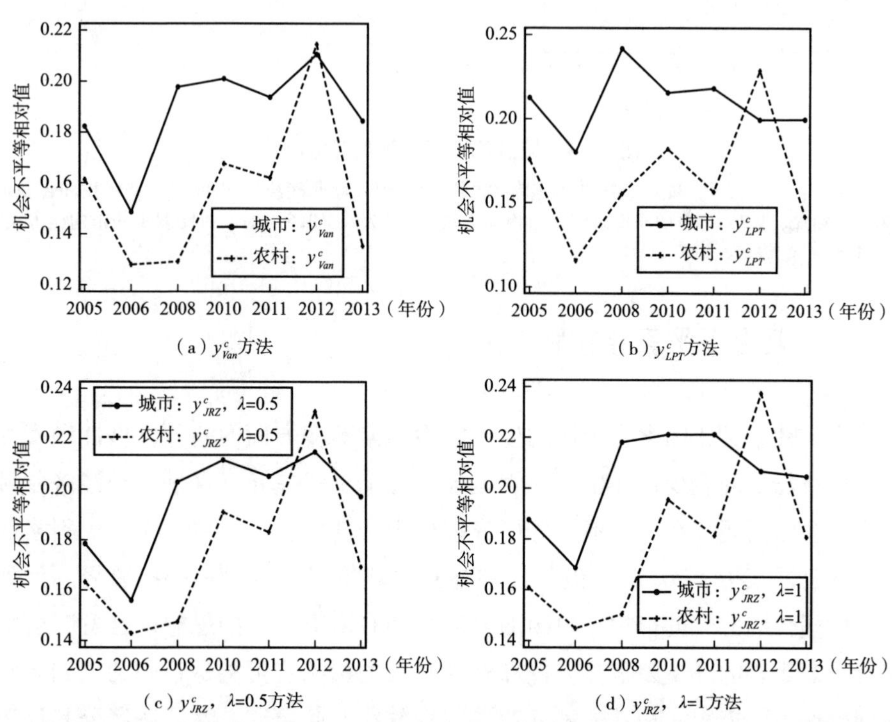

（a）y^{c}_{Van}方法

（b）y^{c}_{LPT}方法

（c）y^{c}_{JRZ}，λ=0.5方法

（d）y^{c}_{JRZ}，λ=1方法

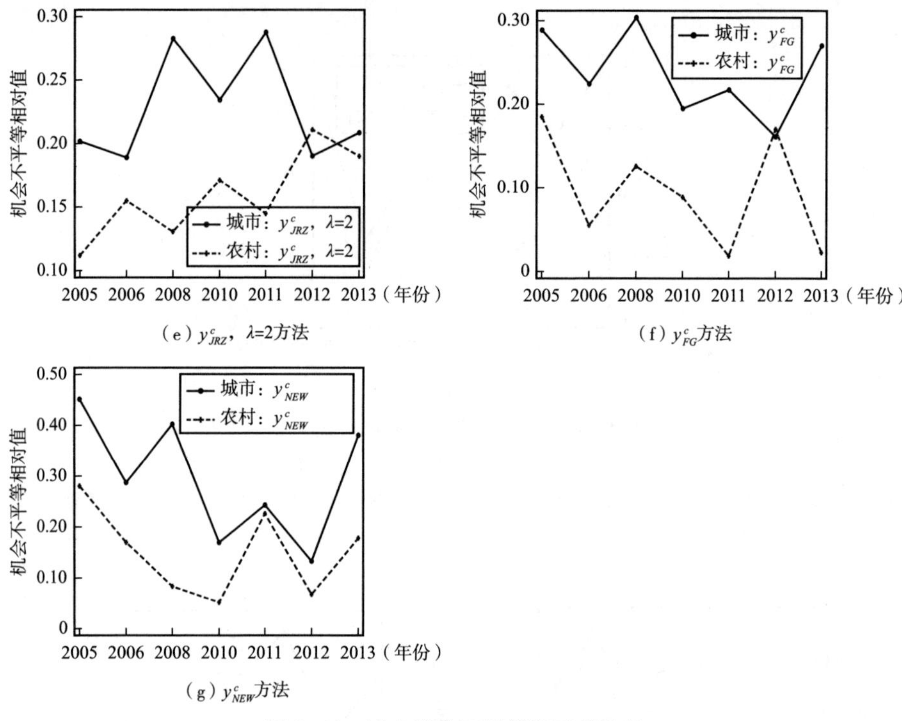

图3－4　城乡机会不平等相对值比较

注：y^c_{Van}、y^c_{LPT}、y^c_{FG}和y^c_{NEW}分别对应范德加格（1993）、勒弗朗茨等（2008）、费雷拉和吉格努（2011）和式（3.8）提供的非反事实分布构建方法。y^c_{JRZ}为式（3.6）提供的反事实分布构建方法，λ为不平等厌恶系数。

三、机会不平等分性别估计

由于社会文化因素、个体的生产能力因素等多方面的差异，男性和女性在劳动市场上的表现往往也有很大差异。性别工资差异一直是劳动经济领域较为关注的话题。在机会不平等研究领域中，性别也经常被当作环境因素的一种（江求川等，2014）。但是性别与其他环境因素也存在一些差异。例如受到中国传统文化的影响，中国的家庭往往有重男轻女的思想，这意味着家庭背景等重要的环境因素对男性和女性收入的影响有可能是不同的。如果将性别也作为环境因素和其他家庭背景因素放在一起研究，就无法区分其他环境因素与性别的这种交互作用。为此，我们按受访者的性别对样本进行划分，

分别估计男性和女性面临的机会不平等情况。

表3-5是利用男性样本估计得到的结果。由机会不平等导致的收入差距均显著地异于0。从机会不平等绝对值的变化趋势上看，男性居民的收入机会不平等在2010年之前有上升的趋势，但从2010年开始有了下降的趋势。不过总体上男性居民的机会不平等绝对值变化幅度比较小。在同时期内，男性居民的个人收入基尼系数变化幅度也较小。这导致男性居民的收入机会不平等相对值在样本期内也只有较小幅度的变化。从机会不平等的相对值来看，各个指标的结果都表明男性的收入机会不平等占收入基尼系数的比例为25%～30%。

表3-5　　　　男性居民的机会不平等

项目		2005年	2006年	2008年	2010年	2011年	2012年	2013年
基尼系数		0.4780	0.5250	0.4884	0.5132	0.4955	0.4712	0.4590
机会不平等绝对值	y^c_{Van}	0.1177	0.1206	0.1149	0.1285	0.1220	0.1243	0.1124
	y^c_{LPT}	0.1398	0.1342	0.1478	0.1439	0.1289	0.1336	0.1206
	y^c_{JRZ}，$\lambda=0.5$	0.1303	0.1534	0.1354	0.1488	0.1358	0.1367	0.1257
	y^c_{JRZ}，$\lambda=1.0$	0.1401	0.1676	0.1544	0.1614	0.1398	0.1454	0.1314
	y^c_{JRZ}，$\lambda=2.0$	0.1470	0.1889	0.1901	0.1855	0.1368	0.1496	0.1314
	y^c_{FG}	0.1244	0.0711	0.1349	0.0794	0.0728	0.1214	0.0924
	y^c_{NEW}	0.1381	0.1534	0.1498	0.1082	0.0708	0.1838	0.0819
机会不平等相对值	y^c_{Van}	0.2463	0.2297	0.2354	0.2503	0.2461	0.2638	0.2449
	y^c_{LPT}	0.2926	0.2556	0.3026	0.2803	0.2602	0.2835	0.2628
	y^c_{JRZ}，$\lambda=0.5$	0.2726	0.2921	0.2772	0.2900	0.2741	0.2901	0.274
	y^c_{JRZ}，$\lambda=1.0$	0.2931	0.3191	0.3162	0.3145	0.2821	0.3086	0.2862
	y^c_{JRZ}，$\lambda=2.0$	0.3076	0.3597	0.3893	0.3614	0.2761	0.3175	0.2863
	y^c_{FG}	0.2603	0.1354	0.2762	0.1548	0.1469	0.2576	0.2014
	y^c_{NEW}	0.2890	0.2923	0.3067	0.2107	0.1429	0.3900	0.1784
样本量（个）		3620	3563	2107	3513	1617	3762	3504

表3-6是利用女性样本估计得到的结果。结果表明，女性在获取个人收入时也面临着显著的机会不平等。从机会不平等的变化趋势上看，女性的收

入机会不平等呈现出与男性居民的收入机会不平等不同的趋势。从机会不平等绝对值上看，女性居民的机会不平等在2008年以前呈现出上升的趋势，但2010年开始，女性居民的收入机会不平等开始维持在一个相对较低的水平上波动，总体上并没有表现出明显的趋势。由于样本期内女性的收入基尼系数有小幅的上升，所以女性居民的收入机会不平等相对值也呈现出小幅的下降。

表3－6　　女性居民的机会不平等

项目		2005年	2006年	2008年	2010年	2011年	2012年	2013年
基尼系数		0.5300	0.5949	0.5600	0.6008	0.5761	0.5785	0.5627
机会不平等绝对值	y^c_{Van}	0.1721	0.1815	0.1853	0.1835	0.1400	0.2002	0.1495
	y^c_{LPT}	0.2013	0.2050	0.2298	0.2023	0.1796	0.2109	0.1800
	y^c_{JRZ}，$\lambda=0.5$	0.1797	0.1902	0.1974	0.1919	0.1648	0.2074	0.1676
	y^c_{JRZ}，$\lambda=1.0$	0.1881	0.1950	0.2129	0.1987	0.1842	0.2110	0.1842
	y^c_{JRZ}，$\lambda=2.0$	0.1739	0.1839	0.1961	0.1789	0.2016	0.1631	0.2034
	y^c_{FG}	0.2166	0.1895	0.2482	0.1781	0.1445	0.1712	0.1391
	y^c_{NEW}	0.2537	0.1815	0.2716	0.1511	0.1944	0.1148	0.1223
机会不平等相对值	y^c_{Van}	0.3246	0.3051	0.3309	0.3054	0.2429	0.3461	0.2656
	y^c_{LPT}	0.3797	0.3445	0.4104	0.3367	0.3117	0.3646	0.3200
	y^c_{JRZ}，$\lambda=0.5$	0.3390	0.3198	0.3524	0.3195	0.286	0.3586	0.2978
	y^c_{JRZ}，$\lambda=1.0$	0.3548	0.3278	0.3802	0.3307	0.3197	0.3648	0.3274
	y^c_{JRZ}，$\lambda=2.0$	0.3281	0.3092	0.3501	0.2978	0.3499	0.2819	0.3614
	y^c_{FG}	0.4087	0.3185	0.4432	0.2965	0.2508	0.2959	0.2473
	y^c_{NEW}	0.4787	0.3052	0.4849	0.2515	0.3374	0.1985	0.2174
样本量（个）		4014	4109	2072	3611	1794	3565	3346

为了更清晰地比较男性和女性的机会不平等差异，我们在图3－5和图3－6中绘制了每一年中男性与女性的7种不平等指标计算结果。图3－5为机会不平等的绝对值，图3－6为机会不平等的相对值。图中虚线为女性的机会不平等估计结果，实线为男性的机会不平等估计结果。从图3－5和图3－6可以

比较清晰地看到，女性在获取个人收入时面临的机会不平等比男性面临的机会不平等更为严重。这一结果似乎与中国传统的重男轻女思想相矛盾，因为如果家庭的经济资源更多地向男性倾斜，那么男性的个人收入受家庭背景因素的影响更大，因此男性面临的机会不平等也可能更大。我们认为女性面临的机会不平等比男性更严重的原因可能有两个：第一，虽然中国家庭传统上有重男轻女的思想，但这并不意味着父母不希望自己的女性子女有好的发展前景。而且子女在利用家庭的经济资源时所产生的边际成本相对较小，比如为一个子女寻找好的工作和为两个子女寻找好的工作所产生的成本可能没有太大差异。这意味着，重男轻女的思想对男性和女性机会不平等的差异可能没有太大的影响。第二，男性和女性的另一个重要区别在于男性通常比女性面临更为广泛的就业机会，因此男性更有可能通过自身的努力改变自己在环境因素方面所处的不利地位，而女性在劳动力市场中面临的约束通常要更大，这使得环境因素的影响变得更为重要。

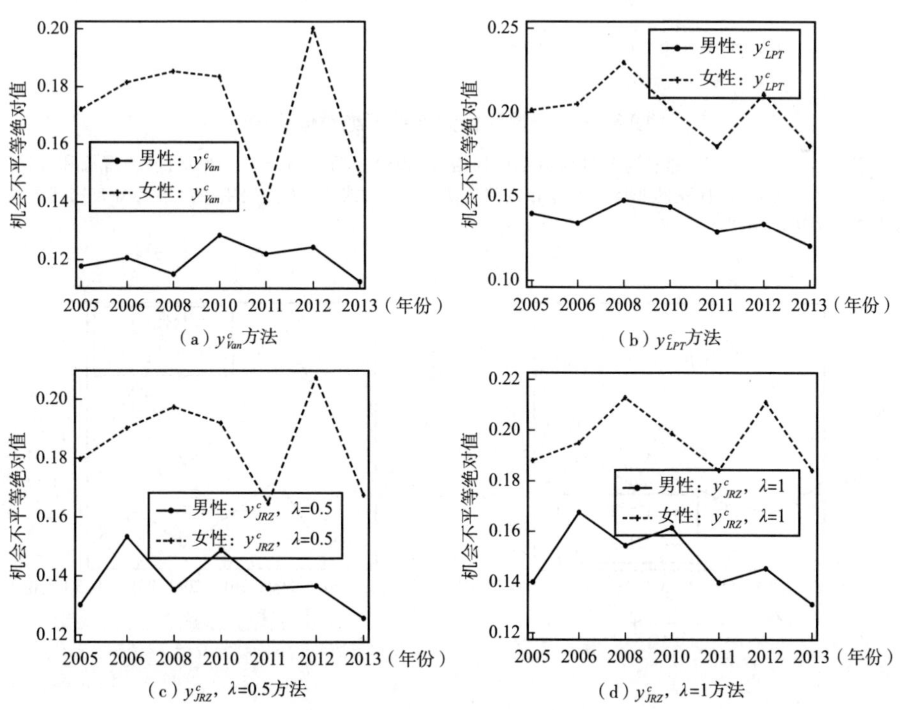

（a）y^c_{Van}方法

（b）y^c_{LPT}方法

（c）y^c_{JRZ}，λ=0.5方法

（d）y^c_{JRZ}，λ=1方法

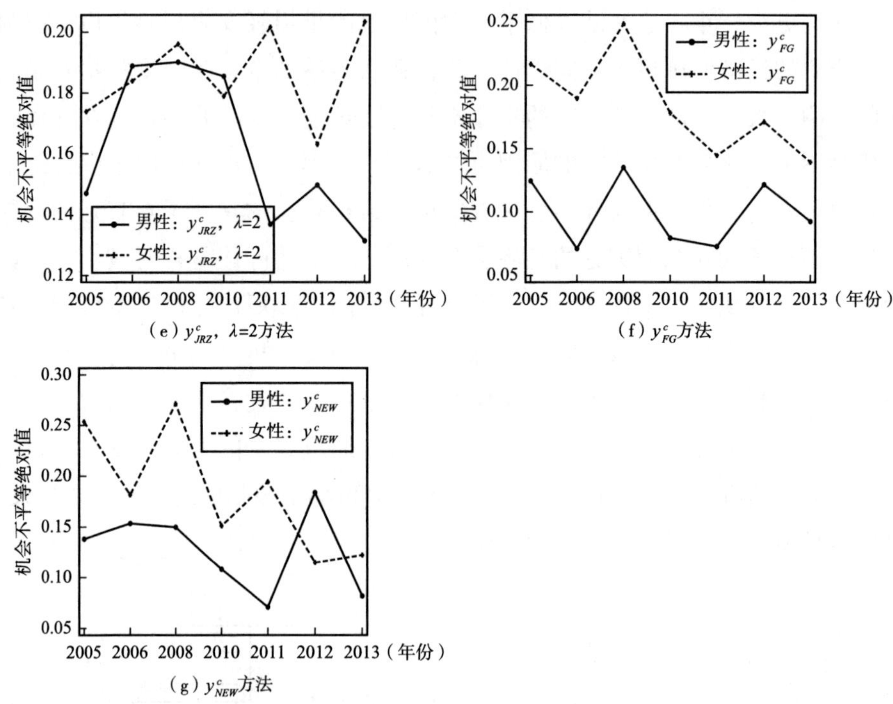

（e）y^c_{JRZ}，λ=2方法

（f）y^c_{FG}方法

（g）y^c_{NEW}方法

图3－5　分性别机会不平等绝对值比较

注：y^c_{Van}、y^c_{LPT}、y^c_{FG}和y^c_{NEW}分别对应范德加格（1993）、勒弗朗茨等（2008）、费雷拉和吉格努（2011）和式（3.8）提供的非反事实分布构建方法。y^c_{JRZ}为式（3.6）提供的反事实分布构建方法，λ为不平等厌恶系数。

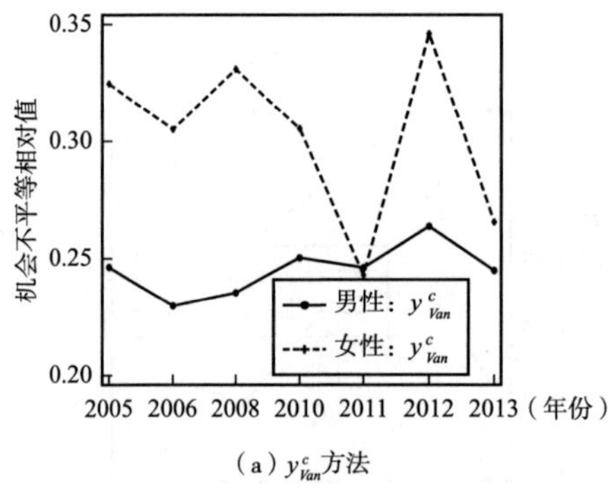

（a）y^c_{Van}方法

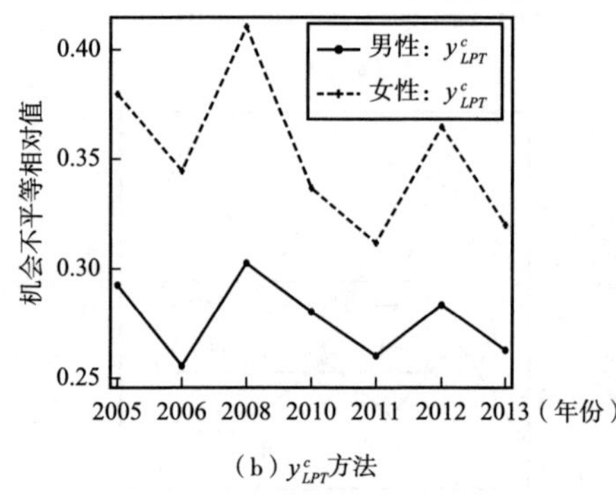

（b）y^c_{LPT}方法

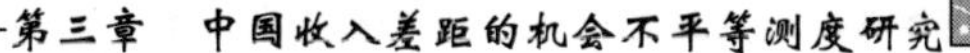

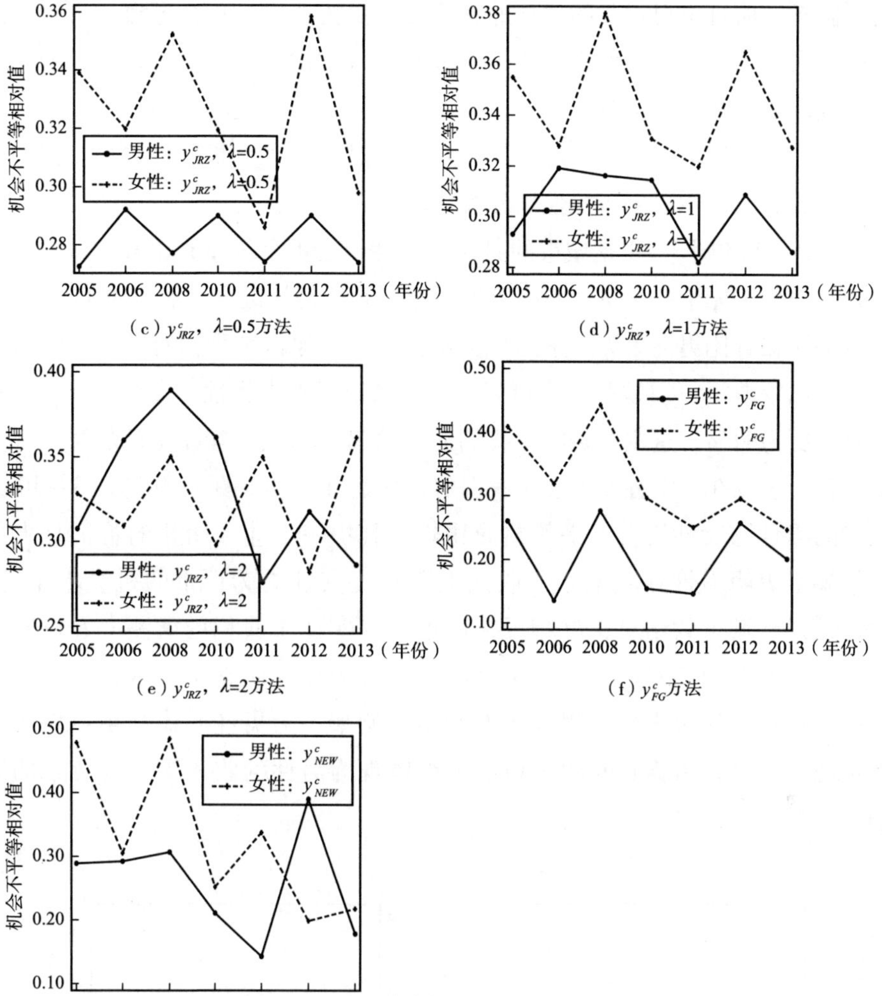

(c) y^c_{JRZ}，λ=0.5方法

(d) y^c_{JRZ}，λ=1方法

(e) y^c_{JRZ}，λ=2方法

(f) y^c_{FG}方法

(g) y^c_{NEW}方法

图 3－6　分性别机会不平等相对值比较

注：y^c_{Van}、y^c_{LPT}、y^c_{FG}和 y^c_{NEW}分别对应范德加格（1993）、勒弗朗茨等（2008）、费雷拉和吉格努（2011）和式（3.8）提供的非反事实分布构建方法。y^c_{JRZ}为式（3.6）提供的反事实分布构建方法，λ 为不平等厌恶系数。

如果我们关于图 3－5 和图 3－6 的解释是合理的，那么农村和城市的男性和女性面临的机会不平等可能会有较大差异。第一，农村的家庭经济资源相对匮乏，而且重男轻女的思想通常比城市更为严重。这会导致重男轻女的思想对农村的男性和女性机会不平等差异有较大的影响。第二，农村的男性和女性面临的就业机会都比较少。因此，无论是男性还是女性，想要通过努力改变自身在环境因素方面的不利地位都很难。为了分析这种差异，我们将城市和农村的样本进一步按性别分析估计。

图3－7和图3－8是城市的男性与女性机会不平等差异比较，从中可以清晰地看出，无论是从机会不平等绝对值来看还是从机会不平等的相对值看，女性都面临着比男性更为严重的机会不平等。其原因和我们对总样本的解释相同。比较图3－7和图3－8可以看出，城市样本中男性和女性的机会不平等差异更为明显。这主要是因为我们前面给出的两点解释在城市居民中都更加合理。这也在一定程度上说明我们的解释是可靠的。图3－9和图3－10是农村的男性与女性机会不平等差异比较，其中一个非常明显的特征是大部分结果都表明男性在获取个人收入上面临比女性更为严重的机会不平等。这一结果和城市的结果正好相反，但也正好实证了我们的猜测。农村家庭的重男轻女思想相对严重，在家庭的经济资源比较匮乏的时候，家庭的经济资源很有可能更多地向男性子女倾斜。例如，为男性后代提供更好的教育资源等。这种重男轻女的思想会最终体现为男性的收入受家庭背景的影响更为严重。

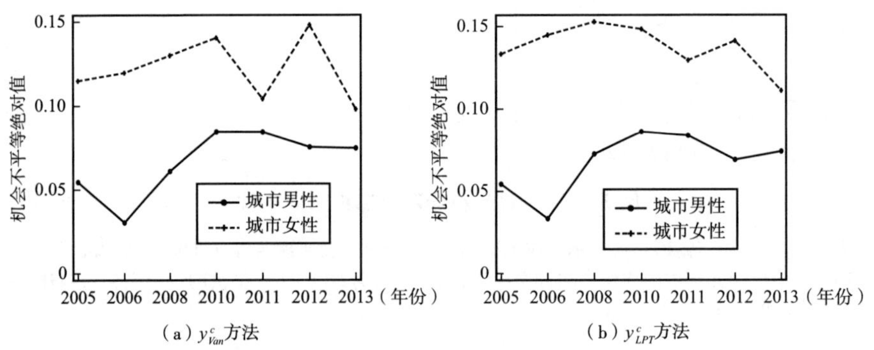

（a）y^c_{Van}方法　　（b）y^c_{LPT}方法

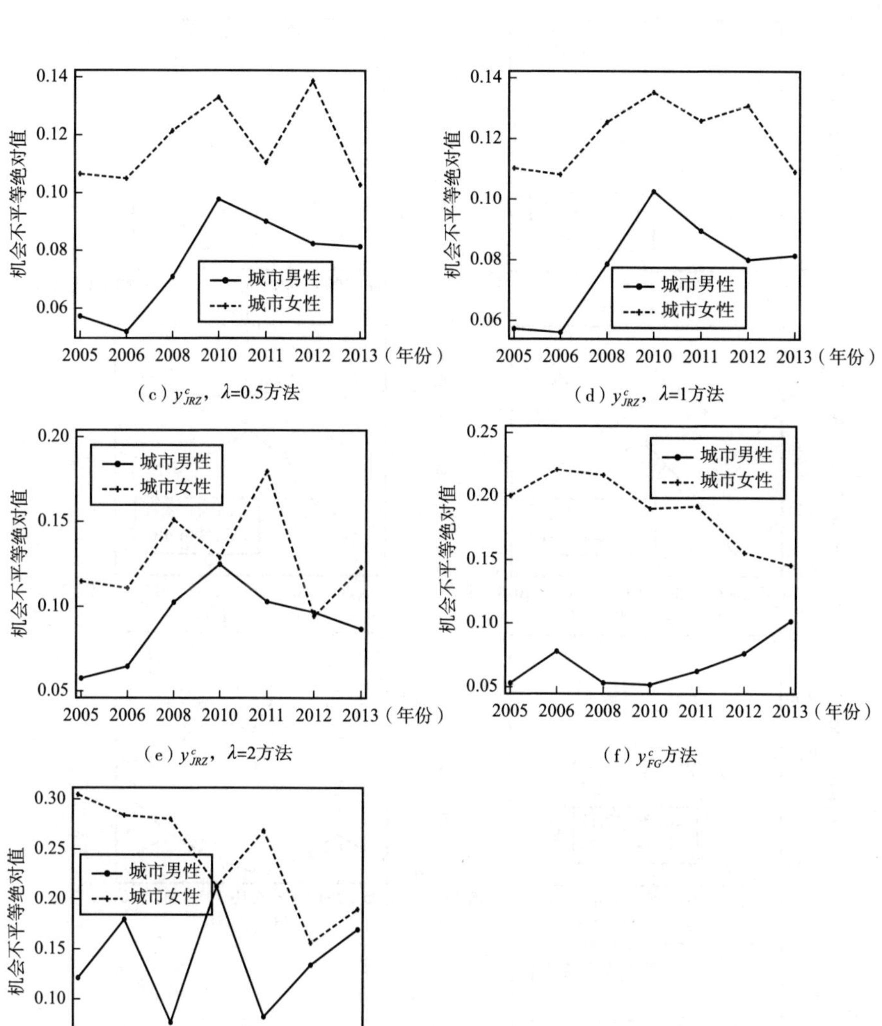

（c）y^{c}_{JRZ}，λ=0.5方法

（d）y^{c}_{JRZ}，λ=1方法

（e）y^{c}_{JRZ}，λ=2方法

（f）y^{c}_{FG}方法

（g）y^{c}_{NEW}方法

图 3－7　城市分性别机会不平等绝对值比较

注：y^{c}_{Van}、y^{c}_{LPT}、y^{c}_{FG}和y^{c}_{NEW}分别对应范德加格（1993）、勒弗朗茨等（2008）、费雷拉和吉格努（2011）和式（3.8）提供的非反事实分布构建方法。y^{c}_{JRZ}为式（3.6）提供的反事实分布构建方法，λ为不平等厌恶系数。

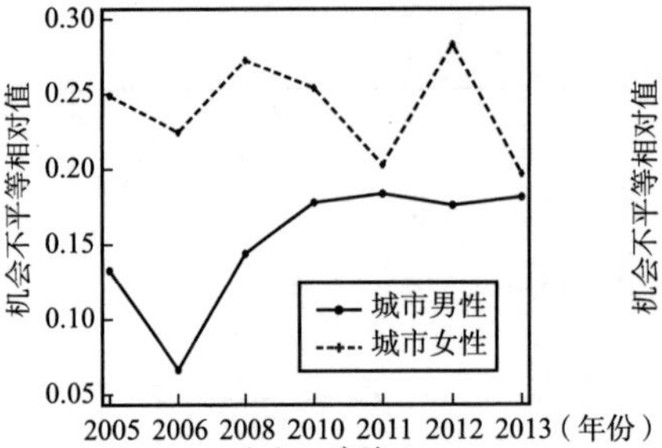

（a）y^c_{Van}方法

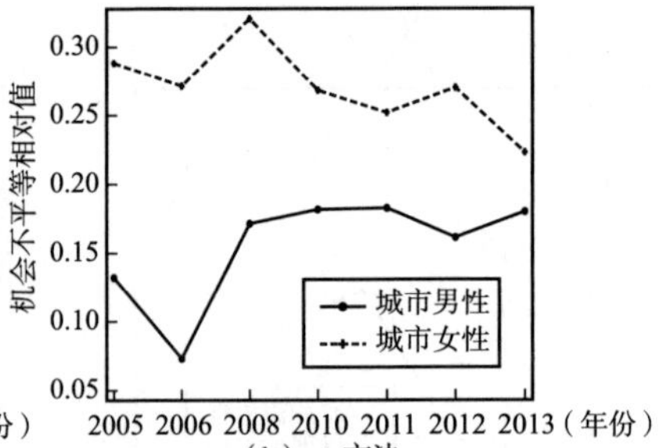

（b）y^c_{LPT}方法

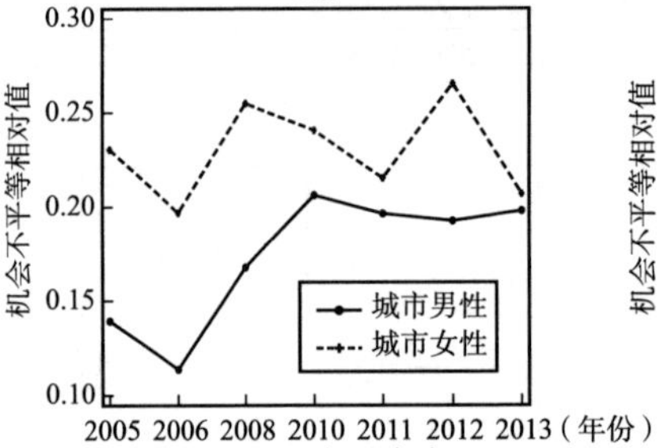

（c）y^c_{JRZ}，λ=0.5方法

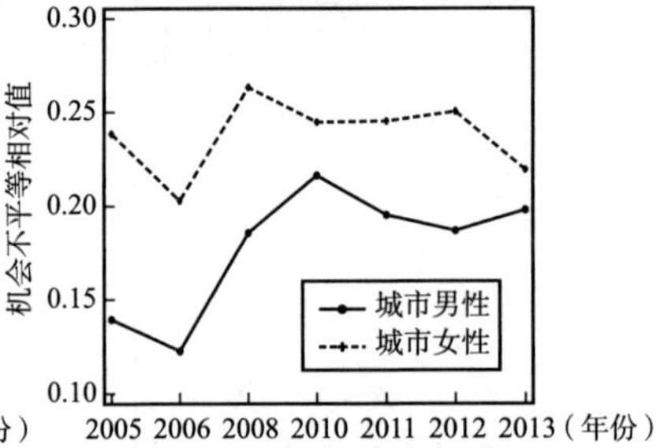

（d）y^c_{JRZ}，λ=1方法

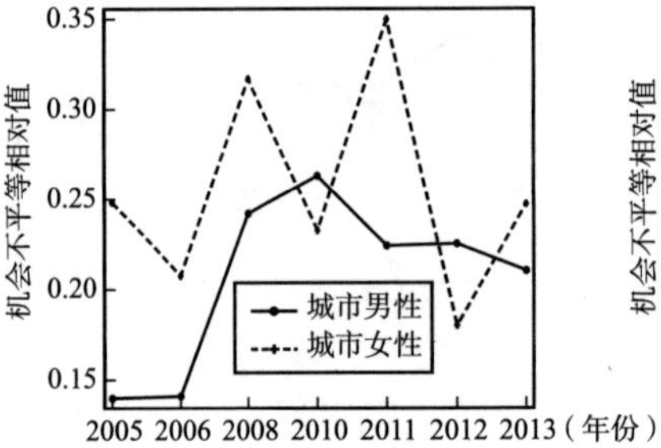

（e）y^c_{JRZ}，λ=2方法

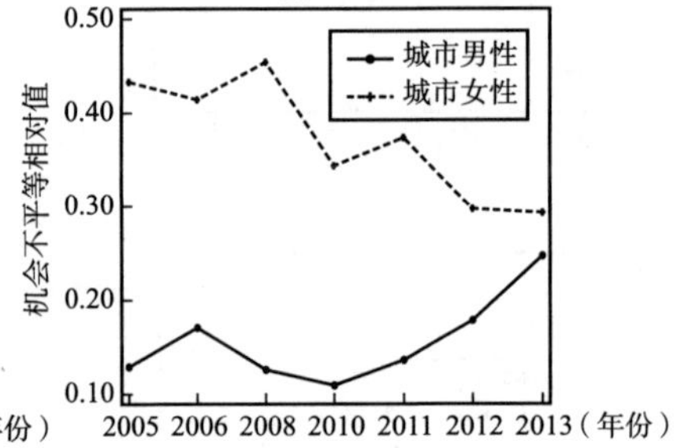

（f）y^c_{FG}方法

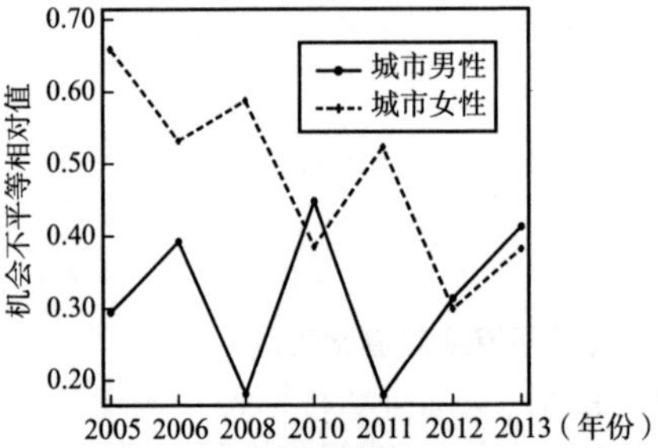

（g）y^c_{NEW}方法

图3－8　城市分性别机会不平等相对值比较

注：y^c_{Van}、y^c_{LPT}、y^c_{FG}和y^c_{NEW}分别对应范德加格（1993）、勒弗朗茨等（2008）、费雷拉和吉格努（2011）和式（3.8）提供的非反事实分布构建方法。y^c_{JRZ}为式（3.6）提供的反事实分布构建方法，λ为不平等厌恶系数。

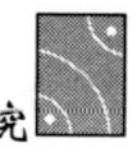

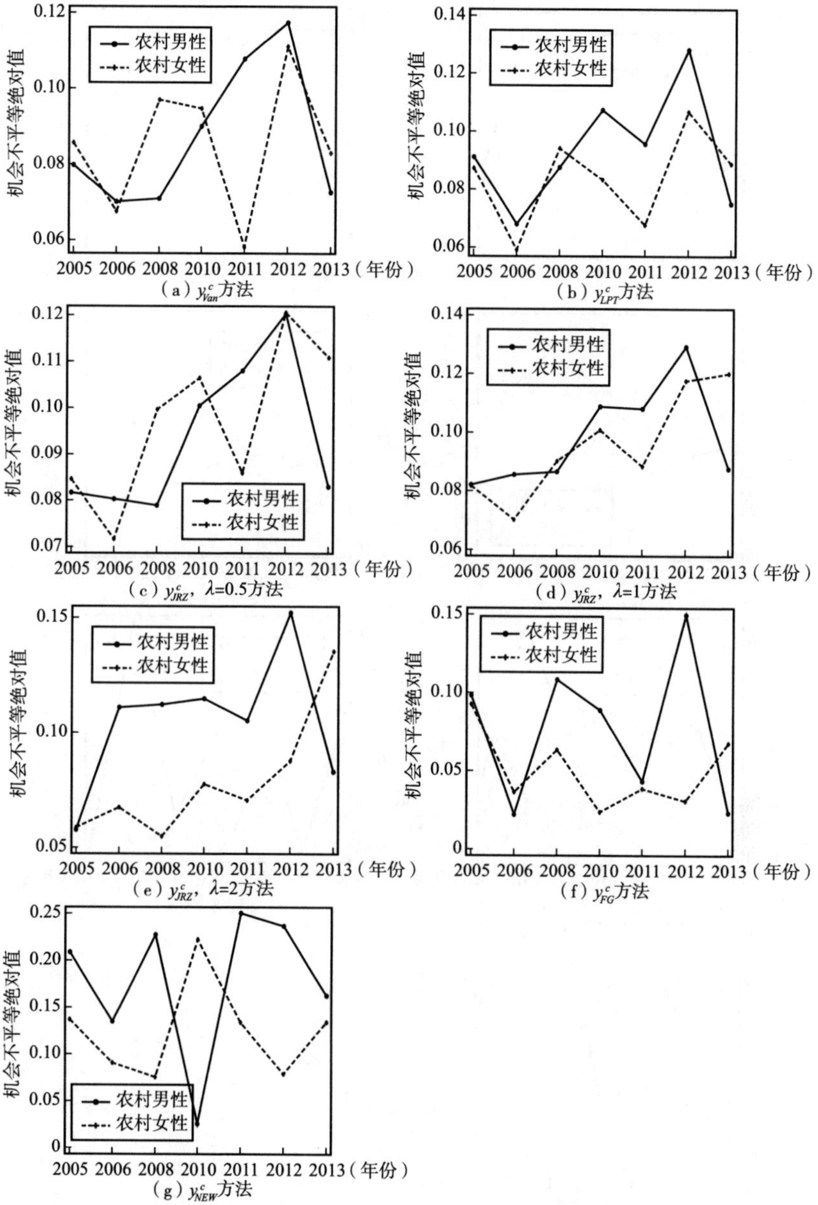

（a）y^c_{Van}方法

（b）y^c_{LPT}方法

（c）y^c_{JRZ}，λ=0.5方法

（d）y^c_{JRZ}，λ=1方法

（e）y^c_{JRZ}，λ=2方法

（f）y^c_{FG}方法

（g）y^c_{NEW}方法

图3－9　农村分性别机会不平等绝对值比较

注：y^c_{Van}、y^c_{LPT}、y^c_{FG}和y^c_{NEW}分别对应范德加格（1993）、勒弗朗茨等（2008）、费雷拉和吉格努（2011）和式（3.8）提供的非反事实分布构建方法。y^c_{JRZ}为式（3.6）提供的反事实分布构建方法，λ为不平等厌恶系数。

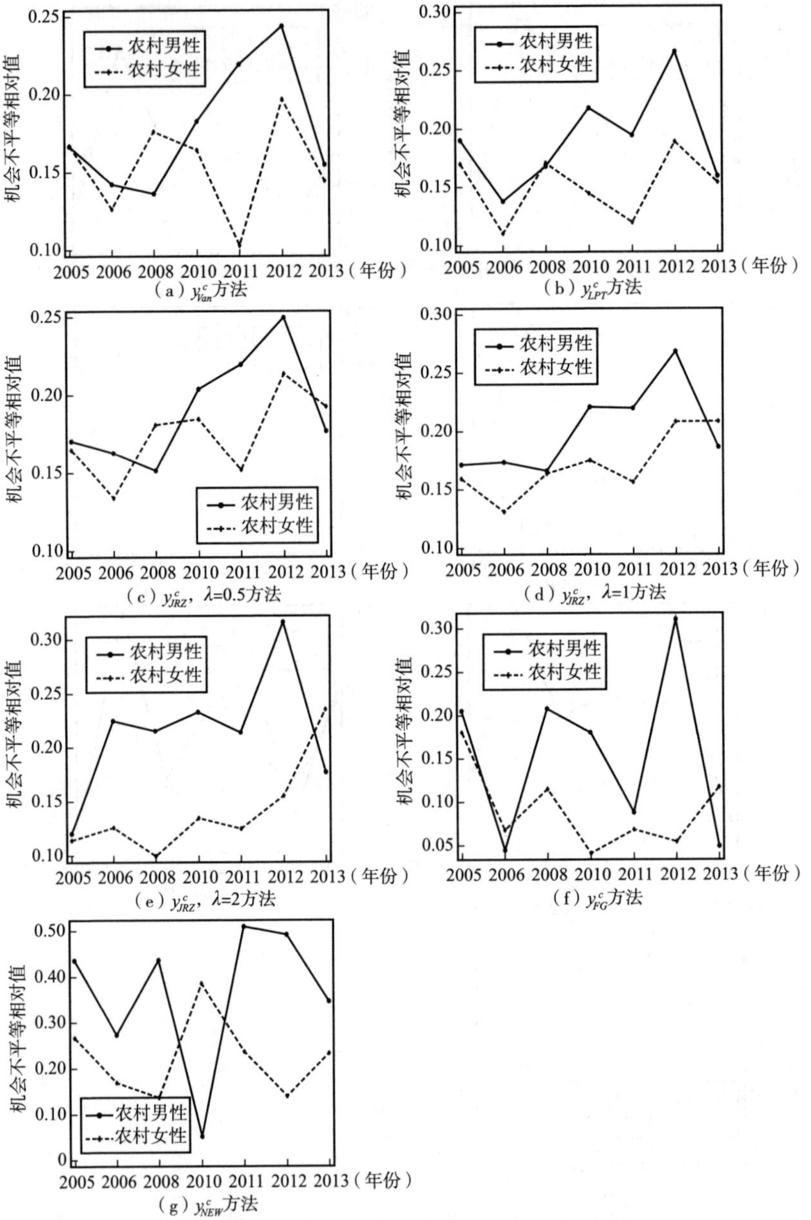

（a）y^c_{Van}方法

（b）y^c_{LPT}方法

（c）y^c_{JRZ}，λ=0.5方法

（d）y^c_{JRZ}，λ=1方法

（e）y^c_{JRZ}，λ=2方法

（f）y^c_{FG}方法

（g）y^c_{NEW}方法

图3－10　农村分性别机会不平等相对值比较

注：y^c_{Van}、y^c_{LPT}、y^c_{FG}和y^c_{NEW}分别对应范德加格（1993）、勒弗朗茨等（2008）、费雷拉和吉格努（2011）和式（3.8）提供的非反事实分布构建方法。y^c_{JRZ}为式（3.6）提供的反事实分布构建方法，λ为不平等厌恶系数。

四、稳健性分析

（一）其他不平等指标

在前面的分析中，我们选用的不平等指数是基尼系数，这是收入分配领域常用的反映收入差距的指数。但不同的不平等指数对应不同的社会福利函数（Dagum，1990），有不同的理论基础。因此，不同的不平等指数对同一收入分布的不平等评价有可能给出不同的结果。为了保证结果的稳健性，我们再使用其他不平等指数对机会不平等程度进行测算。我们选用的指数包括常用的泰尔指数、平均对数偏差和 Kakwani 指数。

图 3 - 11 是利用泰尔指数、平均对数偏差和 Kakwani 指数分别对 2005 ~ 2013 年的机会不平等进行测度的结果。从五种非参数估计结果看，三种不平等指数给出的结论与前述基尼系数结果是相同的。更具体地说，2008 年之前的居民收入机会不平等程度有上升的趋势，但从 2008 年之后，机会不平等的绝对值出现了下降趋势。由于总体的收入结果不平等也呈现了下降趋势，并且收入的结果不平等和机会不平等下降的程度大致相当。所以各种不平等指数给出的机会不平等相对值在 2008 年以后没有表示出明显的变化趋势。这些结果都与通过基尼系数对城乡样本进行估计所得到的结果相似。这说明我们的结论是比较稳健的，使用不同的不平等指数对我们的估计结果没有太大影响。从两种参数估计结果看，2008 年以前的结果波动较大，但 2008 年以后仍然呈现出较为明显的下降趋势。而且参数方法给出的 2008 年后的机会不平等绝对值下降幅度较大，所以 2008 年后的机会不平等相对值也呈现出下降趋势。这些结果也与使用基尼系数和参数估计方法得到的结论是一致的。但考虑到参数方法人为限制了收入方程的具体形式是对数线性模型，所以参数方法得到的结果仅作为参考，我们更倾向于认为非参数方法给出的估计结果更符合中国当前的机会不平等变化趋势。

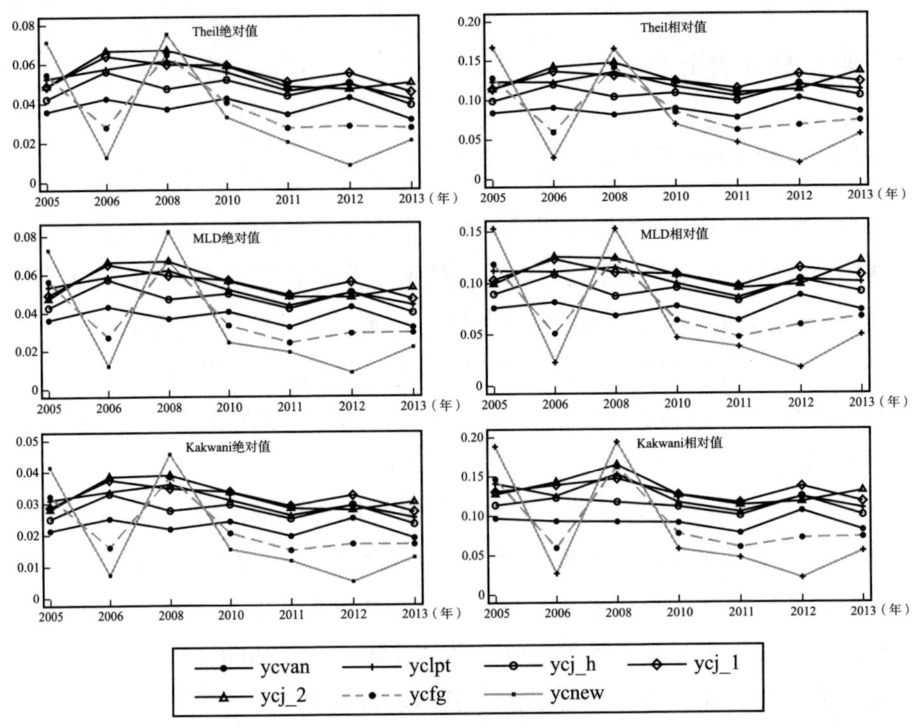

图 3-11　其他不平等指数

注：ycvan、yclpt 为机会不平等绝对值，采用的反事实分布构建方法分别对应式（3.4）、式（3.5）；ycj_h、ycj_1、ycj_2 为机会不平等绝对值，采用式（3.6）的反事实分布构建方法，分别对应的不平等厌恶系数为 0.5、1 和 2 三种情况。ycfg 和 ycnew 为机会不平等绝对值，采用的反事实分布构建方法分别对应式（3.7）和式（3.8）。

（二）家庭人均收入

机会不平等的核心思想是区分环境因素与努力因素对个人收入的影响。因此，在测度机会不平等时，采用个人收入能够很好地与个人的环境因素相匹配。但如何界定个人收入却并非易事。对于城市居民而言，个人收入的界定相对容易。因为城市居民的收入主要是个人的工资性收入。但农村居民的个人收入界定却有一定难度，这主要是因为农村居民的收入除了工资性收入以外还有家庭经营性收入，而家庭经营性收入是以家庭为单位获得的。CGSS 在收集收入信息时既包含了个人收入信息，也询问了家庭收入信息。但考虑到农村家庭收入结构的特殊性，受访者在回答个人收入时有可能无法精确地判断家庭经营性收入当中有多少是属于个人收入，从而导致个人收入的测量误差较大。另一种常用的做法是沿用传统的收入不平等方法，使用家庭人均收入分析机会不平等情况。CGSS 也提供了受访者的家庭总收入和家庭人口信息，据此可以计算出每个家庭的人均收入。

表 3 – 7 是使用家庭人均收入得到的机会不平等估计结果。首先，所有的估计结果均表明家庭人均收入分布同样存在非常显著的机会不平等成分，并且大部分结果说明机会不平等引起的收入基尼系数解释了家庭人均收入基尼系数的 30% ~40%。这比用个人收入得到的机会不平等占总收入不平等的比例更高。其次，从机会不平等变化的趋势看，大部分结果都表明机会不平等相对值有下降趋势。最后，家庭人均收入的机会不平等相对值变动幅度较小，但总体上呈现出略微下降的趋势。以上三个特点表明，使用家庭人均收入得到的结论与使用个人收入得到的结论略有差异，尤其是机会不平等占总收入不平等的比例差别较大。这主要是由于家庭人均收入包含了受访者以外的其他家庭成员收入，这些家庭成员可能受到相同的环境因素影响从而强调了机会不平等的作用。另一方面，如果家庭成员正好包含了受访者的父母，那么受访者的环境因素恰好是这些家庭成员的个人收入解释因素，这也会加强环境因素对家庭人均收入的影响程度，从而导致机会不平等占总收入不平等比重上升。我们进一步使用其他三种不平等指数对家庭人均收入的机会不平等程度进行测度。图 3 – 12 是估计结果，这些结果与表 3 – 7 基本上是一致的。

表 3 – 7　　家庭人均收入

项目		2005 年	2006 年	2008 年	2010 年	2011 年	2012 年	2013 年
基尼系数		0.5094	0.5135	0.5101	0.5088	0.4919	0.4961	0.4627
机会不平等绝对值	y^c_{Van}	0.1635	0.1669	0.1613	0.1493	0.1431	0.1684	0.1392
	y^c_{LPT}	0.1961	0.1934	0.1741	0.1624	0.1578	0.1800	0.1553
	y^c_{JRZ}，$\lambda=0.5$	0.1790	0.1802	0.1685	0.1560	0.1512	0.1741	0.1469
	y^c_{JRZ}，$\lambda=1.0$	0.1899	0.1887	0.1749	0.1623	0.1567	0.1828	0.1540
	y^c_{JRZ}，$\lambda=2.0$	0.1919	0.1877	0.1775	0.1761	0.1591	0.2176	0.1659
	y^c_{FG}	0.1898	0.1870	0.1661	0.1629	0.1503	0.1877	0.1544
	y^c_{NEW}	0.2241	0.1943	0.1383	0.2025	0.1538	0.2582	0.2256

续表

项目		2005 年	2006 年	2008 年	2010 年	2011 年	2012 年	2013 年
机会不平等相对值	y^c_{Van}	0.3209	0.3250	0.3162	0.2935	0.2909	0.3395	0.3008
	y^c_{LPT}	0.3849	0.3765	0.3413	0.3191	0.3209	0.3627	0.3356
	y^c_{JRZ}，$\lambda=0.5$	0.3514	0.3509	0.3303	0.3067	0.3074	0.3509	0.3175
	y^c_{JRZ}，$\lambda=1.0$	0.3727	0.3674	0.3430	0.3189	0.3186	0.3685	0.3327
	y^c_{JRZ}，$\lambda=2.0$	0.3767	0.3655	0.3480	0.3461	0.3235	0.4386	0.3586
	y^c_{FG}	0.3726	0.3642	0.3256	0.3202	0.3055	0.3783	0.3338
	y^c_{NEW}	0.4400	0.3784	0.2710	0.3980	0.3127	0.5203	0.4875
样本量（个）		7634	7672	4179	7124	3411	7327	6850

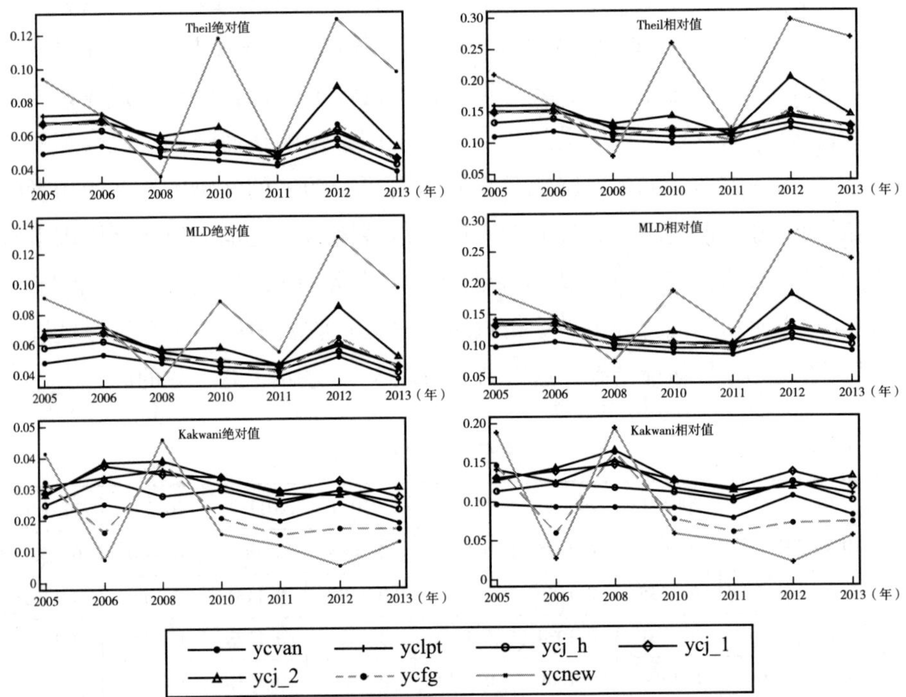

图 3-12　其他不平等指标（家庭人均收入）

注：ycvan、yclpt 为机会不平等绝对值，采用的反事实分布构建方法分别对应式（3.4）、式（3.5）；ycj_h、ycj_1、ycj_2 为机会不平等绝对值，采用式（3.6）的反事实分布构建方法，分别对应的不平等厌恶系数为 0.5、1 和 2 三种情况。ycfg 和 ycnew 为机会不平等绝对值，采用的反事实分布构建方法分别对应式（3.7）和式（3.8）。

（三）母亲教育

虽然在收入流动和收入机会不平等的研究领域，父亲特征对子代收入的影响都是最受关注的话题。但不少研究表明，母亲的特征对子代收入的影响也是不可忽视的（Black et al.，2011）。在研究机会不平等时母亲的特征同样是个体面临的环境因素。表3－8是用母亲教育程度作为环境因素得到的个人收入机会不平等估计结果。显然，所有的结果均表明个人收入差距中存在明显的机会不平等成分。值得一提的是，从机会不平等的相对值来看，用母亲教育程度作为环境因素得到的结果并不比用父亲教育程度得到的结果小。这是一个非常有意思的结论。虽然母亲的教育程度和父亲教育程度都是影响子代收入的因素，但不少研究表明父亲教育程度对子代收入的影响程度更大（Black et al.，2011）。然而，收入机会不平等测度并非简单地分析环境因素对个人收入的影响程度大小。我们仅仅利用环境因素对个人进行分类。而大量研究表明个体在选择婚配对象时侧向于选择与自己教育程度相近的人（李煜，2008；Schwartz，2010）。换言之，受访者父母的教育程度具有较高的相关性①。因此，利用父亲或是母亲的教育程度对个体进行分类得到的结论会比较接近。同样的道理，图3－13中用其他不平等指数测算的结果与表3－8和图3－11是一致的。

表3－8　　母亲教育程度作为环境因素

项目		2005年	2006年	2008年	2010年	2011年	2012年	2013年
基尼系数		0.5114	0.5682	0.5291	0.5651	0.5448	0.5280	0.5178
机会不平等绝对值	y^c_{Van}	0.1375	0.1449	0.1519	0.1574	0.1391	0.1452	0.1365
	y^c_{LPT}	0.1660	0.1694	0.1968	0.1829	0.1545	0.1621	0.1586
	y^c_{JRZ}，$\lambda=0.5$	0.1534	0.1697	0.1701	0.1755	0.1617	0.1632	0.1541
	y^c_{JRZ}，$\lambda=1.0$	0.1673	0.1826	0.1941	0.1902	0.1754	0.1754	0.1704
	y^c_{JRZ}，$\lambda=2.0$	0.1847	0.1869	0.2123	0.2028	0.1801	0.1686	0.1915
	y^c_{FG}	0.1513	0.1230	0.2114	0.1439	0.0745	0.1090	0.1239
	y^c_{NEW}	0.1179	0.0968	0.2541	0.0886	0.0428	0.0462	0.0978

① 本章样本中受访者父母的教育程度相关系数均超过0.6。

续表

项目		2005年	2006年	2008年	2010年	2011年	2012年	2013年
机会不平等相对值	y^c_{Van}	0.2689	0.2551	0.2870	0.2785	0.2553	0.2751	0.2636
	y^c_{LPT}	0.3246	0.2981	0.3720	0.3237	0.2835	0.3070	0.3062
	y^c_{JRZ}，$\lambda=0.5$	0.2999	0.2986	0.3215	0.3105	0.2968	0.3091	0.2976
	y^c_{JRZ}，$\lambda=1.0$	0.3271	0.3214	0.3669	0.3366	0.3219	0.3322	0.3290
	y^c_{JRZ}，$\lambda=2.0$	0.3612	0.3290	0.4013	0.3588	0.3305	0.3192	0.3698
	y^c_{FG}	0.2958	0.2165	0.3995	0.2547	0.1367	0.2064	0.2393
	y^c_{NEW}	0.2306	0.1704	0.4803	0.1568	0.0786	0.0874	0.1889
样本量（个）		7634	7672	4179	7124	3411	7327	6850

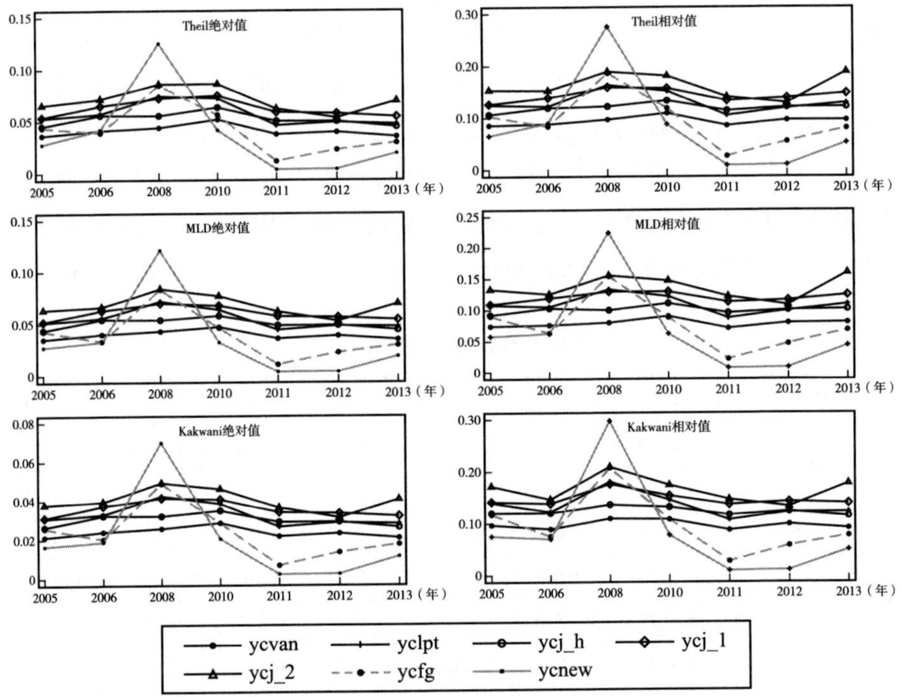

图3-13 母亲教育程度为环境因素的其他不平等指标

注：ycvan、yclpt为机会不平等绝对值，采用的反事实分布构建方法分别对应式（3.4）、式（3.5）；ycj_h、ycj_1、ycj_2为机会不平等绝对值，采用式（3.6）的反事实分布构建方法，分别对应的不平等厌恶系数为0.5、1和2三种情况。ycfg和ycnew为机会不平等绝对值，采用的反事实分布构建方法分别对应式（3.7）和式（3.8）。

（四）父母最高教育程度

虽然用父亲或母亲的教育得到的结果基本一致，但为了更好地体现个体面临的机会优势，不少文献使用父母的最高教育程度作为环境因素。严格来说在父亲和母亲的教育均可以获得的时候，同时使用父母双方的教育程度能更精确地反映个体的环境因素。但实证研究中通常受到样本量的限制，环境因素越多对样本的划分越细，估计的精度就越低。例如本章将教育程度划分为4类，同时使用父母双方的教育程度就可以将样本划分为16个子样本，这会导致每一类子样本的样本量较小，从而使得每一类样本的均值、方差、基尼系数、均匀分布等价收入等统计特征的估计精度较低。为了避免这一问题，常用的做法是使用父母双方的最高教育程度，以达到尽可能反映机会优势的前提下减少样本分类。

表3－9是利用父母的最高教育程度划分样本得到的个人收入机会不平等估计结果。由于大部分受访者的父亲教育程度高于母亲的教育程度，所以利用父母最高教育程度得到的结果与用父亲教育程度作为环境因素得到的结果比较接近。同样的道理，图3－14中用其他不平等指数测算的结果与表3－9和图3－11是基本一致的。

表3－9　　　　父母最高教育程度为环境变量

项目		2005年	2006年	2008年	2010年	2011年	2012年	2013年
基尼系数		0.5114	0.5682	0.5291	0.5651	0.5448	0.528	0.5178
机会不平等绝对值	y^c_{Van}	0.1407	0.1496	0.1445	0.1566	0.1423	0.1584	0.1374
	y^c_{LPT}	0.1694	0.1716	0.1896	0.1781	0.1624	0.1698	0.1537
	y^c_{JRZ}，$\lambda=0.5$	0.1532	0.1712	0.1650	0.1737	0.1593	0.1708	0.1500
	y^c_{JRZ}，$\lambda=1.0$	0.1648	0.1822	0.1869	0.1856	0.1713	0.1793	0.1605
	y^c_{JRZ}，$\lambda=2.0$	0.1668	0.1861	0.1997	0.1871	0.1703	0.1617	0.1672
	y^c_{FG}	0.1676	0.1097	0.1940	0.1343	0.1139	0.1289	0.1269
	y^c_{NEW}	0.1724	0.0726	0.2154	0.0723	0.0783	0.0704	0.1320

续表

项目		2005 年	2006 年	2008 年	2010 年	2011 年	2012 年	2013 年
机会不平等相对值	y^c_{Van}	0. 2752	0. 2633	0. 2731	0. 2772	0. 2611	0. 2999	0. 2654
	y^c_{LPT}	0. 3312	0. 3020	0. 3584	0. 3152	0. 2980	0. 3216	0. 2968
	y^c_{JRZ}，$\lambda=0.5$	0. 2996	0. 3013	0. 3119	0. 3073	0. 2924	0. 3236	0. 2896
	y^c_{JRZ}，$\lambda=1.0$	0. 3222	0. 3206	0. 3533	0. 3284	0. 3144	0. 3396	0. 3100
	y^c_{JRZ}，$\lambda=2.0$	0. 3261	0. 3275	0. 3774	0. 3311	0. 3126	0. 3063	0. 3229
	y^c_{FG}	0. 3278	0. 1930	0. 3666	0. 2377	0. 2090	0. 2441	0. 2451
	y^c_{NEW}	0. 3371	0. 1277	0. 4071	0. 128	0. 1436	0. 1333	0. 2549
样本量（个）		7634	7672	4179	7124	3411	7327	6850

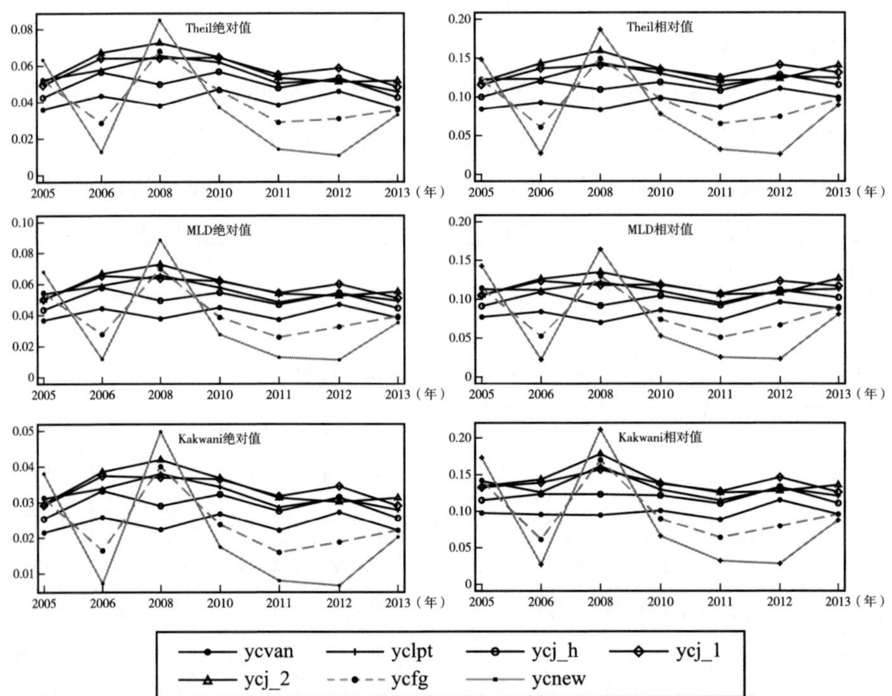

图 3-14　父母最高教育程度为环境变量的其他不平等指标

注：ycvan、yclpt 为机会不平等绝对值，采用的反事实分布构建方法分别对应式（3.4）、式（3.5）；ycj_h、ycj_1、ycj_2 为机会不平等绝对值，采用式（3.6）的反事实分布构建方法，分别对应的不平等厌恶系数为 0.5、1 和 2 三种情况。ycfg 和 ycnew 为机会不平等绝对值，采用的反事实分布构建方法分别对应式（3.7）和式（3.8）。

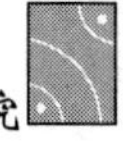

（五）增加环境因素

精确地估计收入机会不平等的主要障碍之一是无法观测到全部环境因素。在实证分析中往往得到的只是机会不平等的下界。因此，实际的机会不平等程度比实证结果要更高。然而，即便是实证分析中可以获得较丰富的环境因素信息，往往也会因为样本量受限而不得不选用其中的一部分进行估计。样本量对环境因素数量的限制在非参数估计方法中较为明显，在参数估计方法中样本量对环境因素数量的限制相对较少。当然，这参数估计的代价是限制收入的决定方程具体形式。

CGSS 收集了丰富的个体信息，除了父母特征以外还包含其他一些个人特征可以视为环境因素，例如性别、年龄、民族、城乡等。这些因素都是影响个体收入的重要因素并且是个体无法控制的。如果在非参数估计中同时考虑这些因素，我们至少要将总样本划分为近百个子样本，这显然是不可行的。但参数估计能够以相对较小的成本同时考虑这些因素。表 3－10 是在收入方程加入上述环境因素之后，利用费雷拉和吉格努（2011）的参数方法得到的机会不平等结果①。与表 3－2 和图 3－11 相比后，不难发现增加环境因素提高了收入机会不平等的绝对值和相对值。以基尼系数为例，仅考虑父亲教育程度时，机会不平等导致的收入基尼系数大约在 0.10～0.18，占总基尼系数的比重大约在 0.18～0.35。加了其他环境因素之后，机会不平等导致的基尼系数大约在 0.22～0.30，占总基尼系数的比重大约在 0.40～0.60。使用泰尔指数、平均对数偏差和 Kakwani 指数得到的结果也都表明机会不平等的程度有明显的上升。从机会不平等的变化趋势上看，加入更多的环境因素之后和仅使用父亲教育程度作为环境因素时的参数方法得到的变化趋势是一致的。

① 我们没有使用本章提出的新参数估计方法，这是因为式（3.8）虽然使用了参数方法，但在方差的估计上仍然使用了非参数方法。

表 3-10 增加环境因素

项目		2005 年	2006 年	2008 年	2010 年	2011 年	2012 年	2013 年
机会不平等绝对值	gini	0.2428	0.2332	0.3168	0.2607	0.2229	0.2664	0.3057
	Theil	0.0919	0.093	0.1585	0.1205	0.0800	0.1109	0.1476
	mld	0.0979	0.0877	0.1797	0.1095	0.0789	0.1198	0.1596
	Kakwani	0.0541	0.0502	0.0919	0.0627	0.0452	0.0648	0.0839
机会不平等相对值	gini	0.4747	0.4105	0.5988	0.4614	0.4091	0.5046	0.5903
	Theil	0.2156	0.1986	0.3486	0.2532	0.1812	0.2676	0.4013
	mld	0.2054	0.1660	0.3333	0.2096	0.1554	0.2463	0.3669
	Kakwani	0.2461	0.1866	0.3901	0.2367	0.1815	0.2750	0.3652
样本量（个）		7634	7672	4179	7124	3411	7327	6850

第四节 本章小结

本章利用 CGSS 2003～2013 年的调查数据对中国居民在获取收入过程中面临的机会不平等程度进行了测度。为了保证结果的稳健性，本章采用了五种非参数反事实分布构建方法和两种参数反事实构建方法，同时使用了四种不平等指数。本章的基本结论表明：第一，中国居民在获取个人收入的过程中面临显著的机会不平等，其中由机会不平等导致的收入基尼系数占全部分基尼系数的比例至少达到 20%～30%；第二，从机会不平等的变化趋势上来看，中国居民在 2008 年以前的收入机会不平等有上升趋势，2008 年以后的收入机会不平等相对值没有表现出明显的变化趋势，即收入机会不平等和收入结果不平等基本上是同步变化的；第三，中国城市居民在获取收入过程中面临的机会不平等问题要比农村居民更为严重；第四，总体来看，女性比男性面临更加严重的机会不平等，对城市居民而言，女性的收入机会不平等程度高于男性体现得更加明显，但对农村居民而言，男性的收入机会不平等高于女性；第四，采用不同的估计方法和不同的不平等指数对估计结果影响并不大，但增加环境因素会对估计结果产生较大的影响。

需要指出的是，由于实证分析中无法观测到全部的环境因素，因此机会不平等测度的结果仅仅只能反映机会不平等的下界，实际的机会不平等程度会更高。增加环境因素或寻找合适的努力程度代理变量都可以提高机会不平等测度的精确性。另一个需要提出的问题就是如何界定收入。本章的分析表明使用个人收入和使用家庭人均收入对机会不平等的估计结果也有一定影响。在传统的收入不平等研究领域，家庭人均收入是最常用的研究对象。但机会不平等强调的是区分个人责任在收入获取中的作用。家庭人均收入涉及的是每个家庭成员的个人责任和面临的环境因素，因此使用家庭人均收入时需要对环境因素进行更合理的界定，例如综合考虑所有有收入的家庭成员的环境因素。

第四章

收入差距的机会不平等上下界估计及效应分解

在机会不平等的测度一章中，我们对中国收入差距的机会不平等程度进行了估算。为了保证结果的可靠性与稳健性，我们使用了不同的估算方法和不同的不平等测度指标。然而，这些测度结果面临一个相同的客观约束，从而使得我们的估计结果还不足以充分反映机会不平等对收入差距的影响。这一客观约束就是，实证分析中能够观测到的环境因素仅仅是影响个体收入的全部环境因素中的一部分。因此，严格来说，前面的估计结果仅仅给出了中国收入差距的机会不平等程度的下界。那么，我国收入差距的机会不平等程度最大有可能是多大呢？现有的实证研究对这一问题的探讨不多，大部分研究往往默认机会不平等的上界是100%，即全部的收入差距都由机会不平等导致。但这一假定显然并不合理，否则我们的社会将不会有任何人愿意努力工作。这说明，探讨机会不平等的边界问题是不可避免且极为重要的问题。本章将对这一问题进行初步的尝试。这将为我们理解机会不平等对中国收入差距的影响提供重要的信息。

第一节　分析框架

一、机会不平等估计中的下界问题

虽然现有的文献已经提供了大量测度机会不平等的方法，但这些方法大体上可以分为两类：一类是非参数方法；另一类是参数方法（Ramos and Van de gaer，2016）。在前面的章节中，我们已经利用这些方法进行了实证分析。本章的分析框架建立在参数测度法之上。

我们仍然假定居民的收入由如下过程决定：

$$y_i = y(c_i, e_i, l_i) \tag{4.1}$$

函数 $y(\cdot)$ 将每个体面临的环境因素 c_i、个体自身的努力程度 e_i 以及个体的运气 l_i 与个体获得的收入 y_i 联系起来。如果我们可以观测到所有的环境、努力信息，通过建立合适的计量方程可以估计出每一部分因素对个体收入的影响，进而精确地估计出机会不平等对收入差距的形成所起的作用。但是，实证分析过程中所使用的数据一般只包含部分环境因素和部分努力程度变量。因此，精确地估计收入差距中的机会不平等程度几乎是无法实现的。为了克服客观数据的限制，实证研究者们只能选择次优的解决方案，即估计机会不平等的下界。并由此发展起来大量测度机会不平等的方法（Ramos and Van de gaer，2016）。

线性估计方法最早由布尔吉尼翁等（2007）提出。这一方法借鉴了收入不平等分解方法中的基于回归方程的分解思路。布尔吉尼翁等认为，可以通过式（4.1）构建如下收入决定方程：

$$\ln(y_i) = \alpha c_i + \beta e_i + \varepsilon_i \tag{4.2}$$

式（4.2）说明收入的对数满足上述线性形式。如果将式（4.2）中的 c_i 和 e_i 均看作是研究者观测到的环境变量和努力程度变量，那么，ε_i 就包含了未观测到的环境变量、努力程度变量、运气变量以及其他影响收入的变量。除了式（4.2）以外，布尔吉尼翁等（2007）还给出了另外一个方程：

$$e_i = \delta c_i + \upsilon_i \tag{4.3}$$

式（4.3）说明个体的努力变量并不是外生的，而是由外生的环境变量 c_i 和误差项 υ_i 共同决定的。因此，环境变量不仅直接影响个体的收入，还会通过努力程度变量对收入产生间接的影响。布尔吉尼翁等认为环境变量对收入的间接影响也应当作为机会不平等的一部分，这一思想最早由罗默（1998）提出。为了考查环境变量对收入的总效应，布尔吉尼翁等（2007）建议通过下面的简约方程研究机会不平等。

$$\ln(y_i)=\alpha c_i+\beta(\delta c_i+v_i)+\varepsilon_i=\lambda c_i+u_i \tag{4.4}$$

式（4.4）中的系数 $\lambda=\alpha+\beta\delta$，其中 α 反映的是环境变量的直接影响，$\beta\delta$ 反映的是环境变量的间接效应，最后一项 $u_i=\beta v_i+\varepsilon_i$ 是简约方程的误差项，它包含了努力程度的直接影响以及其他未观测到的影响因素。根据式(4.4)，布尔吉尼翁等建议在实证分析中可直接利用对数收入对观测到的环境变量进行回归，得到系数 λ 的估计值 $\hat{\lambda}$。根据 $\hat{\lambda}$，我们可以得到环境变量解释的收入部分为：

$$\ln y_i=\hat{\lambda}c_i+\hat{u}_i \tag{4.5}$$

当然，要估计不平等，我们需要知道的是收入的水平值，而不是对数值。给定环境变量，每类居民的预期收入为：

$$E(y_i\mid c_i)=E(\exp(\hat{\lambda}c_i+\hat{u}_i)\mid c_i)=\exp(\hat{\lambda}c_i)E(\exp(\hat{u}_i)) \tag{4.6}$$

由于常用的不平等指标都满足尺度不变原则，即不平等测度关于收入是零次齐次的。所以，式（4.6）的第二项可以忽略，直接用 $\exp(\hat{\lambda}c_i)$ 并不影响不平等的估计①。用 $\exp(\hat{\lambda}c_i)$ 替代每个居民的实际收入之后，具有相同环境因素的居民拥有相同的收入，这个收入反映的是这一类居民的环境因素所对应的价值。而环境因素不同的居民之间会存在收入差距，这一差距反映的是不同环境因素的价值差异或简单地称为机会集的差异。由于机会平等原则是反映环境因素导致收入差距的，因此用 $\exp(\hat{\lambda}c_i)$ 得到的不平等就是机会不平等程度的度量。我们在前面的章节中使用的参数方法或参数方法的变体基本上都是沿用了上述思路。这一方法也是许多国外的收入机会不平等研究中常见的方法（Bourguignon et al.，2007；Checchi and Pergine，2010；Ferreira and Gignoux，2011）。

从式（4.6）的构造不难看出，上述参数方法的最大特征是完全忽略了误差项所引起的收入差异。从另一个角度来说，回归的残差项被完全视为努力程度的差异。然而，实证分析中所用的 c_i 只是众多环境变量中的一部分，甚至是较小的一部分。因此，在式（4.4）中增加环境变量通常会增强对收

① 当然，如何假定式（4.4）的误差项是正态分布，$E(\exp(\hat{u}_i))=\exp(\sigma^2/2)$。$\sigma^2$ 为正态分布的方差，它可以根据回归的残差项进行估计。

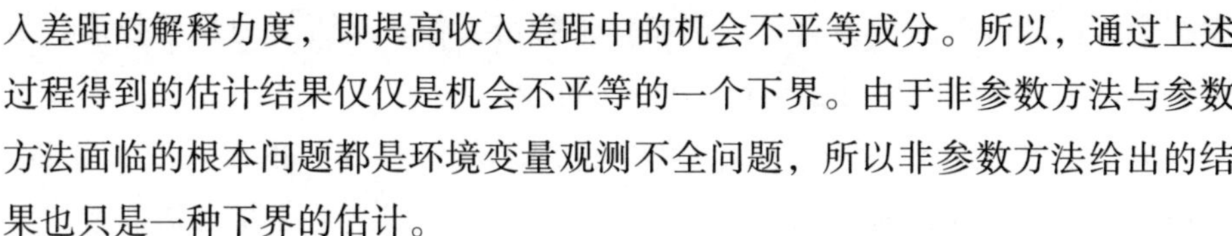

入差距的解释力度，即提高收入差距中的机会不平等成分。所以，通过上述过程得到的估计结果仅仅是机会不平等的一个下界。由于非参数方法与参数方法面临的根本问题都是环境变量观测不全问题，所以非参数方法给出的结果也只是一种下界的估计。

二、上界估计思路

通过上面的分析可知，以往的机会不平等估计只能给出下界的本质原因是环境因素不可观测，从而导致未解释的收入差距部分仍然包含机会不平等的成分。正因如此，我们在以往的研究以及前面的章节中，都尝试着对未解释的收入差异部分进行处理，以修正机会不平等的估计结果。例如，可以通过构建均匀分布的等价收入方式，对非参数估计方法中的单元内部收入差距进行调整，以考虑未解释的收入差距部分。在前面的章节中，我们对线性收入方程的残差求平方并在每类个体的内部求平均，然后将这一均值视为与环境因素相关收入差异部分。虽然这些调整的出发点都是从未解释的收入差异当中进一步提取可能由环境因素导致的部分。但这些方法都没有非常合理的依据，往往过于武断地将未解释的收入差异视为环境因素导致的。例如，均匀分布等价收入构建依赖于不平等厌恶系数的选取，而这一参数的选取完全由研究者决定。我们在前面的章节中所使用的方法也是一种经验上的做法，并没有理由支撑这一方法的可靠性，因此它仅仅适用于经验分析当中的敏感性检验。此外，如果未观测到的环境因素与观测的环境因素相关性不大，甚至不相关，那么，上述方法的结果仍然会导致机会不平等的估计结果出现偏差，并且我们并不知道这种偏差有多大。

显然，在环境因素观测不全这一客观约束下，任何做法都无法给出机会不平等的精确估计。为此，我们在这一章中不再试图修正我们的估计结果。相反，我们要考查的是我们的估计结果最多会偏离实际值多少。换言之，我们试图估计机会不平等的最大可能值。从理论上来说，机会不平等的最大值可能是100%，即全部的收入差距都是由机会不平等导致的。但从实际的角度看，这一结果是不可能的。因为，在市场经济环境下，人们的收入或多或少都会与自己可控的行为有关，例如是否勤奋工作、是否努力学习技能、是否关注自身的身体健康等都会影响自己的收入。

为了给出机会不平等的上界，我仍然需要从式（4.4）的误差项 u_i 出发。按照勒弗朗茨等（2009）的思路，所有的收入决定因素要么是环境变量，要么是努力变量，要么是运气①。在这一分析框架中，这一误差项包含三个组成部分：一是未观测到的环境变量；二是未观测到的努力程度变量；三是运气变量。所以，如果将 u_i 全部看成是环境变量，自然会得到一个机会不平等的上界。这和将 u_i 全部看成努力程度因素恰恰相反。但这一上界没有太大的意思，因为在式（4.4）中所有的收入差异全部由 c_i 和 u_i 解释，将 u_i 全部看成是环境变量得到的上界是 100% 的收入差距都由机会不平等导致。沿着这一思路，可以很容易想到的另一种解决方案是利用式（4.2）。如果将观测到的环境变量和努力程度变量全部使用估计式（4.2），然而将残差项 ε_i 全部视为环境变量，这样也可以得到机会不平等的估计值。由于一部分收入差距由观测到的努力程度变量解释，所以这一方法给出的机会不平等不可能解释全部的收入不平等。但这一方法也存在一些问题。直接估计式（4.2）说明我们忽略了环境因素通过努力程度对收入的间接影响。如果这一间接影响大于 ε_i 中未观测的努力程度对收入的影响，那么我们得到的机会不平等不仅不是上界，相反它比使用式（4.4）得到的下界还要低。当然，如果按照弗勒拜伊（2008）的观点，环境因素通过努力程度对收入的间接影响部分不作为机会不平等的部分。那么，利用式（4.2）并将残差项看成环境因素的确可以得到机会不平等的一个上界估计。但这仍然不是一个最佳的上界。我们希望得到的是所有可能的上界当中最小的那一个，即我们希望估计的是机会不平等的上确界②。这样可以尽可能缩小机会不平等程度的可取范围，进而对掌握机会不平等对收入不平等的影响起到重要作用。注意到式（4.2）回归后得到的 $\hat{\varepsilon}_i$ 也包含了环境、努力和运气的成分。因此，将 $\hat{\varepsilon}_i$ 看作环境变量得到

① 当然，也有文献认为有些收入决定因素难以很清晰地判断属于哪一类，比如有部分可控的收入影响因素（Ooghe and Peichl，2015）。

② 从理论上来说，机会不平等的上界有无数多个，但上确界只能有一个。所以，严格来说“估计上界”的说法非不严谨，因为我们不知道需要估计的是哪个上界，严谨的说法应该是“估计上确界”。

的上界估计一定比我们希望得到的上确界要高。

总而言之，利用传统的方法很难得到理想的机会不平等上界估计。如果按照罗默（1998）对机会不平等的解读，我们可以得到的上界是100%，但这没有实际意义；如果按照弗勒拜伊（2008）对机会不平等的解读，我们可以得到的上界低于100%，并且上界的估计值随着努力程度变量的增加而下降（但不一定是严格下降）。

在只有横截面数据的情况下，上述问题是无法解决的，我们无法再进一步缩小上界的估计值。但是如果有面板数据，我们可以得到更加接近上确界的估计值。为了看清楚这一点，我们先按照弗勒拜伊（2008）的观点，将机会不平等解读为环境变量对收入的直接影响所引起的收入差距。因此，我们需要考虑的是式（4.2）。假定我们可以观测到居民的 T 期收入。根据式（4.2），我们分别估计 T 期的收入方程，得到残差项 $\hat{\varepsilon}_{it}$。根据前面的介绍可知，$\hat{\varepsilon}_{it}$可表示为如下形式①：

$$\hat{\varepsilon}_{it} = c_i^u + e_{it}^u + l_{it} \tag{4.7}$$

其中，c_i^u 表示未观测到的环境变量，e_{it}^u表示未观测到的努力程度变量，l_{it}表示运气。注意到这三个变量的下标表示方法是有差异的。环境变量的下标没有时间维度，这是基于环境变量的定义和其本身的特征来确定的。环境变量是个体不可控的外生变量，因此这类变量通常是不随时间变化的。例如，文献中常用的父母教育程度，年幼时父母的职业、出生地、种族等都是不随时间变化的变量。l_{it}是运气成分，这自然是随时间变化的部分，一个人的运气不可能一直很好或很差。e_{it}^u通常有随时间可变的部分，也有随时间不可变的部分。例如，一个人可能始终都倾向于选择健康的生活方式、积极努力和工作态度，但每个人的努力程度都有可能随时间变动，例如当人们生育子女、选择更高质量的消费方式等行为，都会导致家庭的消费需求发生变化，进而促使人们的努力程度发生变化。对式（4.7）关于 T 进行平均可以得到：

---

①　尼埃夫斯和皮什尔（2014）曾用固定效应模型估计式（4.2）或式（4.5）。本章使用的是用基年的变量对其他年份的收入进行回归。这样处理的原因有两点：一是许多观测到的努力程度（如教育）是不变的，使用固定效应会把这部分努力视为环境变量，尤其是本章的数据只有三年，不变的努力程度变量较多；二是使用固定效应对数据的要求更高，由于我们的数据变量缺失严重，能够匹配的样本较少。

$$\bar{\hat{\varepsilon}}_i = \frac{1}{T}\sum_{t=1}^{T}\hat{\varepsilon}_{it} = c_i^u + \frac{1}{T}\sum_{t=1}^{T}e_{it}^u + \frac{1}{T}\sum_{t=1}^{T}l_{it} = c_i^u + \bar{e}_i^u + \bar{l}_i \tag{4.8}$$

由于一个人的运气会时好时坏，所以当时间 T 足够长时 $\bar{l}_i$ 会趋于0。如果未观测到的努力程度变量 e_{it}^u 主要是随时间变化的部分，那么可以预期 $\bar{e}_i^u$ 也会趋于0，但如果未观测到的努力程度变量主要是不随时间变化的部分，$\bar{e}_i^u$ 将等于某一常数。因此，将式（4.8）得到的残差均值当作环境变量看待只会高估机会不平等，所以是机会不平等的一个上界，但与把使用截面数据得到的残差项 $\hat{\varepsilon}_{it}$ 当作环境变量相比，使用残差均值可以避免将 l_{it} 解释的收入变动看作机会不平等，因此能更接近上确界。

如果按照罗默（1998）对机会不平等的解读，我们还应该考虑环境变量通过努力变量对收入的间接影响。因此，我们的出发点是式（4.4）。按照相同的思路，我们首先估计 T 期的残差项 $\hat{u}_{it}$。通过对 $\hat{u}_{it}$ 的 T 期均值 $\bar{\hat{u}}_i$ 可以消除运气部分引起的收入波动。

三、各种环境变量对机会不平等的贡献

本章所使用的两种机会不平等上界估计思路从本质上看都是试图通过参数回归的残差项为未观测到的环境因素构建合理的代理变量。通过上述过程之后，我们可以得到一系列观测到的环境变量 c_i 以及一个未观测的环境变量 $\bar{\hat{u}}_i$ 或 $\bar{\hat{\varepsilon}}_{it}$。根据这一信息，我们可以得到机会不平等的上界估计。在式（4.2）的基础上，可以得到如下方程：

$$\ln(y_i) = \alpha c_i + \alpha_0\bar{\hat{\varepsilon}}_i + \beta e_i + \mu_i \tag{4.9}$$

在式（4.4）的基础上，可以得到如下收入方程：

$$\ln(y_i) = \lambda c_i + \lambda_0\bar{\hat{u}}_i + \omega_i \tag{4.10}$$

我们用截面数据估计式（4.9）和式（4.10），得到各个参数的估计值。根据参数估计结果可以得到四个机会不平等上界的估计值。

$$IO^{ub1} = I(\exp(\hat{\alpha}c + \hat{\alpha}_0\bar{\hat{\varepsilon}})) \tag{4.11}$$

$$IO^{ub2} = I(y) - I(\exp(\hat{\alpha}\,\bar{c} + \hat{\alpha}_0\bar{\bar{\hat{\varepsilon}}} + \hat{\beta}e + \hat{\mu})) \tag{4.12}$$

$$IO^{ub3} = I(\exp(\hat{\lambda}c + \hat{\lambda}_0\bar{\hat{u}})) \tag{4.13}$$

$$IO^{ub4}=I(y)-I(\exp(\hat{\lambda}\,\bar{c}\ +\hat{\lambda}_0\,\bar{\bar{\hat{u}}}+\hat{\omega})) \tag{4.14}$$

$I(\cdot)$ 表示我们使用的不平等测度指标。式（4.11）至式（4.14）中的各个变量省去下标 i 用以表示向量。其中，式（4.11）和式（4.12）的构造基于式（4.9）的估计结果，式（4.13）和式（4.14）的构造基于式（4.10）的估计结果。式（4.11）和式（4.13）使用的是机会不平等的直接估计法，式（4.12）和式（4.13）为机会不平等的间接估计法。需要指出的是，直接估计和间接估计通常是不兼容的（Fleurbaey and Peragine，2013；Ramos and Van de gaer，2016）。因此，以上四个估计结果通常是不相同的。

得到机会不平等的上界估计值之后，我们希望进一步分析观测到的环境变量和未观测到的环境变量各自对机会不平等贡献了多少，即各个环境变量的偏效应是多少。我们以直接法为例介绍偏效应的估计思路。

假定观测到的环境变量有 K 个，加上未观测到的环境变量的代理变量，我们共有 $K+1$ 个环境变量。为了估计第 k 个环境变量对机会不平等的偏效应，我们要消去除第 k 个环境变量之外的其他环境变量对收入差异的影响。为了做到这一点，我们让每个个体的各种环境变量分别等于各自的均值，使得每个个体除了在第 k 个环境变量上面存在差异以外，其他的环境变量取值都相同，从而保证个体之间的收入差异仅由第 k 个环境变量所致。用 C_k 表示第 k 个环境变量的偏效应。按照式（4.13），我们可以通过如下方法计算 C_k：

$$C_k = I(\exp(\sum_{j=1,j\neq k}^{K+1}\hat{\lambda}_j\bar{c}_j + \lambda_k c_k)) \tag{4.15}$$

通过式（4.15），我们可以得到每个环境变量偏效应。然而，上述分解并非精确的分解过程，所有的 C_k 加在一起通常并不等于总的机会不平等。这是所有收入分布特征分解研究面临的共同问题（Shorrocks，2013）。一种常用的解决方案是以所有环境变量取均值为参照点，逐个引入环境变量的差异，即：

$$\begin{aligned}C_1 &= I(y\mid c_1,\ \bar{c}_2,\ \cdots,\ \bar{c}_{K+1})-I(y\mid \bar{c}_1,\ \bar{c}_2,\ \cdots,\ \bar{c}_{K+1})\\ C_k &= I(y\mid c_1,\ c_2,\ \cdots,\ c_k,\ \bar{c}_{k+1},\ \cdots,\ \bar{c}_{K+1})\\ &\quad -I(y\mid c_1,\ c_2,\ \cdots,\ c_{k-1},\ \bar{c}_k\cdots,\ \bar{c}_{K+1}),\ k\geqslant 2\end{aligned} \tag{4.16}$$

其中，$I(y\mid c_1,\ c_2,\ \cdots,\ c_k,\ \bar{c}_{k+1},\ \cdots,\ \bar{c}_{K+1})$ 表示当 c_1，c_2，…，c_k

这 k 个环境变量取原始值，并且 c_{k+1}，…，c_{K+1} 这 $K+1-k$ 个环境变量取平均值时的收入分布对应的不平等程度。显然，通过式（4.11）构造出的 C_k 总和恰好为总体机会不平等。

$$\sum_{k=1}^{K+1} C_k = I(y \mid c_1, c_2, \cdots, c_k, \cdots, c_{K+1}) - I(y \mid \bar{c}_1, \bar{c}_2, \cdots, \bar{c}_{K+1}) \tag{4.17}$$

式（4.17）右边第一项即为收入不平等，第二项中的所有环境变量均相同，因此对应的收入差异是努力程度变量导致的，二者之差便为机会不平等。式（4.16）虽然给出了精确分解的方案，但它的分解结果与环境变量的排序有关，例如将父亲教育程度和性别分别当作 c_1 和 c_2 与把父亲教育程度和性别分别当作 c_2 和 c_1，得到的分解结果是不同的。这就是所谓的路径依赖问题。解决这一问题的常用方法是 Shapley 值分解法（Shorrocks，2013）①。

第二节　数据与处理

本章使用的数据来自北京大学“985”项目资助、北京大学中国社会科学调查中心执行的中国家庭追踪调查（China Family Panel Studies，CFPS）。这是一套面板数据，到目前为止已经调查过 3 轮，分别是 2010 年的基线调查和 2012 年与 2014 年的两轮追踪调查②。根据式（4.8）可知，追踪调查数据是本章的关键。并且，式（4.8）表明，为了得到较为精确的估计结果，追踪的时期越长越好。然而，遗憾的是我们目前能够获得的面板数据非常少，并且面板的长度一般都较短。据我们所知，目前可以获得的持续时间最长的中国微观面板数据是中国营养与健康调查。但就本章的研究而言，这套数据有以下两点不足；一是数据的调查范围小，只覆盖了我国的部分省份，样本较小；二是数据当中没有对成人受访者的家庭背景信息进行详细的收集。

① 夏洛克斯（Shorrocks，2013）对 Shapley 值分解理论及其在贫困问题、收入不平等问题中的应用进行了详细介绍。

② 2011 年对少量受访者进行了追访，由于样本量较少，所以本章没有使用 2011 年的数据。

CFPS 调查范围覆盖我国 25 个省/市/自治区，样本量较大。并且 2012 年的追访调查中询问了受访者 14 岁时父母的教育程度、职业和党派等信息。除此之外，还收集了受访者的性别、3 岁时的户口、出生地、家中兄弟姐妹数、身高等信息。这些变量都是个体不可控的因素，并且对个体的收入会产生一定的影响。由于本章使用的是参数方法，因此我们可以同时使用多个环境变量，这样可以提高机会不平等估计的精确性。

除了包含丰富的环境变量外，CFPS 还包含了丰富的努力程度变量，例如受访者的受访教育水平、平均每天的工作小时、党员身份、是否抽烟、是否饮酒、职业、行业、体重、婚姻状况、工作经验等。这些都是个体可控并且对收入有影响的变量。个人收入信息也是 CFPS 的重要调查内容，包括工资性收入和总收入。根据本章的研究需要，我们对样本进行了筛选。第一，仅保留城市居民。这是因为城市居民与农村居民在两个方面存在较大差异：一是收入度量口径问题；二是工作时间问题。关于收入的度量口径问题前面章节中已经提到过。工作时间问题主要是指农村居民的工作时间季节性较强，因此很难与城市居民的工作时间（小时数）做比较。第二，删除了不工作的个体。虽然不工作的居民有可能有个人收入，但职业、行业、工作时间这些变量是缺失的，而且不工作的居民的个人收入和工作的居民的个人收入可比性也不高。第三，删除了观测次数少于 3 次的个体。为了提高估计的精确性，需要尽可能长的观测期，但 CFPS 目前只进行了三轮，因此只保留了那些三年连续受访的个体。第四，删除了三年当中有任何一年的收入等于 0 的个体。由于我们要求样本中的个体有工作，因有工作却没有收入的个体并不是合理的观测值。与此同时，如果一个个体在某一年的收入为 0，我们视其缺失一年观测，因此其他两个数据也将删除。第五，删除了年龄大于 70（含 70）岁的样本。第五，删除了其他变量缺失个体。为了尽可能保留样本，我们没有使用固定效应模型估计式（4.4）和式（4.2）。另外，数据仅有三年，很多观测到的努力程度变量（教育、职业、行业、党员身份、抽烟和饮酒）都是不变的。使用固定效应模型会把这些固定不变的努力程度变量当作环境变量。所以，我们的做法是用 2010 年的解释变量对三年的收入进行回归。因此，在对其他变量缺失的样本进行删除时，指的是 2010 年变量是否缺失。另外，可用的收入信息有两种：一是工资收入；二是总收入。如果要求两个收入同时存在也会导致样本大量被删除，为此，我们将两个收入分别处理，得到两个样本，一个以工资收入缺失情况进行删减，另一个以总收入缺失情况进行删减。

表4-1是样本描述情况。样本中男性比例更大，接近65%。这主要是因为对是否工作和是否在工作的限制所致。2014年的平均全年工资收入大约为3.06万元（价格调整后），比2010年高24%，2014年全年平均总收入为2.52万元，比2010年高38%。居民的工作时间大约是平均每天7个小时。职业ISEI值是每个职业的国际社会经济地位指数，职业SIOPS值反映的是每个职业的社会声望得分，这两个值都在0~100之间，可以充分反映居民的职业特征和差异。CFPS中的行业分类采用的是国家统计局的国民经济行业分类方法，样本中的行业共可分为20类，但部分类别中的样本较少，我们对行业分类进行了调整。我们将采矿业和农林牧渔业分为一类，制造业、建筑业和内电力生产业分为一类，科学研究、教育、卫生业分为一类，公共管理、居民服务与水利环境公共设施管理分为一类，批发和零售与住宿和餐饮分为一类，交通运输与邮政为一类，其他行业作为一类，共7类。CFPS中的父母的教育程度被分为文盲、小学、初中、高中、大专、本科和硕士7类，我们将大专、本科和硕士分为一类。BMI是身体质量指数指标，其大小等于体重除以身高的平方。CFPS收集了受访者的身高和体重信息，其中身高是不可控因素，但体重是可控因素。考虑到不同身高的个体之间体重不可比，所以我们使用BMI指数来反映可控的身材因素。

表4-1　　样本描述

变量名	工资收入		总收入数据	
	均值	标准差	均值	标准差
2014年收入（万元）	3.0682	2.8428	2.5168	2.5354
2012年收入（万元）	2.7486	2.4211	2.6247	3.1102

续表

变量名	工资收入		总收入数据	
	均值	标准差	均值	标准差
2010 年收入（万元）	2.4453	2.1000	1.8173	1.7548
年龄/10	3.8054	0.9958	4.0618	1.1483
性别（男性 =1）	0.6361	0.4812	0.6471	0.4779
3 岁是非农户口	0.2511	0.4337	0.2116	0.4085
兄弟姐妹数	2.3424	1.7329	2.5828	1.8028
教育年限/10	1.0129	0.4109	0.9026	0.4521
身高（米）	1.6674	0.0761	1.6636	0.0749
平均每天工作小时	7.0383	2.7838	6.8028	3.3252
是否抽烟	0.3970	0.4894	0.4044	0.4909
是否饮酒	0.2124	0.4091	0.2261	0.4183
BMI/10	2.2899	0.3406	2.2940	0.3803
工作经验/10	0.9412	0.9321	1.2833	1.2553
是否在婚	0.8562	0.3509	0.8678	0.3387
是否为党员	0.1567	0.3636	0.1419	0.3490
职业 ISEI 值/10	4.2505	1.5835	3.8704	1.6134
职业 SIOPS 值/10	4.1385	1.3683	4.0833	1.2486
行业代码	3.6953	2.0952	3.2298	2.1850
父亲教育程度	2.3094	1.1529	2.1306	1.1228
母亲教育程度	1.8270	1.0162	1.6697	0.9502
父亲是否为党员	0.2180	0.4130	0.1893	0.3918
母亲是否为党员	0.0335	0.1799	0.0314	0.1744
样本量（个）	2330		3185	

第三节　经验分析

一、机会不平等下界估计

在其他章节中我们给出的机会不平等估计都是机会不平等的下界。但前面的研究使用的测度方法包括参数方法和非参数方法，为了解决样本量的约束，前面的章节中仅选取了较少的环境变量进行估计（通常是父亲教育程度）。本章使用的是参数方法，样本量的约束相对较小，因此在估计的过程中使用了所有可用的环境变量。这会导致本章的结果与其他章节的结果存在较大差异。为此，我们需要重新考查机会不平等下界问题。和其他章节一样，我们对机会不平等的定义主要是遵循罗默（1998）的观点。所以，环境变量通过努力变量对收入的间接影响也是机会不平等的一部分。这说明式（4.4）是重点的考查对象。

表4－2是工资方程的估计结果。虽然利用不同年份的工资收入得到的结果略有差异，但总体上来看，环境变量都对个体收入有显著的影响。性别对工资差异产生了非常显著的作用，这和大多数关于我国性别工资差异的研究结论是一致的（李实等，2014）。3岁时的户口也对个体的收入有显著影响，非农户口居民的工资显著高于3岁时为农业户口的居民。身高越高的居民平均工资往往也越高，兄弟姐妹数越多的居民工资收入越低。这些结果虽然在既有的研究中都有所讨论，但并没有从机会平等的角度进行分析（张克中等，2013；江求川和张克中，2013）。父母的教育程度一直是最受关注的环境变量，从估计结果中也可以看出，父亲和母亲的教育程度越高，子代的工资收入也越高。表4－2还表明，父母的政治身份也对子代的收入有一定的影响，这也与现有的研究结论也是一致的（杨瑞龙等，2010）。一个需要指出的问题是，在表4－2的估计过程中没有加入受访者的年龄，而是加入了受访者年龄是否大于40岁的虚拟变量。年龄虽然是不可控的变量，但在收入方程的估计中通常需要考虑个体的工作经验，而本章把工作经验当作可控的变量

处理。其原因主要在于工作经验与受访者的年龄和教育年限有关，虽然年龄不可控，但教育年限是可控的，因此工作经验更符合可控变量的性质。考虑到工作经验与年龄往往存在较强的线性关系，在表 4－2 的估计中没有再加入年龄，而是用年龄的非线性变换考查年龄效应。

表 4－2　　用环境变量估计工资收入方程

变量		2010 年		2012 年		2014 年	
		系数	标准误	系数	标准误	系数	标准误
性别		0.1985***	(0.0450)	0.1526**	(0.0602)	0.2324***	(0.0478)
户口（3）		0.0596	(0.0396)	0.1762***	(0.0530)	0.0915**	(0.0420)
兄弟姐妹数		-0.0312***	(0.0108)	-0.0436***	(0.0144)	-0.0322***	(0.0114)
身高		0.8642***	(0.2845)	1.2751***	(0.3811)	0.4748	(0.3022)
年龄 >40		0.0359	(0.0373)	-0.0839*	(0.0500)	-0.0505	(0.0396)
父亲教育程度（未受教育为参照组）	小学	0.0807*	(0.0418)	0.0718	(0.0560)	0.0393	(0.0444)
	初中	0.1021**	(0.0499)	-0.0126	(0.0668)	0.0506	(0.0530)
	高中	0.1507**	(0.0588)	0.1721**	(0.0787)	0.0624	(0.0624)
	大专以上	0.2757***	(0.0897)	0.2356**	(0.1201)	0.2200**	(0.0953)
母亲教育程度（未受教育为参照组）	小学	0.1014**	(0.0410)	0.0263	(0.0550)	0.1084**	(0.0436)
	初中	0.1215**	(0.0529)	-0.0190	(0.0709)	0.1921***	(0.0562)
	高中	0.1567**	(0.0734)	0.0604	(0.0983)	0.1353*	(0.0779)
	大专以上	0.1377	(0.1389)	0.1896	(0.1860)	0.1560	(0.1475)
父亲党员		0.0892**	(0.0391)	-0.0527	(0.0524)	0.0292	(0.0415)
母亲党员		0.0951	(0.0876)	0.0300	(0.1173)	0.1536*	(0.0930)
常数项		8.1680***	(0.4561)	7.7193***	(0.6109)	9.0781***	(0.4844)
R^2		0.082		0.058		0.071	
样本量（个）		2330		2330		2330	

注：* 表示 p<0.1，** 表示 p<0.05，*** 表示 p<0.01。

根据表 4－2 中的估计结果以及式（4.6）中介绍的方法，可以得到机会不平等的下界估计值。表 4－3 是用三年的工资收入得到的机会不平等下界估计值。其中，机会不平等的估计分别使用了直接测度和间接测度两种方式。表4-3的第2列汇报的是工资收入的结果不平等情况，分别使用了基尼系数、泰尔指数和平均对数偏差指数进行测度。第3列和第4列分别是机会不平等的直接测度的绝对值和相对值。直接测度方法是其他章节中使用的方法，因此这些结果可以与其他章节的结果进行对比。与利用2011~2013年CGSS样本中城市居民个人收入数据和参数估计方法得到的机会不平等估计结果相比，本章的机会不平等绝对值和相对值都要大于前面的结果。这主要是因为本章使用的环境变量比其他章节中的环境变量更丰富。从表4-3中还可以看出，使用基尼系数作为测度指标时，直接测度法和间接测度法给出的结果有较大差异，而使用泰尔指数和对数偏差指数时，直接测度和间接测度的结果差别相对较小。当然，这并不能说明其他两个测度指标比基尼系数更好，因为直接测度和间接测度本身就是不兼容的（Fleurbaey and Peragine，2013；Ramos and Van de gaer，2016）。但是这一结果表明在实证分析中应该使用多种测度指标，以保证结论的稳健性和可靠性。由于表4-3给出的是机会不平等的下界，所以根据直接测度法，机会不平等导致的收入基尼系数占总体基尼系数的比例不低于33%，机会不平等导致的收入差距泰尔指数占总体收入泰尔指数的比例在9%以上。如果使用间接测度法，机会不平等导致的收入基尼系数占收入基尼系数的比例大约在5%以上。其他两个指数的结果表明下界均在7%~9%左右。

表4-3　　工资收入机会不平等下界估计

年份	不平等指标	结果不平等	机会不平等			
			直接测度		间接测度	
			绝对值	相对值	绝对值	相对值
2010	Gini	0.3725	0.1245	0.3343	0.0181	0.0485
	Theil	0.2538	0.0246	0.0970	0.0271	0.1066
	MLD	0.2540	0.0243	0.0958	0.0241	0.0950

续表

年份	不平等指标	结果不平等	机会不平等			
			直接测度		间接测度	
			绝对值	相对值	绝对值	相对值
2012	Gini	0.3817	0.1390	0.3643	0.0139	0.0364
	Theil	0.2682	0.0311	0.1161	0.0248	0.0926
	MLD	0.3184	0.0304	0.0955	0.0230	0.0722
2014	Gini	0.3623	0.1227	0.3387	0.0181	0.0501
	Theil	0.2557	0.0239	0.0935	0.0292	0.1143
	MLD	0.2654	0.0236	0.0888	0.0245	0.0923

如果按照弗勒拜伊（2008）的观点，环境变量诱导的努力程度差异不应该当作机会不平等的一部分，机会不平等测度的是环境变量对收入的直接影响。虽然，这一观点和罗默（1998）的观点差异较大，并且本章以及其他章节中使用的都是罗默（1998）的观点。但是从实证的角度来分析这两种观点的差异，对于理解机会不平等的本质是有帮助的。

为了得到环境变量对收入的直接影响，需要在收入方程中加入努力变量，即使用式（4.2）回归收入方程。表4－4是同时使用环境变量和努力变量对三年的工资收入回归得到的结果。与表4－2相比，加入努力变量后，部分环境变量的回归结果发生较大的变化，最主要的则体现在父母教育程度和回归结果上。在没有控制努力变量时，父母的教育程度和父亲的政治身份都对个体的收入产生非常显著的影响，但在表4－4中这些变量变得不再显著。相反，个体自己的教育年限、职业和行业都对收入有非常显著的影响。事实上，教育回报率、行业间收入差异等一直被学者们认为是导致中国收入差距的重要因素（刘生龙等，2016；陈钊等，2010）。通过比较表4－2和表4－4可知，环境变量通过努力变量影响个体收入可能是最主要的途径。例如，父母的教育可能会通过能力的遗传和对子女的人力资本投资等机制反映在子女教育上，父母的社会关系也有可能影响到子女的职业和行业。这些传导机制都会导致加入努力变量之后，环境变量不再显著。另外，饮酒可以增加收入，但抽烟对收入没有显著影响，也与尹志超和甘犁（2010）得到的结论是一致的。

表 4－4　　　　用环境变量和努力变量估计工资收入方程

变量		2010 年		2012 年		2014 年	
		系数	标准误	系数	标准误	系数	标准误
性别		0.2166***	(0.0483)	0.1176*	(0.0690)	0.2450***	(0.0542)
户口（3）		-0.0286	(0.0375)	0.1108**	(0.0536)	0.0186	(0.0421)
兄弟姐妹数		-0.0250**	(0.0100)	-0.0392***	(0.0143)	-0.0331***	(0.0113)
身高		0.4388*	(0.2622)	1.0393***	(0.3745)	0.2577	(0.2941)
年龄>40		0.0298	(0.0370)	-0.0864	(0.0528)	-0.0783*	(0.0415)
父亲教育程度（未受教育为参照组）	小学	-0.0124	(0.0386)	0.0051	(0.0551)	-0.0288	(0.0433)
	初中	0.0105	(0.0460)	-0.0858	(0.0657)	-0.0156	(0.0516)
	高中	0.0391	(0.0543)	0.0861	(0.0776)	-0.0270	(0.0609)
	大专以上	0.0813	(0.0829)	0.1010	(0.1185)	0.0605	(0.0930)
母亲教育程度（未受教育为参照组）	小学	0.0239	(0.0378)	-0.0254	(0.0540)	0.0606	(0.0424)
	初中	0.0297	(0.0492)	-0.0788	(0.0703)	0.1426***	(0.0552)
	高中	0.0740	(0.0680)	0.0124	(0.0971)	0.0898	(0.0762)
	大专以上	0.0290	(0.1281)	0.1072	(0.1830)	0.1121	(0.1437)
父亲党员		0.0374	(0.0361)	-0.0880*	(0.0515)	-0.0228	(0.0405)
母亲党员		0.0562	(0.0806)	0.0065	(0.1151)	0.0984	(0.0904)
教育年限		0.3347***	(0.0462)	0.2351***	(0.0660)	0.2943***	(0.0518)
工作时间		0.0083	(0.0051)	-0.0152**	(0.0073)	-0.0123**	(0.0058)
职业得分		0.0946***	(0.0116)	0.1002***	(0.0165)	0.0625***	(0.0130)
行业（一类行业为参照组）	二类	0.5887***	(0.0586)	0.1750**	(0.0836)	0.0382	(0.0657)
	三类	0.6257***	(0.0722)	0.1306	(0.1031)	0.0709	(0.0810)
	四类	0.7747***	(0.0922)	0.2697**	(0.1317)	0.2451**	(0.1034)
	五类	0.4300***	(0.0752)	-0.0838	(0.1074)	-0.0698	(0.0843)
	六类	0.5136***	(0.0735)	0.0010	(0.1050)	-0.0780	(0.0825)
	七类	0.3523***	(0.0671)	-0.1548	(0.0958)	-0.1256*	(0.0752)

续表

变量	2010 年		2012 年		2014 年	
	系数	标准误	系数	标准误	系数	标准误
工作经验	0.0657	(0.0476)	0.0223	(0.0680)	0.1221**	(0.0534)
经验平方	-0.0221	(0.0151)	-0.0067	(0.0215)	-0.0278	(0.0169)
是否在婚	0.0895**	(0.0446)	0.0766	(0.0637)	0.1408***	(0.0500)
是否党员	0.0741*	(0.0436)	-0.0031	(0.0622)	0.0439	(0.0489)
是否抽烟	0.0523	(0.0365)	0.0193	(0.0522)	-0.0186	(0.0410)
是否饮酒	0.1002***	(0.0369)	0.1183**	(0.0527)	0.0712*	(0.0414)
BMI	0.0986**	(0.0431)	0.1717***	(0.0615)	0.0411	(0.0483)
常数	7.3338***	(0.4335)	7.1171***	(0.6191)	8.7885***	(0.4862)
R^2	0.239		0.113		0.142	
样本量（个）	2330		2330		2330	

注：* 表示 $p<0.1$，** 表示 $p<0.05$，*** 表示 $p<0.01$。行为分七类，具体见数据处理部分。

利用表 4-4 也可以给出机会不平等的下界估计，如表 4-5 所示。同样的道理，在估计下界时需要将残差项视为努力程度变量。比较表 4-3 与表 4-5 可以发现，大部分结果都表明不考虑间接影响会导致机会不平等的下界变低。这一现象的原因是显然的。但也有部分结果表明不考虑间接影响反而会导致机会不平等下界上升。这主要是因为是否增加努力程度变量对环境变量的估计系数也有很大影响，并且对每个环境变量的系数影响方向也是不确定的，因此最终的下界大小只能从实证的角度去分析。直接测度法表明，不考虑间接影响时，机会不平等导致的基尼系数、泰尔指数、MLD 指数的下界分别为 12.6%、1.4% 和 1.4% 左右。而间接测度法表明，不考虑间接影响时，机会不平等导致的基尼系数、泰尔指数、MLD 指数的下界分别为 2.7%、1.6% 和 1.8% 左右。

表4－5　　不考虑间接影响时的工资收入机会不平等下界估计

年份	不平等指标	结果不平等	机会不平等			
			直接测度		间接测度	
			绝对值	相对值	绝对值	相对值
2010	Gini	0.3725	0.0471	0.1263	0.0102	0.0274
	Theil	0.2538	0.0035	0.0138	0.0143	0.0564
	MLD	0.2540	0.0035	0.0138	0.0135	0.0530
2012	Gini	0.3817	0.1695	0.4440	0.0007	0.0019
	Theil	0.2682	0.0449	0.1673	0.0043	0.0160
	MLD	0.3184	0.0471	0.1478	0.0058	0.0183
2014	Gini	0.3623	0.1186	0.3273	0.0120	0.0331
	Theil	0.2557	0.0215	0.0842	0.0162	0.0634
	MLD	0.2654	0.0220	0.0829	0.0170	0.0642

除工资性收入之外，CFPS还收集了受访者的总收入数据。表4－6是利用总收入估计的机会不平等下界。直接测度结果表明，工资收入的机会不平等下界比总收入的机会不平等下界更低。这可能是由于总收入除了包含工资收入之外，还包含财产性收入等其他形式的个人收入。机会不平等不仅与个体是否有更好的工作有关，还可能与个体是否有更多的财产有关，因此使用总收入有可能捕获更多的机会不平等成分，从而使得表4－6中给出的下界估计值要比表4－3中给出的下界估计值更高。2010年和2012年的间接测度结果与表4－3中的间接测度结果大致相同。但2014年的间接测度是缺失的。这是由于2014年的努力程度（包括残差项）拟合出的收入不平等情况比原始收入不平等情况更高①。表4－6中考虑了环境因素的间接作用，不考虑间接作用的下界估计结果汇报在表4－7中（收入方程的回归结果汇报在附表4－1和附表4－2中）。比较表4－6和表4－7可以发现，不考虑间接作用时的机会不平等下界要更低。

① 注意到估计的方程为收入的对数，因此回归结果是 $\ln y = C + E$，在拟合后需要用指数变换才能得到收入的水平值，即 $y = \exp(C)\exp(E)$，其中的 $\exp(C)$ 部分的差异是机会不平等，$\exp(E)$ 是努力程度差异导致的不平等。二者之和并不等于总不平等。并且在指数变换时也难以保证 $\exp(E)$ 的不平等程度小于 y。

表 4－6　　总收入机会不平等下界估计

年份	不平等指标	结果不平等	机会不平等			
			直接测度		间接测度	
			绝对值	相对值	绝对值	相对值
2010	Gini	0.4376	0.2045	0.4674	0.0155	0.0355
	Theil	0.3407	0.0697	0.2046	0.0290	0.0852
	MLD	0.4023	0.0659	0.1638	0.0383	0.0952
2012	Gini	0.4310	0.2024	0.4697	0.0150	0.0347
	Theil	0.3577	0.0673	0.1880	0.0332	0.0929
	MLD	0.4140	0.0644	0.1557	0.0387	0.0936
2014	Gini	0.4447	0.3564	0.8014	NA	NA
	Theil	0.3732	0.2013	0.5393	NA	NA
	MLD	0.6542	0.2134	0.3262	NA	NA

注：NA 表示缺失值。

表 4－7　　不考虑间接影响时的总收入机会不平等下界估计

年份	不平等指标	结果不平等	机会不平等			
			直接测度		间接测度	
			绝对值	相对值	绝对值	相对值
2010	Gini	0.4376	0.1109	0.2534	0.0095	0.0218
	Theil	0.3407	0.0198	0.0581	0.0180	0.0528
	MLD	0.4023	0.0205	0.0508	0.0207	0.0515
2012	Gini	0.4310	0.1216	0.2821	0.0094	0.0218
	Theil	0.3577	0.0235	0.0657	0.0226	0.0631
	MLD	0.4140	0.0242	0.0585	0.0209	0.0504
2014	Gini	0.4447	0.2018	0.4538	NA	NA
	Theil	0.3732	0.0642	0.1721	NA	NA
	MLD	0.6542	0.0658	0.1006	0.0368	0.0562

注：NA 表示缺失值。

二、机会不平等上界估计

上文讨论的是机会不平等的下界估计。下面将利用前面介绍的机会不平等上界估计思路，探讨我国城镇居民的个人收入机会不平等上界估计值。考虑到本章使用的环境变量和努力程度变量均为2010年的观测值，所以在估计机会不平等的上界时主要以2010年的结果进行分析，也就是说，在得到观测不到的环境变量的代理变量以后，我们使用的是2010年的数据进行收入方程和再估计。

首先考查将环境因素的间接影响也当作机会不平等这种情况。估计的第一步是分别利用2010年、2012年和2014年的工资（总）收入对观测到的环境变量进行估计。这些估计结果已经汇报在表4－2（附表4－1）中。这里需要关注的是工资（总）收入方程回归的残差项。根据前面的介绍，残差项的均值可以作为未观测到的环境变量的代理变量。表4－8是加入未观测到的环境变量的代理变量之后的工资收入和总收入方程估计结果。从方程的拟合情况看，加入代理变量前后的工资方程 R^2 分别为0.082和0.587，收入方程的 R^2 分别为0.114和0.561。这说明未观测到的收入影响因素解释了更大部分的收入差异。

表4－8　　　　三年残差平均作为代理变量的收入方程回归

变量	工资收入		总收入	
	系数	标准误	系数	标准误
未观测到环境	0.8551***	(0.0161)	0.7652***	(0.0135)
性别	0.1985***	(0.0302)	0.2660***	(0.0353)
户口（3）	0.0596**	(0.0266)	0.3662***	(0.0338)
兄弟姐妹数	－0.0312***	(0.0072)	－0.0284***	(0.0081)
身高	0.8642***	(0.1909)	1.1328***	(0.2251)
年龄>40	0.0359	(0.0250)	0.0318	(0.0296)

续表

变量		工资收入		总收入	
		系数	标准误	系数	标准误
父亲教育程度	小学	0.0807***	(0.0281)	0.1457***	(0.0324)
	初中	0.1021***	(0.0335)	0.1220***	(0.0402)
	高中	0.1507***	(0.0394)	0.0771	(0.0488)
	大专以上	0.2757***	(0.0602)	0.3055***	(0.0810)
母亲教育程度	小学	0.1014***	(0.0275)	0.1992***	(0.0340)
	初中	0.1215***	(0.0355)	0.2235***	(0.0456)
	高中	0.1567***	(0.0493)	0.1592**	(0.0651)
	大专以上	0.1377	(0.0932)	0.0689	(0.1281)
父亲党员		0.0892***	(0.0262)	0.2407***	(0.0334)
母亲党员		0.0951	(0.0588)	0.1663**	(0.0728)
常数项		8.1680***	(0.3061)	7.1110***	(0.3604)
R^2		0.587		0.561	
样本量（个）		2330		3185	

注：* 表示 $p<0.1$，** 表示 $p<0.05$，*** 表示 $p<0.01$。

由于残差部分被当作机会不平等，所以根据表 4－8 估计的机会不平等程度，一般而言要比根据表 4－3 或附表 4－1 估计的机会不平等程度要高。表 4－9 是机会不平等上界的估计结果。直接测度的基尼系数估计结果表明，机会不平等占收入基尼系数的比例最高有可能达到 80% 左右；泰尔指数和 MLD 指数都表明机会不平等占收入差距的比例最高有可能达到 63% 左右。间接测度给出的机会不平等上界相对较低，其中，机会不平等占收入基尼系数的比例最高可达到 32%，占收入泰尔指数的比例最高可达 33%，占收入 MLD 指数的比例有可能高达 49%。

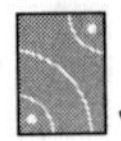

表4－9　　三年残差平均作为代理变量时的机会不平等上界估计

不平等指标		结果不平等	机会不平等			
			直接测度		间接测度	
			绝对值	相对值	绝对值	相对值
工资收入	Gini	0.3725	0.3017	0.8099	0.1193	0.3204
	Theil	0.2538	0.1593	0.6276	0.0850	0.3349
	MLD	0.2540	0.1614	0.6356	0.1252	0.4928
总收入	Gini	0.4376	0.3493	0.7982	0.0991	0.2265
	Theil	0.3407	0.2119	0.6221	0.1004	0.2946
	MLD	0.4023	0.2474	0.6148	0.1824	0.4533

为了便于比较机会不平等的上界与下界差异，我们在图4－1中绘制了前面得到的机会不平等下界估计值和表4－9中的机会不平等上界估计值。从图4－1中可以看出，使用总收入和使用工资收入得到的结果大体上是一致的。机会不平等绝对值的上下界之间的差异程度要比相对值上下界之间的差异程度更小。间接测度给出的上下界比直接测度给出的上下界更小。

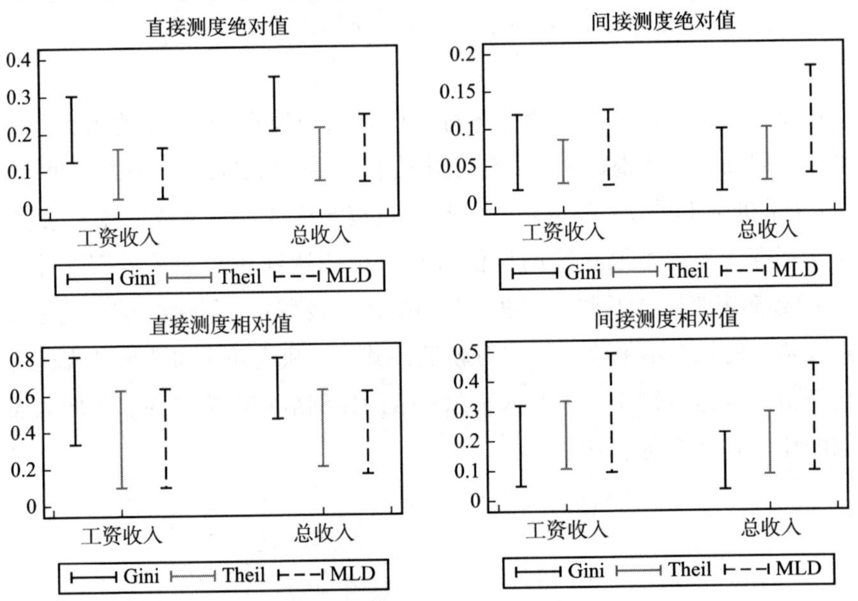

图4－1　机会不平等上下界对比

图 4－2 是不考虑环境变量的间接作用时的机会不平等上下界估计对比（上界估计所依据收入方程回归结果见附表 4－3，上界估计结果见附表 4－4，下界估计见上文）。与考虑间接作用时的结果类似，图 4－2 说明使用工资收入和总收入得到的结论基本上是一致的。间接测度给出的估计结果要更小，上下界的范围也更小。直接测度的机会不平等绝对值上下界的幅度比相对值更小。

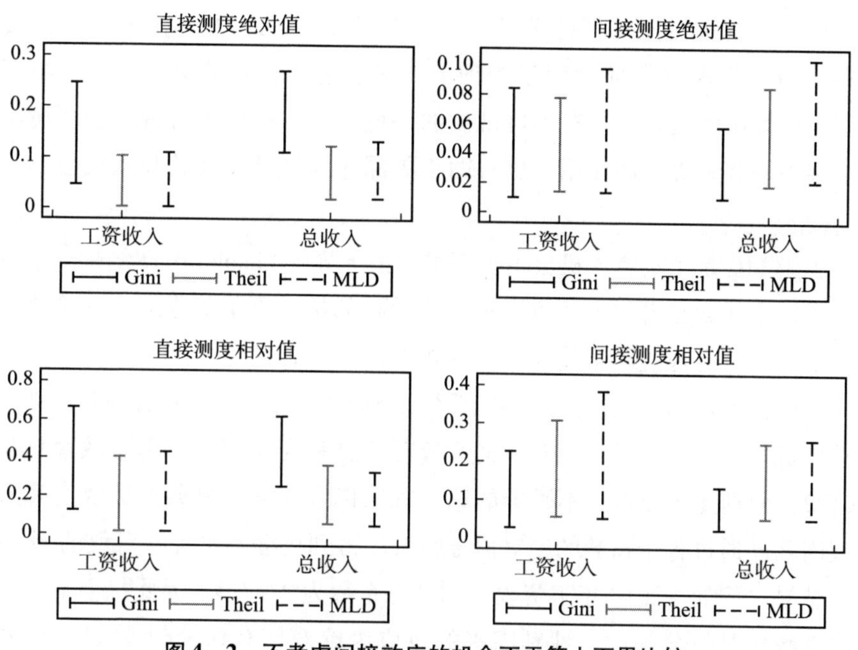

图 4－2 不考虑间接效应的机会不平等上下界比较

三、机会不平等的分解

在前面的大部研究中，测度机会不平等所使用的环境变量都只有一种，而本章在参数估计的框架中，考虑了多种环境变量共同构成的机会不平等情况，这些环境变量包括 3 岁时的户口、性别、兄弟姐妹个数、身高、年龄是否大于 40 岁、父亲教育程度、母亲教育程度、父亲政治身份、母亲政治身份。在如此丰富的环境变量设定下，一个需要考虑的问题是，每种环境变量对机会不平等的贡献是多少？这一问题的回答是非常有必要的。因为探讨机会不平等的目的并不仅仅是考查机会不平等有多严重，机会不平等的测度只是分析这一问题的手段，更重要的是如何解决居民面临的机会不平等问题。而解决问题的关键在于探寻问题产生的根源。不同的环境变量所引发的机会不平等，需要的解决对策也是不同的。例如，如果是 3 岁时的户口解释了大部分机会不平等的原因，那么政策设计的关键在于消除户籍歧视、促进城乡间的公共服务均等，如果性别解释了大部分机会不平等，那么政策设计的关键则是消除劳动市场上的性别歧视。另外，本章的关键部分在于为不可观测的环境变量找到了代理变量，因此实际可用的环境变量除了上述列出的之外，还有不可观测的环境变量。探讨不可观测的环境变量在机会不平等上界中的作用，也有助于更深入地理解当前的收入机会不平等问题。

表 4－10 是工资收入机会不平等绝对值下界的 Shapley 分解结果。单轮效应是指每个元素独自作为环境因素时所导致的机会不平等程度。单轮效应的总和不等于所有环境因素共同导致的机会不平等，这主要是因为各个环境因素之间存在一定的相关性。从基尼系数的 Shapley 分解表明，身高和性别是导致总体机会不平等的重要因素，父亲教育的总和为 0.0177，母亲教育总和为 0.0172，分别是导致机会不平等的第三和第四大因素，兄弟姐妹数为第五大关键因素。通过各个指数的绝对值分解可以得到机会不平等相对值的 Shapley 分解结果。例如，2010 年工资收入的基尼系数为 0.3725，因此机会不平等的基尼系数相对值分解中，性别因素的效应为绝对值 0.023563 除以基尼系数 0.3725。由于所有因素的相对值均是绝对值除以 0.3725，因此相对值的 Shapley 分解反映的结论与绝对值 Shapley 分解的结论是完全一致的。

表 4－10　　工资收入机会不平等下界绝对值 Shapley 分解

分解项目	Gini		Theil		MLD	
	单轮效应	Shapley	单轮效应	Shapley	单轮效应	Shapley
性别	0.0595	0.0236	0.0079	0.0051	0.0081	0.0053
户口（3）	0.0390	0.0093	0.0039	0.0016	0.0038	0.0015

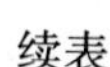

续表

分解项目		Gini		Theil		MLD	
		单轮效应	Shapley	单轮效应	Shapley	单轮效应	Shapley
兄弟姐妹数		0.0550	0.0148	0.0050	0.0024	0.0051	0.0025
身高		0.0855	0.0286	0.0115	0.0060	0.0115	0.0060
年龄 >40		0.0167	0.0031	0.0006	0.0002	0.0006	0.0002
父亲教育程度	小学	0.0022	0.0012	0.0000	0.0002	0.0000	0.0002
	初中	0.0122	0.0033	0.0004	0.0004	0.0004	0.0004
	高中	0.0206	0.0061	0.0018	0.0011	0.0017	0.0011
	大专以上	0.0192	0.0071	0.0039	0.0023	0.0035	0.0020
母亲教育程度	小学	0.0160	0.0051	0.0007	0.0008	0.0007	0.0008
	初中	0.0201	0.0056	0.0015	0.0010	0.0015	0.0010
	高中	0.0163	0.0048	0.0020	0.0011	0.0019	0.0011
	大专以上	0.0063	0.0017	0.0012	0.0005	0.0011	0.0004
父亲党员		0.0315	0.0084	0.0028	0.0015	0.0027	0.0015
母亲党员		0.0079	0.0019	0.0009	0.0004	0.0008	0.0004
总和		0.4079	0.1245	0.0440	0.0246	0.0433	0.0243

表4－11是工资收入机会不平等上界的绝对值Shapley分解情况。其中，未观测到的环境变量的代理变量是2012年和2014年的回归的残差均值，因此表4－11的机会不平等总和对应的是后面稳健性分析的表4－12中的结果。这主要是因为使用两年残差均值给出的上界估计值更小，因此是更保守的估计结果。表4－11说明，在所有观测到的环境变量中，性别和身高等自身特征变量依然是解释机会不平等的最主要因素。但总体来看，观测到的环境变量大约解释了机会不平等上界的50%，其余的50%由未观测到的环境变量解释。

表4-11　　工资收入机会不平等上界绝对值 Shapley 分解

分解项目		Gini		Theil		MLD	
		单轮效应	Shapley	单轮效应	Shapley	单轮效应	Shapley
未观测环境		0.1671	0.1044	0.0479	0.0478	0.0523	0.0522
性别		0.0595	0.0189	0.0079	0.0049	0.0081	0.0052
户口（3）		0.0390	0.0075	0.0039	0.0014	0.0038	0.0014
兄弟姐妹数		0.0550	0.0124	0.0050	0.0025	0.0051	0.0025
身高		0.0855	0.0237	0.0115	0.0058	0.0115	0.0058
年龄>40		0.0167	0.0027	0.0006	0.0002	0.0006	0.0002
父亲教育程度	小学	0.0022	0.0008	0.0000	0.0001	0.0000	0.0002
	初中	0.0122	0.0028	0.0004	0.0005	0.0004	0.0005
	高中	0.0206	0.0048	0.0018	0.0010	0.0017	0.0010
	大专以上	0.0192	0.0060	0.0039	0.0026	0.0035	0.0021
母亲教育程度	小学	0.0160	0.0042	0.0007	0.0009	0.0007	0.0008
	初中	0.0201	0.0049	0.0015	0.0012	0.0015	0.0011
	高中	0.0163	0.0041	0.0020	0.0011	0.0019	0.0011
	大专以上	0.0063	0.0015	0.0012	0.0005	0.0011	0.0004
父亲党员		0.0315	0.0074	0.0028	0.0017	0.0027	0.0016
母亲党员		0.0079	0.0016	0.0009	0.0004	0.0008	0.0004
总和		0.5750	0.2078	0.0919	0.0726	0.0956	0.0766

除上述分解结果外，我们还对收入方程的机会不平等下界和上界进行了 Shapley 值的分解，结果与表4-10和表4-11基本一致。这些分解结果说明，以往的研究在选择环境变量时可能过于关注家庭背景的作用，而忽略了个体自身的不可控特征。而这些特征对个体收入的影响可能更多地表现为劳动市场中的歧视行为。因此，对劳动市场进行合理的规范，为所有人创造公平的竞争机会也是解决收入差距的机会不平等的重要途径。

四、稳健性分析

在前面的估计过程中，计算未观测到的环境变量的代理变量使用的是三年的残差的均值，因此，2010 年的收入方程残差也是代理变量的一部分。而 2010 年的残差和 2010 年的解释变量一起可以完全解释 2010 年的收入差异。这有可能导致前面的估计结果过高地估计机会不平等的上界，并且从理论上很难判断这种偏差有多大。为此，这一部分内容将用 2012 年和 2014 年的残差均值作为未观测到的环境变量的代理变量，重新估计机会不平等上界。当然，需要强调的是，由于只有两年的数据，所以残差的平均值能在多大程度上消除运气和随时间变异的努力程度因素是需要注意的问题。在数据的客观约束下，这一问题还难以很好地解决。

附表 4 – 5 中是用两个的残差均值作为代理变量估计收入工程的结果。所有的估计结果均表明残差仍然显著地影响个体的收入。这进一步说明我们使用的代理变量是合理的。在考虑环境变量的间接作用情况下，表 4 – 12 给出了机会不平等的上界估计值。与表 4 – 9 相比，使用两年的残差均值得到的机会不平等上界比使用三年的残差均值时的上界更低。直接测度的基尼系数估计表明，机会不平等导致的收入差距占全部收入基尼系数的比例最高有可能达到 61%。间接测度的基尼系数估计说明，机会不平等占全部收入基尼系数的比例最高可达 18%。泰尔指数的直接测度和间接测度给出的上界分别是 35% 和 28%，MLD 指数的直接测度和间接测度给出的上界分别是 33% 和 30%。

表 4 – 12　两年残差平均作为代理变量时的机会不平等上界估计

不平等指标		结果不平等	机会不平等			
			直接测度		间接测度	
			绝对值	相对值	绝对值	相对值
工资收入	Gini	0. 3725	0. 2078	0. 5578	0. 0686	0. 1842
	Theil	0. 2538	0. 0726	0. 2860	0. 0718	0. 2830
	MLD	0. 2540	0. 0766	0. 3014	0. 0778	0. 3064

续表

不平等指标		结果不平等	机会不平等			
			直接测度		间接测度	
			绝对值	相对值	绝对值	相对值
总收入	Gini	0. 4376	0. 2675	0. 6113	0. 0615	0. 1406
	Theil	0. 3407	0. 1210	0. 3552	0. 0819	0. 2404
	MLD	0. 4023	0. 1366	0. 3394	0. 1124	0. 2795

表 4 - 13 是在不考虑环境变量间接作用的情况下，用两年残差均值作为代理变量得到的机会不平等上界估计值。由于忽略了间接作用，表 4 - 13 的估计结果比表 4 - 12 中的上界更低。直接测度的基尼系数估计表明，机会不平等导致的收入差距占全部收入基尼系数的比例最高有可能达到 41%，比表 4 - 12 低了约 33%。间接测度的基尼系数估计说明，机会不平等占全部收入基尼系数的比例最高可达 13%，比表 4 - 12 低了约 28%。其他两个不平等指标的直接测度给出的下界与表 4 - 12 大约都下降了 50%，但间接测度给出的下界下降幅度相对更小。综合表 4 - 12 和表 4 - 13 以及前面的结果可以发现，在测度机会不平等时是否考虑环境因素的间接作用，对评价机会不平等的程度有较大的影响。

表 4 - 13　两年残差平均作为代理变量时的机会不平等上界估计（不考虑间接效应）

不平等指标		结果不平等	机会不平等			
			直接测度		间接测度	
			绝对值	相对值	绝对值	相对值
工资收入	Gini	0. 3725	0. 1563	0. 4196	0. 0492	0. 1322
	Theil	0. 2538	0. 0406	0. 1601	0. 0598	0. 2357
	MLD	0. 2540	0. 0440	0. 1733	0. 0575	0. 2263
总收入	Gini	0. 4376	0. 1632	0. 3729	0. 0337	0. 0770
	Theil	0. 3407	0. 0427	0. 1255	0. 0574	0. 1686
	MLD	0. 4023	0. 0453	0. 1126	0. 0541	0. 1345

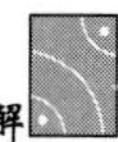

第四节　本章小结

收入差距中的机会不平等程度是目前这一领域的重点议题，精确地测度机会不平等是所有其他相关研究的基础。然而，由于数据的约束，实证研究过程中只能借助机会不平等的下界来反映机会不平等的大小，但下界的估计值多大程度上能反映实际的机会不平等情况，却是悬而未决的问题。本章根据机会不平等测度中的环境因素通常不随时间变化这一特征以及面板数据的特性，提供了一种估计收入差距机会不平等上界的思路。虽然机会不平等的精确值仍然难以估计，但给出机会不平等的上界，意味着可进一步缩小机会不平等的取值范围，综合下界估计的上界估计，可以为收入差距的机会不平等程度提供更加直观可靠的经验证据。

通过利用中国家庭追踪调查2010～2014年三年的面板数据，本章对中国城市居民个人收入机会不平等的下界和上界进行了估算。结果表明：如果考虑环境因素通过努力因素对收入的间接影响，用基尼系数、泰尔指数和MLD指数测度得到的机会不平等相对值的下界和上界分别是33.43%～80.99%、9.7%～62.76%和9.58%～63.56%；如果不考虑环境因素通过努力因素对收入的间接影响，使用基尼系数、泰尔指数和MLD指数测度得到的机会不平等相对值的下界和上界分别是12.63%～66.39%、1.38%～40.36%和1.38%～42.99%；通过Shapley值分解机会不平等下界发现，导致机会不平等的前五大因素分别是身高、性别、父亲教育程度、母亲教育程度和兄弟姐妹数；机会不平等上界的Shapley值分解表明，未观测到的环境变量解释了机会不平等的50%左右。

本章的估计结果表明，实证研究中所估计的机会不平等程度可能偏离真实的机会不平等较远，但本章的研究结论还难以证明这种偏差的精确值，机会不平等程度精确估计需要更长的面板数据。另外，家庭背景因素所导致的机会不平等往往并不是大多数研究所担心的那样严重。相反，不可控的个体特征显得更为重要。这说明解决机会不平等的关键可能是解决劳动市场对个体外表特征的歧视。另外，本章的研究结论也表明，在数据可获得的情况下增加个体特征作为环境变量是非常有必要的。当然，这种方法可能会面临两个约束：一是样本量有限；二是个体特征是连续变量时，大多数非参数估计方法难以运用，而参数方法的前提是要指定收入方程，如果方程形式设定有偏也会导致估计结果存在较大偏差。这些都是未来需要解决的问题。

本章附表

附表 4－1　　用环境变量估计总收入方程

变量		2010 年		2012 年		2014 年	
		系数	标准误	系数	标准误	系数	标准误
性别		0. 2662 ***	(0. 0504)	0. 2083 ***	(0. 0529)	0. 2657 ***	(0. 0797)
户口（3）		0. 3610 ***	(0. 0482)	0. 3853 ***	(0. 0506)	0. 2937 ***	(0. 0762)
兄弟姐妹数		－0. 0289 **	(0. 0116)	－0. 0425 ***	(0. 0121)	－0. 0221	(0. 0183)
身高		1. 1102 ***	(0. 3218)	1. 4862 ***	(0. 3375)	1. 2504 **	(0. 5087)
年龄＞40		0. 0329	(0. 0423)	－0. 1818 ***	(0. 0444)	－0. 9236 ***	(0. 0669)
父亲教育程度	小学	0. 1538 ***	(0. 0463)	0. 1458 ***	(0. 0486)	0. 2651 ***	(0. 0733)
	初中	0. 1272 **	(0. 0574)	0. 1215 **	(0. 0602)	0. 2941 ***	(0. 0907)
	高中	0. 0879	(0. 0697)	0. 1947 ***	(0. 0731)	0. 2151 *	(0. 1102)
	大专以上	0. 3079 ***	(0. 1158)	0. 1886	(0. 1215)	0. 3917 **	(0. 1831)
母亲教育程度	小学	0. 1905 ***	(0. 0485)	0. 0667	(0. 0509)	0. 2252 ***	(0. 0767)
	初中	0. 2144 ***	(0. 0651)	0. 0132	(0. 0683)	0. 2971 ***	(0. 1029)
	高中	0. 1526 *	(0. 0927)	0. 0497	(0. 0973)	0. 2500 *	(0. 1466)
	大专以上	0. 0627	(0. 1823)	0. 2103	(0. 1912)	0. 3861	(0. 2883)
父亲党员		0. 2411 ***	(0. 0477)	0. 1333 ***	(0. 0500)	0. 0909	(0. 0754)
母亲党员		0. 1837 *	(0. 1042)	0. 0072	(0. 1092)	－0. 0580	(0. 1647)
常数项		7. 1504 ***	(0. 5154)	7. 1285 ***	(0. 5406)	7. 3806 ***	(0. 8149)
R^2		0. 114		0. 104		0. 154	
样本量（个）		2330		2330		2330	

注：＊表示 p＜0. 1，＊＊表示 p＜0. 05，＊＊＊表示 p＜0. 01。

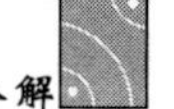

附表 4－2 用环境变量和努力变量估计总收入方程

变量		2010 年		2012 年		2014 年	
		系数	标准误	系数	标准误	系数	标准误
性别		0. 3480 ***	(0. 0500)	0. 3221 ***	(0. 0569)	0. 4031 ***	(0. 0822)
户口（3）		0. 0874 **	(0. 0425)	0. 1942 ***	(0. 0484)	－0. 0130	(0. 0699)
兄弟姐妹数		－0. 0143	(0. 0100)	－0. 0220 *	(0. 0114)	－0. 0095	(0. 0164)
身高		0. 3888	(0. 2737)	0. 8504 ***	(0. 3119)	0. 4206	(0. 4504)
年龄 >40		0. 0731 *	(0. 0393)	0. 0034	(0. 0448)	－0. 5313 ***	(0. 0647)
父亲教育程度	小学	－0. 0282	(0. 0396)	－0. 0015	(0. 0451)	0. 0322	(0. 0651)
	初中	－0. 0153	(0. 0489)	－0. 0292	(0. 0558)	0. 0645	(0. 0805)
	高中	－0. 0894	(0. 0595)	0. 0210	(0. 0677)	－0. 0227	(0. 0978)
	大专以上	0. 0442	(0. 0984)	－0. 0268	(0. 1121)	0. 0315	(0. 1619)
母亲教育程度	小学	0. 0486	(0. 0412)	－0. 0432	(0. 0470)	0. 0649	(0. 0678)
	初中	0. 0917	(0. 0558)	－0. 1233 *	(0. 0635)	0. 1544 *	(0. 0917)
	高中	0. 0774	(0. 0792)	－0. 0633	(0. 0902)	0. 1791	(0. 1302)
	大专以上	0. 0212	(0. 1552)	0. 0503	(0. 1768)	0. 3484	(0. 2553)
父亲党员		0. 0840 **	(0. 0407)	0. 0371	(0. 0463)	－0. 0674	(0. 0669)
母亲党员		0. 1059	(0. 0884)	－0. 0257	(0. 1007)	－0. 1671	(0. 1454)
教育年限		0. 4300 ***	(0. 0462)	0. 4027 ***	(0. 0527)	0. 5329 ***	(0. 0761)
工作时间		0. 0390 ***	(0. 0045)	0. 0092 *	(0. 0052)	0. 0118	(0. 0075)
职业得分		0. 1079 ***	(0. 0134)	0. 0772 ***	(0. 0152)	0. 0584 ***	(0. 0220)
行业	二类	0. 6291 ***	(0. 0489)	0. 3985 ***	(0. 0558)	0. 4041 ***	(0. 0805)
	三类	0. 7247 ***	(0. 0725)	0. 3132 ***	(0. 0826)	0. 5307 ***	(0. 1192)
	四类	0. 8419 ***	(0. 0993)	0. 5268 ***	(0. 1131)	0. 5640 ***	(0. 1633)
	五类	0. 5514 ***	(0. 0759)	0. 2962 ***	(0. 0865)	0. 2849 **	(0. 1249)
	六类	0. 5806 ***	(0. 0712)	0. 2340 ***	(0. 0811)	0. 1803	(0. 1171)
	七类	0. 5349 ***	(0. 0628)	0. 1174	(0. 0715)	0. 3143 ***	(0. 1033)
工作经验		0. 2991 ***	(0. 0390)	0. 1114 **	(0. 0444)	0. 7885 ***	(0. 0641)
经验平方		－0. 0793 ***	(0. 0091)	－0. 0647 ***	(0. 0104)	－0. 2790 ***	(0. 0150)
是否在婚		0. 2648 ***	(0. 0480)	0. 0430	(0. 0547)	0. 0735	(0. 0789)

续表

变量	2010 年		2012 年		2014 年	
	系数	标准误	系数	标准误	系数	标准误
是否党员	-0.0354	(0.0473)	0.0184	(0.0539)	-0.1525*	(0.0779)
是否抽烟	-0.0073	(0.0379)	-0.0005	(0.0432)	0.0278	(0.0624)
是否饮酒	0.1758***	(0.0382)	0.0151	(0.0435)	0.0477	(0.0628)
BMI	0.0418	(0.0398)	0.0456	(0.0453)	-0.1121*	(0.0654)
常数	6.4698***	(0.4507)	7.1328***	(0.5135)	7.7711***	(0.7415)
R^2	0.373		0.250		0.350	
样本量（个）	3185		3185		3185	

注：* 表示 p<0.1，** 表示 p<0.05，*** 表示 p<0.01。

附表 4-3　三年残差平均作为代理变量的收入方程回归（不考虑间接效应）

变量		工资收入		总收入	
		系数	标准误	系数	标准误
未观测到环境		0.7967***	(0.0168)	0.6811***	(0.0159)
性别		0.2166***	(0.0344)	0.3492***	(0.0394)
户口（3）		-0.0286	(0.0267)	0.0903***	(0.0336)
兄弟姐妹数		-0.0250***	(0.0071)	-0.0133*	(0.0079)
身高		0.4388**	(0.1866)	0.4054*	(0.2161)
年龄>40		0.0298	(0.0263)	0.0691**	(0.0310)
父亲教育程度	小学	-0.0124	(0.0275)	-0.0341	(0.0312)
	初中	0.0105	(0.0327)	-0.0196	(0.0387)
	高中	0.0391	(0.0387)	-0.0992**	(0.0470)
	大专以上	0.0813	(0.0590)	0.0417	(0.0776)
母亲教育程度	小学	0.0239	(0.0269)	0.0546*	(0.0326)
	初中	0.0297	(0.0350)	0.0986**	(0.0441)
	高中	0.0740	(0.0484)	0.0831	(0.0627)
	大专以上	0.0290	(0.0912)	0.0279	(0.1230)

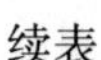
续表

变量		工资收入		总收入	
		系数	标准误	系数	标准误
父亲党员		0.0374	(0.0257)	0.0843***	(0.0321)
母亲党员		0.0562	(0.0574)	0.0906	(0.0697)
教育年限		0.3347***	(0.0329)	0.4251***	(0.0364)
工作时间		0.0083**	(0.0037)	0.0384***	(0.0036)
职业得分		0.0946***	(0.0082)	0.1079***	(0.0105)
行业	二类	0.5887***	(0.0417)	0.6355***	(0.0386)
	三类	0.6257***	(0.0514)	0.7285***	(0.0573)
	四类	0.7747***	(0.0656)	0.8476***	(0.0786)
	五类	0.4300***	(0.0535)	0.5597***	(0.0599)
	六类	0.5136***	(0.0523)	0.5859***	(0.0563)
	七类	0.3523***	(0.0477)	0.5381***	(0.0495)
工作经验		0.0657*	(0.0339)	0.3005***	(0.0308)
经验平方		-0.0221**	(0.0107)	-0.0799***	(0.0072)
是否在婚		0.0895***	(0.0317)	0.2660***	(0.0380)
是否党员		0.0741**	(0.0310)	-0.0369	(0.0374)
是否抽烟		0.0523**	(0.0260)	-0.0076	(0.0300)
是否饮酒		0.1002***	(0.0263)	0.1717***	(0.0302)
BMI		0.0986***	(0.0307)	0.0412	(0.0315)
常数		7.3338***	(0.3085)	6.4467***	(0.3556)
R^2		0.615		0.605	
样本量（个）		2330		3185	

注：* 表示 $p<0.1$，** 表示 $p<0.05$，*** 表示 $p<0.01$。

附表 4－4　　不考虑间接效应的机会不平等上界估计

不平等指标		结果不平等	机会不平等			
			直接测度		间接测度	
			绝对值	相对值	绝对值	相对值
工资收入	Gini	0. 3725	0. 2473	0. 6639	0. 0844	0. 2267
	Theil	0. 2538	0. 1025	0. 4039	0. 0781	0. 3078
	MLD	0. 2540	0. 1092	0. 4299	0. 0976	0. 3841
总收入	Gini	0. 4376	0. 2709	0. 6191	0. 0580	0. 1326
	Theil	0. 3407	0. 1240	0. 3640	0. 0850	0. 2494
	MLD	0. 4023	0. 1330	0. 3305	0. 1037	0. 2577

附表 4－5　　两年残差平均作为代理变量的收入方程回归

变量		工资收入		总收入	
		系数	标准误	系数	标准误
未观测到环境		0. 4751 ***	(0. 0186)	0. 4080 ***	(0. 0145)
性别		0. 1985 ***	(0. 0397)	0. 2660 ***	(0. 0449)
户口 (3)		0. 0596 *	(0. 0349)	0. 3662 ***	(0. 0429)
兄弟姐妹数		－0. 0312 ***	(0. 0095)	－0. 0284 ***	(0. 0103)
身高		0. 8642 ***	(0. 2512)	1. 1328 ***	(0. 2862)
年龄 >40		0. 0359	(0. 0329)	0. 0318	(0. 0377)
父亲教育程度	小学	0. 0807 **	(0. 0369)	0. 1457 ***	(0. 0412)
	初中	0. 1021 **	(0. 0440)	0. 1220 **	(0. 0511)
	高中	0. 1507 ***	(0. 0519)	0. 0771	(0. 0621)
	大专以上	0. 2757 ***	(0. 0792)	0. 3055 ***	(0. 1029)
母亲教育程度	小学	0. 1014 ***	(0. 0362)	0. 1992 ***	(0. 0432)
	初中	0. 1215 ***	(0. 0467)	0. 2235 ***	(0. 0580)
	高中	0. 1567 **	(0. 0648)	0. 1592 *	(0. 0828)
	大专以上	0. 1377	(0. 1226)	0. 0689	(0. 1628)
父亲党员		0. 0892 ***	(0. 0345)	0. 2407 ***	(0. 0424)

续表

变量	工资收入		总收入	
	系数	标准误	系数	标准误
母亲党员	0.0951	(0.0773)	0.1663*	(0.0926)
常数项	8.1680***	(0.4027)	7.1110***	(0.4582)
R^2	0.285		0.291	
样本量（个）	2330		3185	

注：* 表示 $p<0.1$，** 表示 $p<0.05$，*** 表示 $p<0.01$。

第五章

收入差距的机会不平等代际差异及区域差异

前面几章重点关注的是中国收入差距的机会不平等检验与测度，但没有考虑机会不平等在时间和空间上的变化特征。虽然部分章节通过长期的截面数据在一定程度上反映出机会不平等的变化趋势，但样本个体的年龄范围跨度较大，忽略了不同时代的人群面临的机会不平等有可能不同的问题。本章通过考查省际的机会不平等差异以及不同出生组人群间的机会不平等差异，探讨收入差距机会不平等在时间和空间上的变化，为深刻理解中国收入差距机会不平等的特征提供进一步的经验依据。

第一节　问题提出

中国的社会经济环境在过去三十多年里经历了翻天覆地的变化。一方面，从整体的时间轴看，中国经济自新中国成立以来经历了两次重要的经济体制转型；另一方面，从空间上看，各省、市和自治区（下文简称“省份”）的经济发展模式有较大差异，区域间的经济差距甚至有扩大的趋势（聂辉华，2016）。由于机会不平等程度往往与其经济制度、经济环境、社会规范甚至文化习俗等因素有关。这种时间上的变化和空间上的差异有可能分别体现为收入机会不平等的时代变迁和区域间差异。

分析机会不平等的区域特征也有利于我们理解机会不平等与经济发展水

平之间的关系。收入不平等与经济增长之间的关系一直是经济学界讨论的焦点。关于这一话题最早可以追溯到 1955 年库兹涅茨关于二者之间的倒“U”型关系假说。然而，在后来的大量研究中，关于这一假说是否真的成立却始终难以得到可靠的回答（Sukiassyan，2007）。导致实证研究难以发现经济增长和收入不平等之间可靠关系的重要因素之一，就是收入不平等包含了公平和不公平两部分，并且这两种不平等对经济增长的影响是不同的（World Bank，2006；Ali，2007）。沿着这一思路，不少学者开始探讨机会不平等与经济增长之间的关系。马雷罗和罗德里格斯（2013）通过详细的经验研究发现，不公平的收入差距通常会阻碍经济的发展，而公平的收入差距倾向于促进经济发展。雷欣等（2017）利用中国省际的面板数据探讨了机会不平等与经济增长之间的关系，结果也发现了与马雷罗和罗德里格斯（2013）一致的结论。机会不平等的测度对样本量要求较大，然而，雷欣等（2017）为了得到各个省在不同年份的机会不平等测度，使用的是每年每省的 CGSS 数据进行估计，所以，这一研究的测量误差问题可能较为严重。正因如此，本章并不试图探讨经济增长与机会不平等之间的因果关系。本章的重点是尽可能精确测度每个省的机会不平等情况，并在此基础上探讨机会不平等与经济发展之间是否存在一定相关性。根据这一目标，我们可以利用不同时期的混合截面数据来扩大每个省的样本量，进而提高省级层面的机会不平等测度。

本章的研究也有利于理解中国的代际收入流动问题。代际收入流动是近些年来国内较为关心的话题，有些学者对这一问题进行了探讨（王美今和李仲达，2012；何石军和黄桂田，2013；周兴和张鹏，2013；邸玉娜，2014；亓寿伟，2016）。虽然部分学者通过代际流动的分析发现，不同时代出生的居民具有不同的代际流动特征（王学龙和袁易明，2015），并且在社会经济转型的过程中，整个社会的机会结构也会随之发生一些变化（李路路和朱斌，2015）。但是，收入的代际流动并不等同于收入的机会不平等（Bourguignon et al.，2007；Crak，2013）。江求川等（2014）在探讨城市居民的收入机会不平等时发现，不同年龄的人群面临的收入机会不平等程度是不同的。但是按年龄区分个体并不是合理的方法，例如 2003 年

40 岁的居民和 2013 年 40 岁的居民经历的社会发展阶段是不同的。因此，本章将采用按照出生年份划分的方式来探讨机会不平等的时代特征。同一段时间出生的人经历的社会经济变迁大体上相同，因此更能体现机会不平等的时间变迁。

第二节　数据与处理

估计各个省份层面机会不平等或不同出生组的机会不平等，意味着每个省份或每个出生组都有足够多的样本量。然而，现有的数据样本量都相对较少，分省份或分出生组得到的样本中的观测值数更是严重不足。为了解决这一问题，本章使用中国综合社会调查（CGSS）2003～2013 年的 8 次截面数据进行混合，以扩大每个子样本的样本量。这套数据的特征在前几章已经详细介绍过。这里需要重点考虑的是，如何利用各年的截面数据混合得到比较合适的大样本量数据。考虑到中国的经济社会在过去的几十年里发生了较大的变化，直接将 8 年的数据合并在一起虽然可以得到较大的样本量，但可能把一些时代差异导致的收入差距误认为是机会不平等带来的收入差距。所以，我们的方式是将 2003 年、2005 年、2006 年和 2008 年这四年的数据合并，用于反映 2000～2010 年中国社会的总体机会不平等情况。在分析整个社会的总体机会不平等情况时，我们不考虑不同时代的群体之间面临的机会不平等差异。因此，每一年的样本仍然是 18 岁至 60 岁且有个人收入的个体。也就是说，整个社会的机会不平等是不同年龄段人群的机会不平等的总体体现。同样的道理，2010 年、2011 年、2012 年和 2013 年的样本合并为一个样本，用于反映 2010～2013 年这四年间中国社会的总体机会不平等情况。

图 5－1 和图 5－2 分别绘制了两个合并样本中各省份的有效样本量数。从图 5－1 可以看出，2003～2008 年合并的样本中有效样本量最小的是宁夏回族自治区，仅 84 个样本，其次是海南省。有效样本最多的是河南省，其次是山东省，这两个省份的样本量分别是 1488 个和 1474 个。超过 70% 的省份

有效样本不足 1000 个。2010 ~ 2013 年的样本中增加了西藏和青海两省，但即使是合并后的样本中，西藏的有效样本量也仅有 17 个，海南省仅为 21 个。综合两个样本，后面的分析将删除西藏、海南和青海三省的数据。2010 ~ 2013 年合并的样本中，样本量最大的省份分别是北京、山东和黑龙江，这三个省份的样本量分别达到 1183 个、1138 个和 1057 个。在各个省份样本量如此少的情况下，使用非参数方法估计机会不平等很可能引入较大的误差，严重影响各省机会不平等估计的精确性。为此，本章采用参数方法进行估计。由于参数估计方法对样本量的要求相对较低（当然，其代价是限制了收入方程的形式），我们可以选择更多的环境变量。本章使用的环境变量除了包含其他章节中经常使用的父母教育之外，还包括受访者的性别、受访者是否为汉族以及受访者年龄的虚拟变量。这主要是因为上一章的结论表明，不可控的个体自身特征也是收入差距机会不平等的重要部分。因此，在筛选样本时，我们剔除了收入信息和上述环境变量信息缺失的样本。此外，与大部分章节的做法相同，本章的机会不平等测度仍然考虑了环境变量的间接作用。

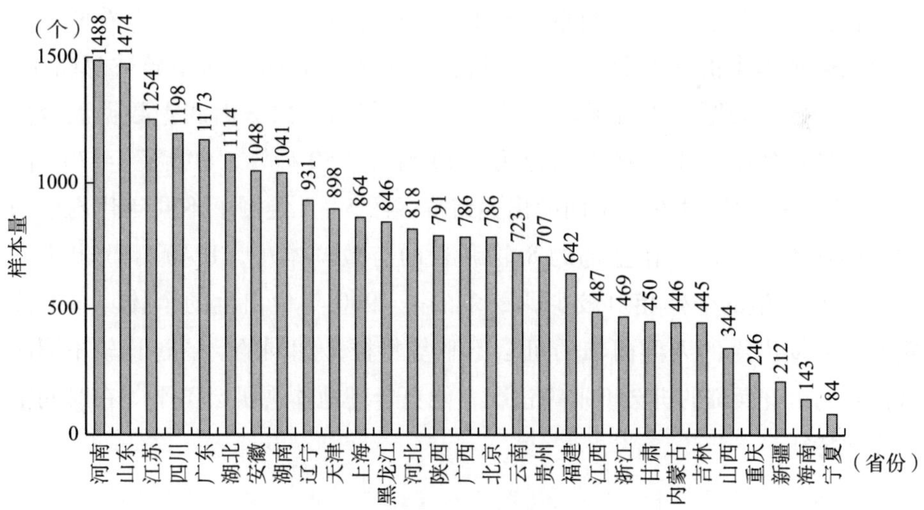

图 5－1　2003 ~ 2008 年合并后各省份有效样本量

注：2003 ~ 2008 年的 CGSS 调查不包括青海、西藏和港澳台地区的数据。

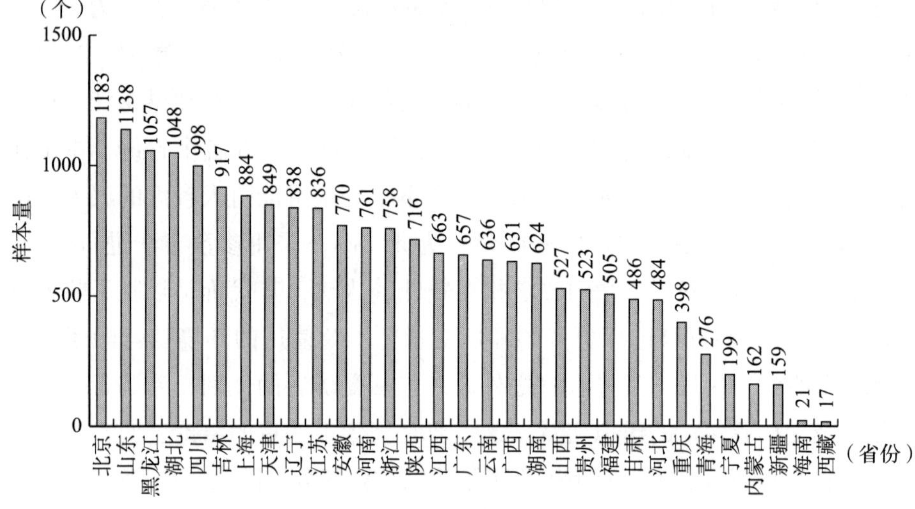

图 5－2　2010～2013 年合并后各省份有效样本量

注：2010～2013 年的 CGSS 调查不包括港澳台地区的数据。

在考查机会不平等的空间差异时，我们把不同时代出生的人看成整个社会人群结构中的一部分。因此，机会不平等在时间上的差异被忽略了。为了考查这一问题，我们将 2003 年至 2013 年的 8 次截面调查数据混合到一起，按出生年份将总样本划分为“40 后”“50 后”“60 后”“70 后”“80 后”“90 后”这 6 个不同的出生组群。图 5－3 绘制了不同年代出生的组群的样本量情况。在全部的 8 轮调查的有效样本中，1940 年代出生和 1990 年代出生的个体相对较少，最多的是 1960 年代出生的个体。我们假定同一时期出生的人群面临的机会不平等特征是相同的。通过比较不同时代出生的组群面临的机会不平等情况，能更合理地体现机会不平等在时间上的变化特征。

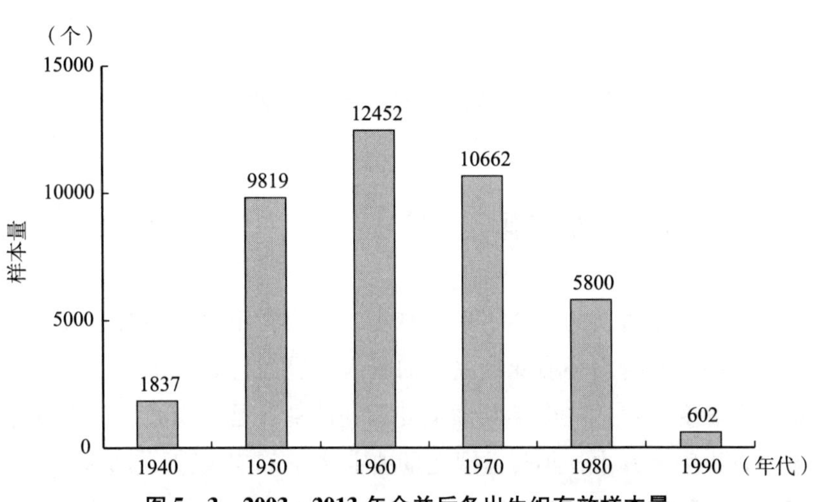

图 5－3　2003～2013 年合并后各出生组有效样本量

表 5－1 是主要变量的统计性描述情况。在其他章节的分析当中通常并不考虑收入的价格调整问题。这是因为我们使用的不平等指标都具有尺度不变的特征。但当把各年的样本合并成一个混合截面样本时，价格调整是必要的。所有样本中的收入均按照城市和农村消费者价格指数调整为 2003 年的值。

表 5－1　　样本描述

变量	2003～2008 年		2010～2013 年	
	均值	标准差	均值	标准差
个人收入（元）	10286	11386	18589	19347
家庭人均收入（元）	6325.5	7495.7	12518	13141
城市	0.6406	0.4798	0.6809	0.4661
男性	0.4986	0.5000	0.5331	0.4989
年龄	40.587	10.743	42.404	10.789
汉族	0.9347	0.2470	0.9181	0.2742
父亲教育程度	1.8004	0.7522	1.8329	0.7755
母亲教育程度	1.5286	0.6554	1.5647	0.6833
样本量（个）	21765		19407	

注：由于有效样本量不足，本表不包含西藏、青海和海南的数据。

第三节　经验分析

一、机会不平等的空间分布特征

为了得到每个省份的机会不平等测度，我们先用个人的对数收入对环境变量进行回归，拟合出环境变量决定的收入，进而得到各个省份的机会不平等测度。环境变量包括三个年龄虚拟变量、性别、是否汉族、父亲教育程度和母亲教育程度。其中，年龄虚拟变量被定义为35岁以下、35岁至45岁之间、45岁至55岁之间，55岁以上作为参照组。除此之外，可用于作为环境变量的还有城乡虚拟变量和省份虚拟变量。但对于这两类变量作为环境变量的合理性需要特别说明。一般而言，受访者是否属于城市居民以及位于哪个省份，既与不可控的因素有关也与可控的因素有关。例如，受访者可能出生在城市或农村，也可能出生在农村但通过自己的后期努力进入到城市生活。对于受访者处于什么省份也存在类似的情况。考虑到城乡与省份变量的特殊性，我们采取了两种处理方式：一是把这两个变量看作努力变量，为了考查环境变量通过努力变量的间接影响，回归方程中不控制城乡效应和省份效应；二是把这两个变量看作环境变量，直接在方程中控制城乡效应和省份效应，并将城乡间和省份间的收入差距视为机会不平等的一部分。最后，由于回归过程使用了混合截面数据，所以需要考虑年份效应引起的收入差距。但在拟合的过程中，我们不考虑年份效应。这一处理方式实际上把年份效应导致的收入差距视为中性的。一方面，我们需要在回归过程中控制这种差异，避免这种差异通过环境变量体现出来；另一方面，这种差异并不是机会不平等的一部分。

表5－2是个人收入方程的回归结果。前两列为2003～2008年的混合样本估计情况。结果表明，35岁以下的年轻人相对于55岁以上个体有更高的个人收入，男性收入高于女性收入。与父亲未上学的个体相比，父亲上学的个体有更高的个人收入，且从系数大小上看，父亲教育程度越高，子代的收

入越高。母亲教育程度对子女收入的影响与父亲教育程度的影响类似。估计结果表明，如果不考虑城乡差异和省份差异，环境变量解释了17%的收入变异，考虑城乡差异和省份差异之后，41%的个体收入变异可以被解释。另外，加入城乡虚拟变量和省份虚拟变量之后，父母教育程度和是否汉族的回归系数都出现了较大幅度的下降，说明城乡差异和省份差异对收入的影响有可能通过这些环境变量表现出来。表5－2的最后两列是2010～2013年的混合样本估计情况。其结果与2003～2008年的结果基本一致。

表5－2　　　　个人收入方程估计

变量		2003～2008年		2010～2013年	
		(1)	(2)	(3)	(4)
年龄小于35岁		0.0629*** (0.0240)	0.2133*** (0.0205)	0.2376*** (0.0240)	0.3519*** (0.0211)
年龄大于35岁小于45岁		0.0498** (0.0227)	0.1901*** (0.0193)	0.2409*** (0.0218)	0.3717*** (0.0192)
年龄大于45岁小于55岁		0.0429* (0.0232)	0.0765*** (0.0195)	0.1162*** (0.0212)	0.1828*** (0.0185)
性别		0.4175*** (0.0131)	0.4262*** (0.0111)	0.4681*** (0.0137)	0.4949*** (0.0119)
汉族		0.3442*** (0.0266)	0.1082*** (0.0244)	0.3726*** (0.0250)	0.0136 (0.0266)
父亲教育程度	小学	0.3330*** (0.0172)	0.1323*** (0.0148)	0.3228*** (0.0179)	0.1569*** (0.0158)
	初中	0.5147*** (0.0352)	0.1852*** (0.0301)	0.5098*** (0.0331)	0.1919*** (0.0292)
	高中及以上	0.6180*** (0.0667)	0.2664*** (0.0565)	0.5827*** (0.0635)	0.2074*** (0.0554)

续表

变量		2003～2008 年		2010～2013 年	
		(1)	(2)	(3)	(4)
母亲教育程度	小学	0.3170*** (0.0174)	0.1456*** (0.0148)	0.2471*** (0.0180)	0.1215*** (0.0158)
	初中	0.4992*** (0.0282)	0.2455*** (0.0240)	0.3752*** (0.0278)	0.1863*** (0.0243)
	高中及以上	0.6364*** 0.0629***	0.3314*** 0.2133***	0.6135*** (0.0424)	0.3177*** (0.0370)
年份效应		YES	YES	YES	YES
城乡		NO	YES	NO	YES
省份		NO	YES	NO	YES
常数		7.9898*** (0.0362)	7.9087*** (0.0447)	8.3377*** (0.0331)	8.2914*** (0.0374)
adj. R - sq		0.176	0.415	0.189	0.393
样本量（个）		21765	21765	19407	19407

注：括号中为标准误；* 表示 $p<0.1$，** 表示 $p<0.05$，*** 表示 $p<0.01$。

利用表 5－2 的估计结果可以估算出每个省份的机会不平等程度。表 5－3 是根据 2003～2008 年的估计结果得到的各省份机会不平等的基尼系数绝对值和相对值以及泰尔指数的绝对值与相对值。从机会不平等的绝对值看，广东、上海和山东三个省份的机会不平等程度最低。从机会不平等相对值来看，重庆、云南和四川三个省份的机会不平等占收入差距的比例相对较低。机会不平等绝对值最高的三个省份分别是湖北、宁夏和新疆，机会不平等占收入差距比重最高的三个省份分别是上海、北京和天津。

表 5－3　2003～2008 年各省份机会不平等估计及排序（不考虑城乡和省份效应）

省份	基尼绝对值	排序	基尼相对值	排序	泰尔绝对值	排序	泰尔相对值	排序
广东	0.213	1	0.447	6	0.072	1	0.184	6
上海	0.214	2	0.541	26	0.074	3	0.273	26

续表

省份	基尼绝对值	排序	基尼相对值	排序	泰尔绝对值	排序	泰尔相对值	排序
山东	0.214	3	0.470	13	0.073	2	0.207	12
黑龙江	0.214	4	0.498	19	0.074	5	0.229	19
重庆	0.215	5	0.406	1	0.074	4	0.121	1
湖南	0.216	6	0.452	8	0.075	6	0.190	7
云南	0.217	7	0.424	2	0.076	9	0.165	3
福建	0.218	8	0.452	7	0.076	7	0.191	8
山西	0.218	9	0.509	21	0.076	8	0.245	21
甘肃	0.219	10	0.447	5	0.079	10	0.183	5
江西	0.221	11	0.432	4	0.079	11	0.165	2
辽宁	0.223	12	0.488	18	0.080	12	0.222	18
浙江	0.224	13	0.470	12	0.080	13	0.208	13
河北	0.226	14	0.499	20	0.081	14	0.232	20
内蒙古	0.227	15	0.467	10	0.082	15	0.197	10
安徽	0.229	16	0.467	11	0.086	19	0.199	11
贵州	0.229	17	0.518	23	0.085	18	0.250	22
四川	0.231	18	0.429	3	0.085	16	0.168	4
天津	0.232	19	0.668	28	0.085	17	0.414	28
河南	0.232	20	0.452	9	0.087	20	0.191	9
江苏	0.234	21	0.483	15	0.088	22	0.216	15
吉林	0.235	22	0.528	25	0.087	21	0.254	23
广西	0.237	23	0.485	16	0.090	23	0.216	14
北京	0.238	24	0.638	27	0.091	24	0.390	27
陕西	0.240	25	0.525	24	0.092	25	0.257	25
湖北	0.244	26	0.485	17	0.097	26	0.221	17
宁夏	0.249	27	0.479	14	0.102	28	0.219	16
新疆	0.250	28	0.517	22	0.101	27	0.254	24

注：由于有效样本量不足，本表不包含西藏、青海和海南数据。

表5－4是根据2010～2013年的估计结果得到的各省机会不平等的基尼系数绝对值和相对值以及泰尔指数的绝对值与相对值。与表5－3相比，各省份的机会不平等绝对值和相对值都发生了一些变动。这也说明将各个时期的机会不平等分别研究是有必要的。从机会不平等的绝对值看，广东、山西和重庆三个省份的机会不平等程度最低。从机会不平等相对值来看，重庆、云南和陕西三个省份的机会不平等占收入差距的比例相对较低。机会不平等绝对值最高的三个省份分别是天津、上海和广西，机会不平等占收入差距比重最高的三个省份分别是上海、天津和北京。比较表5－3和表5－4可以发现，广东省的机会不平等绝对值在两个时期内均是比较小的。北京和天津两市的机会不平等占收入不平等的比例在两个时期都是较高的。

表5－4　2010～2013年各省份机会不平等估计及排序（不考虑城乡和省份效应）

省份	基尼绝对值	排序	基尼相对值	排序	泰尔绝对值	排序	泰尔相对值	排序
广东	0.212	1	0.527	17	0.072	2	0.266	19
山西	0.212	2	0.514	13	0.071	1	0.238	12
重庆	0.213	3	0.389	1	0.072	3	0.134	1
河北	0.217	4	0.461	5	0.073	4	0.194	7
宁夏	0.220	5	0.480	9	0.079	6	0.226	9
甘肃	0.223	6	0.456	4	0.079	5	0.190	5
陕西	0.224	7	0.442	3	0.082	7	0.185	3
江西	0.226	8	0.519	14	0.082	8	0.248	15
浙江	0.227	9	0.554	23	0.082	9	0.288	23
内蒙古	0.227	10	0.527	16	0.082	10	0.257	16
福建	0.227	11	0.508	11	0.084	13	0.241	14
安徽	0.228	12	0.466	6	0.082	11	0.192	6
云南	0.228	13	0.437	2	0.083	12	0.178	2
山东	0.231	14	0.512	12	0.085	15	0.240	13

续表

省份	基尼绝对值	排序	基尼相对值	排序	泰尔绝对值	排序	泰尔相对值	排序
四川	0.231	15	0.466	7	0.084	14	0.188	4
黑龙江	0.232	16	0.548	21	0.085	16	0.270	20
新疆	0.234	17	0.477	8	0.087	17	0.213	8
辽宁	0.235	18	0.581	25	0.087	18	0.299	24
江苏	0.238	19	0.539	20	0.090	19	0.277	22
河南	0.240	20	0.494	10	0.093	22	0.229	10
北京	0.241	21	0.752	28	0.091	20	0.528	28
湖北	0.242	22	0.552	22	0.092	21	0.274	21
湖南	0.244	23	0.528	18	0.094	23	0.257	17
吉林	0.248	24	0.570	24	0.098	24	0.300	25
贵州	0.250	25	0.530	19	0.101	26	0.261	18
天津	0.252	26	0.724	27	0.100	25	0.474	27
上海	0.255	27	0.618	26	0.102	27	0.366	26
广西	0.269	28	0.521	15	0.114	28	0.234	11

表5－5和表5－6是利用表5－2的最后两列估计结果估算的各省份机会不平等情况。需要强调的是，虽然加入省份效应之后，各个省份之间的差异也被视为机会不平等的一部分，但这部分机会不平等只会反映在全国总体的机会不平等当中，不会反映在各个省份的机会不平等当中。因为对同一个省份的居民而言，他们面临的省份效应是相同的。所以，省份效应本身并不是各省机会不平等的一部分，但加入省份效应之后其他环境变量的回归系数也会发生变化，因此，其他环境变量通过省份效应对收入的间接影响也被忽略掉。城乡效应与省份效应则有所不同。城乡效应的加入意味着城乡之间的收入差距被视为机会不平等的一部分。

表 5-5　2003~2008 年各省份机会不平等估计及排序（考虑城乡和省份效应）

省份	基尼绝对值	排序	基尼相对值	排序	泰尔绝对值	排序	泰尔相对值	排序
上海	0.164	1	0.414	2	0.041	1	0.153	2
天津	0.165	2	0.475	4	0.042	2	0.203	4
北京	0.169	3	0.453	3	0.045	3	0.192	3
新疆	0.187	4	0.386	1	0.057	4	0.143	1
广东	0.241	5	0.507	5	0.097	5	0.249	6
吉林	0.247	6	0.554	7	0.099	6	0.288	7
黑龙江	0.253	7	0.589	9	0.105	7	0.324	10
福建	0.283	8	0.586	8	0.127	8	0.319	9
重庆	0.284	9	0.536	6	0.129	9	0.213	5
广西	0.292	10	0.597	10	0.136	10	0.326	11
湖南	0.299	11	0.624	14	0.142	11	0.357	15
陕西	0.299	12	0.654	20	0.142	12	0.400	23
辽宁	0.301	13	0.661	23	0.143	13	0.398	22
甘肃	0.302	14	0.617	12	0.145	14	0.334	12
山东	0.306	15	0.672	25	0.147	15	0.414	25
河北	0.307	16	0.676	26	0.149	16	0.423	26
江西	0.312	17	0.610	11	0.153	17	0.318	8
浙江	0.314	18	0.659	22	0.154	18	0.401	24
安徽	0.316	19	0.645	17	0.156	19	0.360	16
山西	0.320	20	0.747	28	0.159	20	0.512	28
内蒙古	0.320	21	0.659	21	0.161	22	0.384	20
云南	0.320	22	0.627	15	0.160	21	0.347	14
江苏	0.321	23	0.661	24	0.161	23	0.395	21
湖北	0.322	24	0.641	16	0.164	24	0.372	17
贵州	0.325	25	0.736	27	0.166	25	0.486	27
河南	0.331	26	0.646	18	0.172	26	0.379	18
四川	0.332	27	0.617	13	0.174	27	0.343	13
宁夏	0.337	28	0.649	19	0.178	28	0.382	19

表 5-6　2010~2013 年各省份机会不平等估计及排序（考虑城乡和省份效应）

省份	基尼绝对值	排序	基尼相对值	排序	泰尔绝对值	排序	泰尔相对值	排序
新疆	0.174	1	0.354	1	0.047	1	0.116	1
广东	0.177	2	0.441	2	0.049	2	0.180	2
北京	0.190	3	0.593	23	0.056	3	0.322	24
上海	0.196	4	0.476	3	0.060	4	0.213	3
天津	0.198	5	0.570	19	0.061	5	0.288	17
辽宁	0.199	6	0.493	4	0.063	6	0.216	4
山西	0.225	7	0.547	12	0.081	7	0.271	13
浙江	0.228	8	0.557	15	0.082	8	0.288	16
福建	0.240	9	0.537	11	0.091	9	0.261	11
贵州	0.244	10	0.518	8	0.094	10	0.242	9
江苏	0.244	11	0.552	13	0.094	11	0.287	15
江西	0.248	12	0.570	20	0.096	12	0.290	18
山东	0.252	13	0.558	16	0.098	13	0.278	14
黑龙江	0.254	14	0.600	25	0.100	14	0.318	23
湖北	0.254	15	0.581	21	0.101	15	0.300	21
宁夏	0.257	16	0.560	17	0.103	16	0.293	20
湖南	0.261	17	0.566	18	0.106	17	0.292	19
云南	0.261	18	0.499	5	0.110	21	0.234	7
四川	0.262	19	0.529	10	0.107	18	0.239	8
广西	0.264	20	0.511	6	0.109	20	0.223	5
陕西	0.265	21	0.523	9	0.109	19	0.245	10
吉林	0.269	22	0.618	27	0.114	22	0.351	27
安徽	0.271	23	0.556	14	0.115	23	0.266	12
湖北	0.280	24	0.595	24	0.122	24	0.322	25
重庆	0.281	25	0.514	7	0.124	25	0.231	6
内蒙古	0.284	26	0.658	28	0.128	26	0.401	28
甘肃	0.286	27	0.586	22	0.129	27	0.312	22
河南	0.294	28	0.605	26	0.135	28	0.330	26

从表5－5和表5－6中的估计结果看，是否考虑省份效应与城乡效应对机会不平等的估计会产生较大影响。表5－5表明，考虑城乡效应和省份效应后，2003～2008年，机会不平等绝对值最小的三个省份分别为上海、北京和天津，最大的三个省份分别是河南、四川和宁夏。而机会不平等占收入差距比例最小的三个省份分别为北京、上海和新疆，机会不平等占收入差距比例最大的三个省份为河北、贵州和山西。2010～2013年，机会不平等绝对值最小的三个省份分别是新疆、广东和北京，机会不平等绝对值最大的三个省份分别是河南、内蒙古和甘肃。相对值估计结果说明，新疆、广东、上海三个省份的机会不平等占收入差距的比例最低，而内蒙古、河南和吉林三个省份的机会不平等占收入差距的比例最高。

研究机会不平等与经济增长之间的关系是最近几年来较为热点的话题。雷欣等（2017）探讨了机会不平等与中国经济增长之间的关系。但这一研究使用的是每年截面数据估计对应年里各个省的机会不平等，样本量的约束有可能导致严重的估计偏差。本章使用多期截面的混合扩大了每个省的样本量，但代价是最终得到的省份机会不平等测度只有一个值，省份层面的数据只有28个。因此，我们无法对经济增长与机会不平等之间的因果关系进行精确的推断，只能进行简单的相关性描述。

图5－4和图5－5绘制了2003～2008年的机会不平等与各省实际GDP增长率之间的关系。其中，GDP增长率为2003～2008年每年增长率的平均值。图5－4中的机会不平等在计算时没有控制城乡效应和省份效应。图5－5的机会不平等计算考虑了城乡和省份对收入的影响。每个图的第一行是三种不同的不平等指标得到的机会不平等绝对值，第二行是三种不同不平等测度指标得到的机会不平等相对值。综合图5－4和图5－5可以看出，无论采用何种不平等指标，无论以绝对值还是相对值反映机会不平等以及在收入方程回归的过程中无论是否考虑城乡和省份效应，我们的结果都表明，在2003～2008年，机会不平等与经济增长之间没有表现出显著的相关关系。另外，我们还考查了收入差距与经济增长之间的关系，结果表明，这一时期的收入结果不平等也与经济增长之间没有显著的关系。

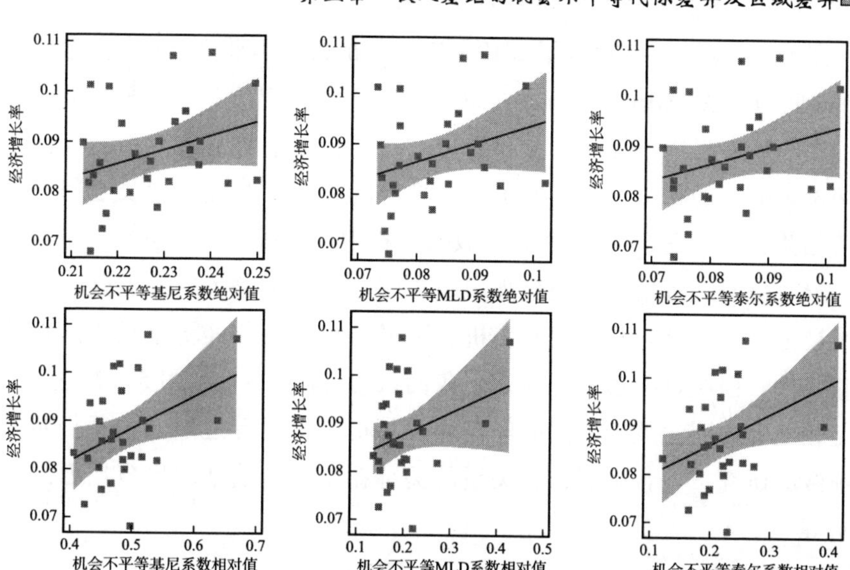

图 5-4　2003~2008 年 GDP 平均增长率与机会不平等（不考虑城乡和省份效应）

注：图中散点表示省份层面机会不平等估计值与样本期内平均经济增长率，曲线为二者关系的拟合线，阴影区域为拟合线的95%置信区间（数据不包括西藏、青海、海南及港澳台地区）。

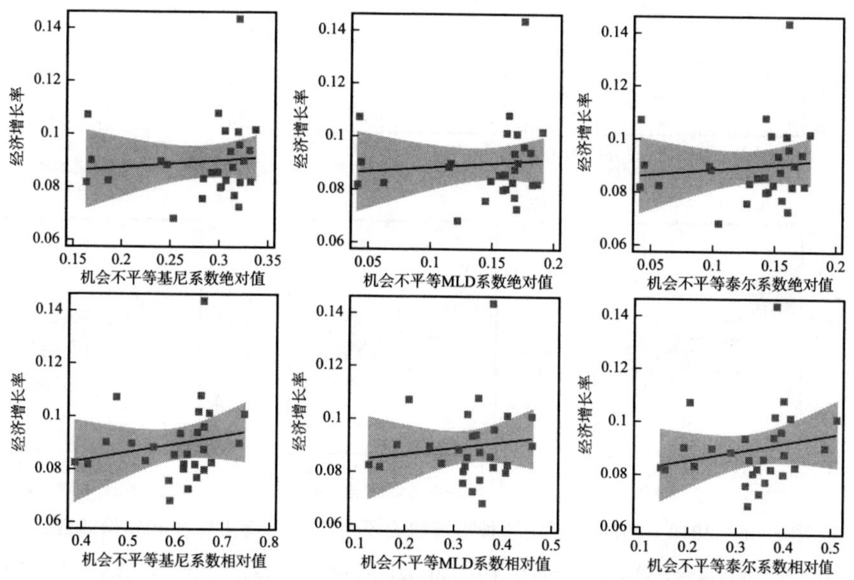

图 5-5　2003~2008 年 GDP 平均增长率与机会不平等（考虑城乡和省份效应）

注：图中散点表示省份层面机会不平等估计值与样本期内平均经济增长率，曲线为二者关系的拟合线，阴影区域为拟合线的95%置信区间（数据不包括西藏、青海、海南及港澳台地区）。

图5－6和图5－7绘制了2010～2013年的机会不平等与各省实际GDP增长率之间的关系。GDP增长率为2010～2013年各年增长率的均值。图5－6表明，在收入方程中不控制城乡和省份时，机会不平等的绝对值与经济增长之间没有显著的相关关系。但机会不平等的相对值与经济增长之间有显著的负相关关系。图5－7表明，在收入方程中控制城乡和省份时，机会不平等的绝对值与经济增长之间呈现出较为明显的正相关关系，但这一相关性在统计上并不显著。与此同时，机会不平等相对值与经济增长之间仍然有负相关性，但统计上也不再显著。我们认为，图5－6和图5－7的结果在一定程度上说明，关于中国的经济增长与机会不平等之间的关系仍然需要更细致的研究，并且确定二者关系的关键在于更精确地测度省层面的机会不平等。

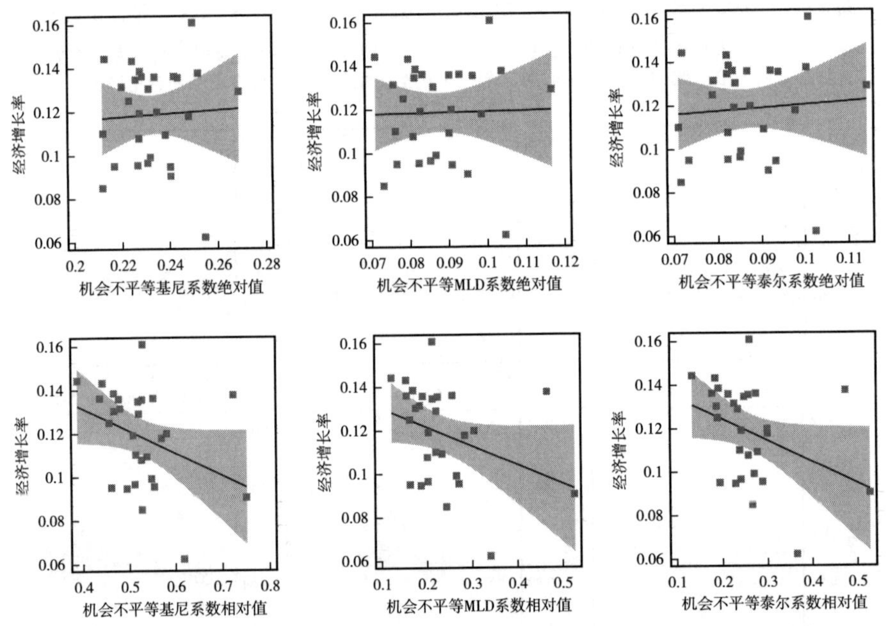

图5－6　2010～2013年平均增长率与机会不平等（不考虑城乡和省份效应）

注：图中散点表示省份层面机会不平等估计值与样本期内平均经济增长率，曲线为二者关系的拟合线，阴影区域为拟合线的95%置信区间（数据不包括西藏、青海、海南及港澳台地区）。

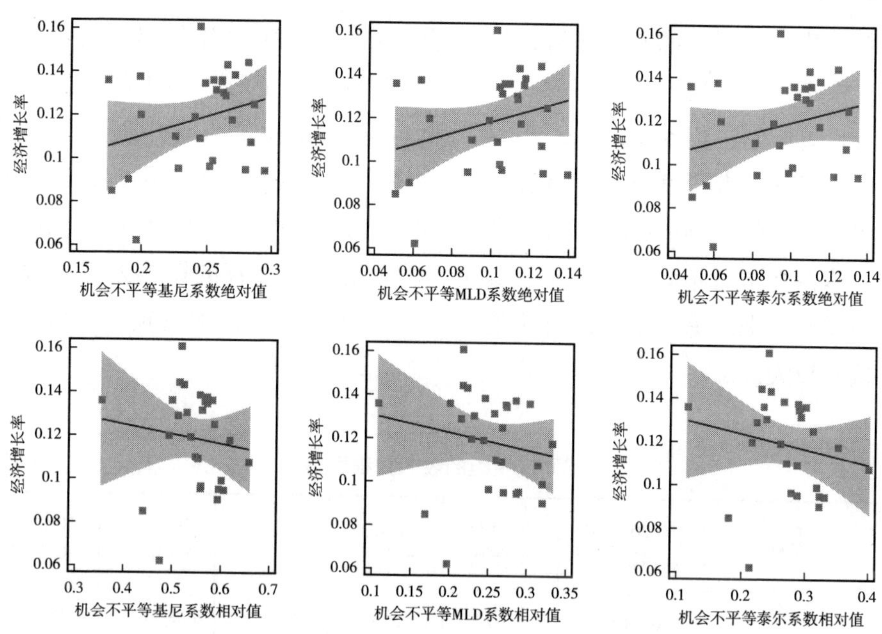

图 5－7　2010～2013 年平均增长率与机会不平等（考虑城乡和省份效应）

注：图中散点表示省份层面机会不平等估计值与样本期内平均经济增长率，曲线为二者关系的拟合线，阴影区域为拟合线的95%置信区间（数据不包括西藏、青海、海南及港澳台地区）。

二、机会不平等的代际变迁特征

为了考查收入差距的代际间差异，我们将样本划分为 6 个出生组。由于每个出生组的收入数据都包含了不同的年份，这会导致同一出生组内部的收入差距包含年份间的收入差距，进而导致收入结果不平等被高估。为此，我们将所有年份的收入都除以各自年份的平均收入。这样处理后，不同出生组的收入差距当中不再包含年份间的收入差距。在估计每个出生组的机会不平等时，我们用调整后的收入对个人的环境变量进行回归，并在回归方程中加入了年份效应，但在拟合环境因素导致的收入时，年份效应对收入的影响被剔除。这样可以保证机会不平等的测度也不受年份效应的影响。

表 5－7 是每个出生组的收入方程回归结果。估计结果表明，性别差异

在每一代人群当中都非常显著，但20世纪60年代和70年代出生的人群当中，性别差异表现得更为明显。是否为汉族也对每个时代出生的人群的收入有显著影响，但在20世纪70年代和80年代出生的人群中表现较为明显。父母的教育程度对90年代出生的个体的收入没有显著的影响，但对其他年代出生的人群的收入都有非常显著的影响。这可能是因为90年代出生的个体在受访时年龄相对较少，其个人收入受父母教育的影响效果还没有完全体现出来。另一个原因可能是90年代出生的个体样本量较小，估计结果偏差较大。

表5-7　不同出生组的收入方程回归

变量		20世纪40年代	20世纪50年代	20世纪60年代	20世纪70年代	20世纪80年代	20世纪90年代
性别		0.3120*** (0.0453)	0.3333*** (0.0200)	0.5348*** (0.0170)	0.5369*** (0.0183)	0.3077*** (0.0241)	0.2958*** (0.0841)
汉族		0.2141** (0.0964)	0.3084*** (0.0414)	0.3251*** (0.0335)	0.4084*** (0.0340)	0.4448*** (0.0423)	0.2295* (0.1339)
父亲教育程度	小学	0.2722*** (0.0708)	0.3542*** (0.0283)	0.3270*** (0.0213)	0.3469*** (0.0223)	0.3275*** (0.0352)	0.1005 (0.1254)
	初中	0.4334** (0.2080)	0.5447*** (0.0755)	0.6337*** (0.0509)	0.5767*** (0.0443)	0.4910*** (0.0467)	-0.0123 (0.1696)
	高中及以上	-0.0765 (0.3609)	0.6010*** (0.1288)	0.8814*** (0.1039)	0.7036*** (0.0808)	0.5266*** (0.0834)	0.0716 (0.2777)
母亲教育程度	小学	0.3608*** (0.0582)	0.3364*** (0.0243)	0.2384*** (0.0206)	0.2910*** (0.0257)	0.1975*** (0.0492)	-0.2170 (0.1940)
	初中	0.4348*** (0.1238)	0.5358*** (0.0535)	0.4142*** (0.0375)	0.4522*** (0.0365)	0.3427*** (0.0557)	-0.2587 (0.2160)
	高中及以上	0.6652*** (0.1768)	0.6289*** (0.0741)	0.5010*** (0.0596)	0.7617*** (0.0550)	0.4614*** (0.0748)	-0.2960 (0.2667)
年份效应		YES	YES	YES	YES	YES	YES

续表

变量	20 世纪 40 年代	20 世纪 50 年代	20 世纪 60 年代	20 世纪 70 年代	20 世纪 80 年代	20 世纪 90 年代
常数项	-0.9702 *** (0.1068)	-1.2141 *** (0.0517)	-1.3855 *** (0.0452)	-1.4817 *** (0.0505)	-1.5530 *** (0.0919)	-0.8453 *** (0.2137)
adj. R - sq	0.119	0.130	0.165	0.188	0.118	0.029
样本量（个）	1837	9819	12452	10662	5800	602

注：括号中为标准误；* 表示 $p<0.1$，** 表示 $p<0.05$，*** 表示 $p<0.01$。

表 5-8 是分出生组得到的机会不平等估计结果。从结果不平等上看，20 世纪 40 年代、50 年代、60 年代和 70 年代出生的人群中的收入差距没有太大的差异。而 20 世纪 80 年代和 90 年代出生的居民收入差距比较接近，并且都低于 70 年代及以前出生的人群的收入差距。但机会不平等的绝对值估计结果表明，从 40 年代出生人群开始机会不平等绝对值逐渐上升，在 70 年代出生的人群当中收入的机会不平等的绝对值达到最高，然后开始下降。机会不平等相对值给出的变化趋势与绝对值的变化趋势比较接近。40 年代出生的人群中，机会不平等导致的收入差距在收入差距当中的占比稍低，在随后出生的几代人当中，机会不平等在收入差距中的占比出现了上升的趋势。然而，从 80 年代出生的人群开始出现了机会不平等在收入差距当中比重下降的趋势。以上结果表明，我国收入差距的机会不平等并不是像大众所感知的那样有不断加剧的趋势。实事上的结果是，“80 后”和“90 后”人群面临的机会不平等要比前几代人面临的机会不平等程度更低。我们认为，出现这一结果的原因可能有两种。一是我们在观测到的样本中，20 世纪 80 年代和 90 年代出生的个体还相对年轻，他们的个人收入和永久收入之间的差异比较大，从而导致真正的机会不平等程度没有完全体现出来。二是“80 后”和“90 后”面临的真实的机会不平等程度确实比其他年代出生的人群更小，但由于当今社会的信息传递更快，一些局部的负面新闻在传播的过程中被放大，比如各类有关“拼爹”的新闻快速传播有可能对人们的感知产生了一定的误导作用。要识别这两种可能的解释需要更长期的观测数据，用不同时代出生的人在相同生命周期时的收入进行比较。

表 5 – 8　　不同出生组的机会不平等

项目		20 世纪 40 年代	20 世纪 50 年代	20 世纪 60 年代	20 世纪 70 年代	20 世纪 80 年代	20 世纪 90 年代
基尼系数	结果不平等	0.4704	0.4891	0.4960	0.4825	0.4472	0.4418
	机会不平等绝对值	0.1804	0.2057	0.2348	0.2482	0.1651	0.0980
	机会不平等相对值	0.3835	0.4207	0.4733	0.5144	0.3693	0.2218
泰尔指数	结果不平等	0.3842	0.4212	0.4315	0.4043	0.3434	0.3340
	机会不平等绝对值	0.0555	0.0729	0.0920	0.1015	0.0450	0.0154
	机会不平等相对值	0.1443	0.1732	0.2132	0.2510	0.1309	0.0462
MLD 指数	结果不平等	0.4463	0.4804	0.4794	0.4651	0.3979	0.4161
	机会不平等绝对值	0.0528	0.0692	0.0896	0.1020	0.0481	0.0157
	机会不平等相对值	0.1184	0.1441	0.1869	0.2194	0.1208	0.0376

三、稳健性分析

前面的分析使用的是个人收入数据。为了进一步检验收入的界定是否会对机会不平等空间分布特征的分析结果产生严重影响，我们使用家庭人均收入重新计算了各个省的机会不平等情况。附表 5 – 1 至附表 5 – 4 为使用家庭人均收入得到的估计结果。

为了更清晰地观察不同收入对估计结果的影响，我们在图 5 – 8 和图 5 – 9 中对使用个人收入得到的各省机会不平等排序与使用家庭人均收入得到的各省机会不平等排序进行了对比。其中，图 5 – 8 使用的是 2003 ~ 2008 年的样本。第一行是在没有控制城乡效应和省份效应时得到的机会不平等绝对值和相对值排序。结果说明，虽然使用人均收入和个人收入得到的各个省的收入机会不平等绝对值排序会发生一些变化，但总体上来看两种收入给出的排序结果还是比较相近的。而收入机会不平等的相对值排序在两种收入界定下的一致性更高。这说明不同的收入界定对机会不平等和结果不平等的影响是相同的，从而导致机会不平等的相对值排序受收入界定的影响相对更小。第二行是在考虑省份差异和城乡差异之后得到的机会不平等排序。与第一行相比，第二行每个图中的点更紧密地围绕在45度线左右波动。这说明如果将城乡和省份效应视为机会不平等的一部分，使用不同的收入界定对各省的机会不平等排序情况几乎没有明显的影响。

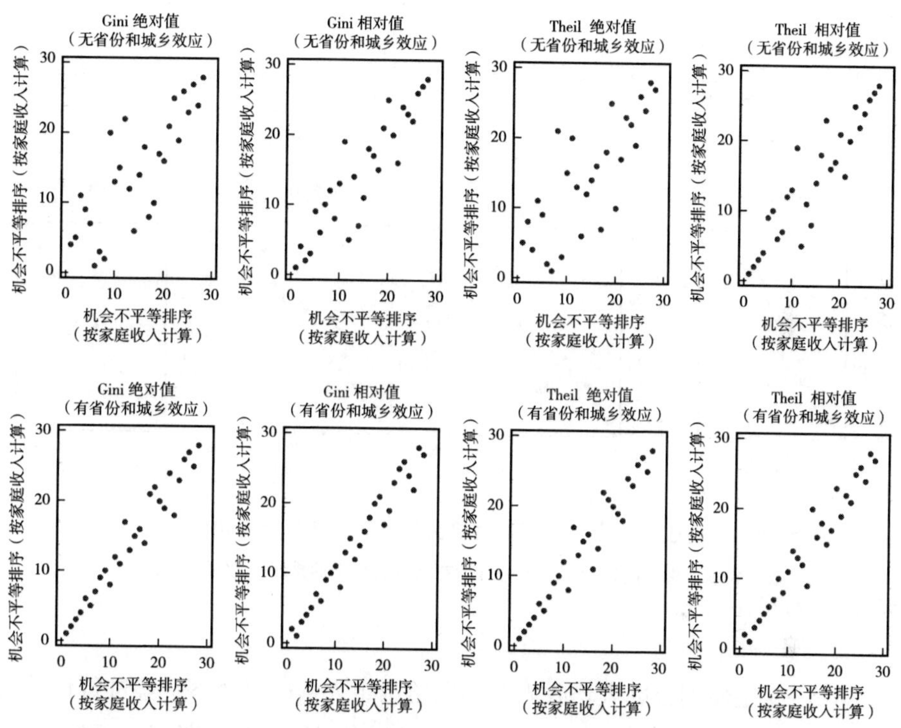

图5-8　不同收入界定方式下各省机会不平等排序对比（2003~2008年）

注：图中散点表示省份层面机会不平等估计值在所有省份中的排序（数据不包括西藏、青海、海南及港澳台地区）。

图5-9是使用2010~2013年样本得到的排序对比情况。在第一行当中我们同样发现，机会不平等的绝对值排序情况受收入界定的影响较大，但不同收入定义下的机会不平等排序仍然是高度正相关的。机会不平等的相对值排序受收入界定的影响相对更小。第二行的结果与图5-8中第二行呈现出的结果一致。以上结果表明，使用不同的收入会对机会不平等的大小产生一定的影响，但对机会不平等的绝对值和相对值的排序情况影响非常小。

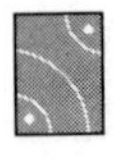

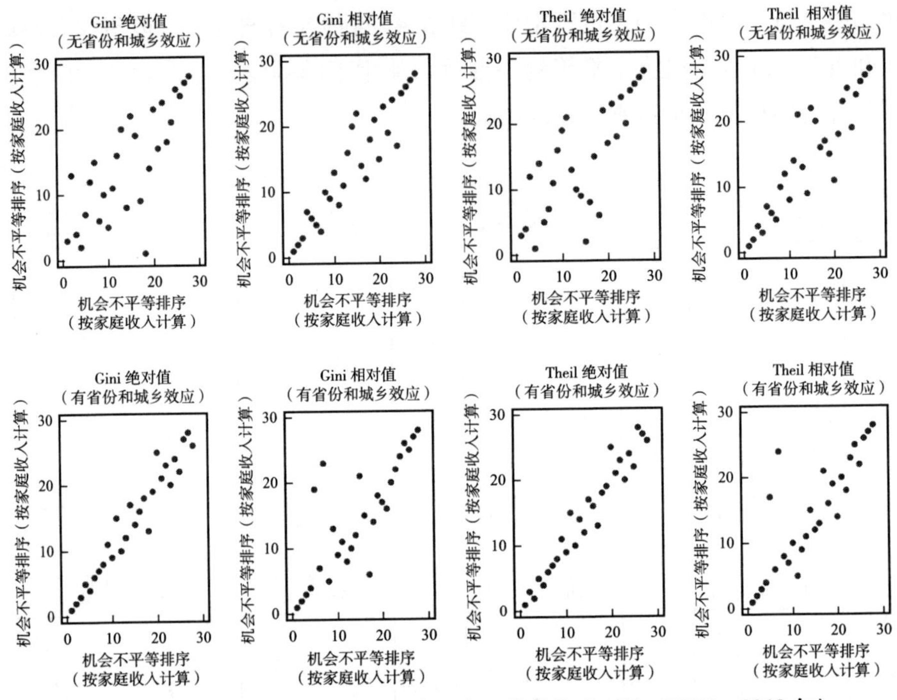

图 5-9　不同收入界定方式下各省机会不平等排序对比（2010～2013 年）

注：图中散点表示省份层面机会不平等估计值在所有省份中的排序（数据不包括西藏、青海、海南及港澳台地区）。

表 5-9 是使用家庭人均收入对不同给出组人群的机会不平等进行估计得到的结果。比较表 5-9 和表 5-8 可以发现，虽然使用不同的收入界定方式对机会不平等的空间分布特征没有太大影响，但对代际变迁特征的影响却非常大。从表 5-9 中可以看出，机会不平等从 20 世纪 40 年代出生的人群到 70 年代出生的人群确实有一定的上升趋势，但 20 世纪 80 年代和 90 年代出生的人群面临的机会不平等并不是表 5-8 所展示的那样出现了明显的下降趋势。我们认为导致这一结果的主要原因在于家庭人均收入是家庭所有成员的收入信息，因此这一收入信息和我们的出生组划分并不匹配。事实上，进一步仔细分析表 5-9 可以发现，80 年代出生的人面临的机会不平等比 20 世纪 70 年代出生的人面临的机会不平等更低，这和表 5-8 中的结论是相似的。但 20 世纪 90 年代出生的人群面临的机会不平等又有所上升。由于 90 年代出生的

人群与家庭当中其他成员同住的可能性更大，并且其他成员很有可能是20世纪60年代或70年代出生的人，因此这一部分样本的家庭人均收入也在一定程度上反映了20世纪60年代或70年代出生的人面临的收入差距以及他们面临的机会不平等，从而导致我们的测度结果没有表现出明显的下降趋势。这一结论说明，在研究机会不平等的代际变迁特征时，使用个人收入是更合适的选择。

表5-9　　使用家庭人均收入得到的不同出生组机会不平等

项目		20世纪40年代	20世纪50年代	20世纪60年代	20世纪70年代	20世纪80年代	20世纪90年代
基尼系数	结果不平等	0.4901	0.4953	0.4868	0.4937	0.4740	0.4646
	机会不平等绝对值	0.1408	0.1922	0.1869	0.2207	0.1956	0.2167
	机会不平等相对值	0.2872	0.3880	0.3840	0.4470	0.4127	0.4664
泰尔指数	结果不平等	0.4164	0.4255	0.4144	0.4254	0.3851	0.3750
	机会不平等绝对值	0.0389	0.0648	0.0603	0.0851	0.0675	0.0906
	机会不平等相对值	0.0934	0.1523	0.1454	0.2001	0.1752	0.2417
MLD指数	结果不平等	0.4834	0.4784	0.4438	0.4595	0.4241	0.3939
	机会不平等绝对值	0.0353	0.0606	0.0571	0.0831	0.0696	0.0801
	机会不平等相对值	0.0731	0.1266	0.1287	0.1807	0.1640	0.2033

第四节　本章小结

本章在前几章对中国收入差距机会不平等测度的研究基础上，进一步分析了我国收入差距的机会不平等在空间分布上的特征以及在时代变迁当中的特征。通过这两个问题的探讨，本章试图反映两个备受关注的话题：一是机会不平等和经济增长之间存在怎样的关系；二是中国居民面临的机会不平等是否真的越来越严重，尤其是“80后”和“90”后是否真的面临更加严重的“拼爹”社会。然而，探讨这两个问题的最大阻碍是没有足够的样本量。

这也是现有的其他研究面临的最大问题。我们认为，在机会不平等测度的精确性得不到保证的情况下，探讨以上两个问题的任何尝试及结果都是不可靠的。为此，本章的重点是通过现有的数据扩大有效的样本量。我们的做法是使用中国综合社会调查的多年截面数据进行混合，以提高各省内部以及不同出生组群内部的有效样本量。

我们的估计结果表明，虽然多数南方省份的机会不平等严重程度相对较低，而中部和西部省份是机会不平等相对较高的地区。但各省的机会不平等程度和经济增长率之间并没有呈现出非常显著的负相关关系。虽然由于样本量的限制，我们的结果仅仅是统计性的描述，但这一结果给我们的提示是，在更精确地测度机会不平等的要求下，分析机会不平等与经济增长之间的关系仍然是未来需要研究的课题。从机会不平等的代际变迁特征来看，我们的结果表明，“40后”“50后”“60后”“70后”面临的机会不平等也较为严重，并且有上升的趋势，即“70后”是我们的样本当中面临机会不平等最严重的一代人。相反，“80后”和“90后”面临的机会不平等严重程度相对更低。对于这一现象，我们认为有两种可能的原因。一种可能是“80后”和“90后”面临的机会不平等被当前社会的各个媒体和信息传播渠道扩大了。这意味着对“寒门出贵子”这类事件进行更多的报道可以改变人们对机会不平等的感知。另一种可能是“80后”和“90后”还处于刚刚步入工作岗位的阶段，他们面临的机会不平等还没有充分体现出来。这意味着净化劳动市场环境，提供公平的竞争机会可以改善机会不平等情况。

本章附表

附表5-1　2003~2008年各省份家庭人均收入机会不平等估计及排序（不考虑城乡和省份效应）

省份	基尼绝对值	排序	基尼相对值	排序	泰尔绝对值	排序	泰尔相对值	排序
黑龙江	0.196	1	0.456	11	0.064	1	0.199	11
重庆	0.200	2	0.377	1	0.067	3	0.110	1

续表

省份	基尼绝对值	排序	基尼相对值	排序	泰尔绝对值	排序	泰尔相对值	排序
江西	0.201	3	0.393	2	0.067	4	0.140	2
山西	0.202	4	0.472	19	0.067	2	0.214	20
云南	0.203	5	0.396	3	0.068	5	0.146	3
广东	0.203	6	0.428	6	0.069	7	0.176	7
山东	0.205	7	0.449	10	0.068	6	0.191	9
上海	0.210	8	0.530	26	0.073	9	0.269	26
河南	0.211	9	0.412	5	0.074	11	0.163	5
浙江	0.211	10	0.444	8	0.074	12	0.193	10
内蒙古	0.212	11	0.435	7	0.073	10	0.174	6
吉林	0.212	12	0.476	20	0.072	8	0.212	17
辽宁	0.213	13	0.467	16	0.076	14	0.212	16
湖南	0.213	14	0.445	9	0.074	13	0.187	8
河北	0.217	15	0.478	21	0.077	15	0.220	22
四川	0.220	16	0.410	4	0.079	16	0.156	4
福建	0.224	17	0.465	14	0.084	17	0.210	14
甘肃	0.225	18	0.459	12	0.086	20	0.200	12
贵州	0.225	19	0.509	24	0.085	18	0.248	24
安徽	0.228	20	0.466	15	0.090	24	0.207	13
江苏	0.229	21	0.471	18	0.088	23	0.216	21
陕西	0.230	22	0.503	23	0.086	19	0.241	23
天津	0.232	23	0.669	28	0.087	21	0.423	28
湖北	0.235	24	0.467	17	0.094	25	0.213	19
广西	0.235	25	0.481	22	0.088	22	0.211	15
宁夏	0.239	26	0.460	13	0.099	27	0.212	18
北京	0.241	27	0.648	27	0.095	26	0.411	27
新疆	0.254	28	0.526	25	0.104	28	0.262	25

附表 5－2　2003～2008 年各省份家庭人均收入机会不平等估计及排序（考虑城乡和省份效应）

省份	基尼绝对值	排序	基尼相对值	排序	泰尔绝对值	排序	泰尔相对值	排序
上海	0. 124	1	0. 313	1	0. 025	1	0. 093	1
天津	0. 134	2	0. 385	4	0. 029	2	0. 140	4
北京	0. 135	3	0. 364	3	0. 030	3	0. 131	3
新疆	0. 159	4	0. 329	2	0. 045	4	0. 113	2
吉林	0. 206	5	0. 461	6	0. 075	5	0. 219	7
广东	0. 214	6	0. 450	5	0. 084	6	0. 216	6
黑龙江	0. 219	7	0. 510	8	0. 085	7	0. 264	8
重庆	0. 258	8	0. 488	7	0. 114	8	0. 188	5
广西	0. 269	9	0. 551	9	0. 122	9	0. 294	10
福建	0. 274	10	0. 569	11	0. 127	11	0. 319	14
陕西	0. 274	11	0. 600	18	0. 125	10	0. 352	20
湖南	0. 282	12	0. 590	15	0. 133	16	0. 335	18
江西	0. 283	13	0. 553	10	0. 131	12	0. 274	9
辽宁	0. 284	14	0. 622	22	0. 132	13	0. 367	22
山东	0. 286	15	0. 628	23	0. 133	14	0. 373	24
河北	0. 286	16	0. 631	24	0. 133	15	0. 378	25
甘肃	0. 287	17	0. 587	14	0. 135	17	0. 313	13
内蒙古	0. 293	18	0. 602	19	0. 139	18	0. 333	15
云南	0. 297	19	0. 581	13	0. 143	19	0. 309	11
山西	0. 298	20	0. 696	27	0. 143	20	0. 460	27
安徽	0. 299	21	0. 610	20	0. 144	21	0. 334	16
湖北	0. 300	22	0. 597	16	0. 149	23	0. 337	19
浙江	0. 301	23	0. 632	26	0. 148	22	0. 385	26
江苏	0. 306	24	0. 631	25	0. 151	24	0. 371	23
河南	0. 307	25	0. 599	17	0. 152	25	0. 334	17
四川	0. 311	26	0. 578	12	0. 158	26	0. 312	12
贵州	0. 313	27	0. 709	28	0. 159	27	0. 466	28
宁夏	0. 319	28	0. 613	21	0. 165	28	0. 353	21

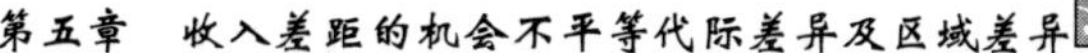

附表 5-3　2010~2013 年各省份家庭人均收入机会不平等估计及排序（不考虑城乡和省份效应）

省份	基尼绝对值	排序	基尼相对值	排序	泰尔绝对值	排序	泰尔相对值	排序
重庆	0.147	1	0.269	1	0.037	1	0.070	1
云南	0.175	2	0.335	2	0.050	3	0.108	2
河北	0.176	3	0.373	6	0.050	2	0.131	5
山西	0.176	4	0.427	10	0.052	4	0.174	9
陕西	0.179	5	0.352	3	0.057	7	0.129	4
安徽	0.179	6	0.367	5	0.058	8	0.136	6
四川	0.179	7	0.362	4	0.054	5	0.122	3
甘肃	0.185	8	0.378	7	0.057	6	0.136	7
内蒙古	0.188	9	0.437	13	0.065	13	0.202	17
宁夏	0.192	10	0.418	9	0.068	18	0.194	14
福建	0.192	11	0.430	12	0.064	12	0.185	11
黑龙江	0.193	12	0.457	19	0.062	9	0.197	16
河南	0.193	13	0.398	8	0.069	19	0.168	8
江西	0.194	14	0.446	16	0.067	16	0.202	19
湖北	0.195	15	0.444	15	0.064	11	0.190	12
江苏	0.195	16	0.441	14	0.064	10	0.195	15
浙江	0.197	17	0.481	21	0.065	14	0.227	22
广东	0.199	18	0.496	24	0.066	15	0.246	24
山东	0.201	19	0.446	17	0.068	17	0.191	13
湖南	0.208	20	0.452	18	0.074	21	0.202	18
新疆	0.209	21	0.427	11	0.071	20	0.175	10
吉林	0.212	22	0.488	23	0.075	23	0.230	23
辽宁	0.213	23	0.528	25	0.075	22	0.257	25
北京	0.217	24	0.677	28	0.079	24	0.456	28
天津	0.222	25	0.638	27	0.081	25	0.383	27
贵州	0.227	26	0.482	22	0.087	26	0.225	21
上海	0.239	27	0.581	26	0.091	27	0.326	26
广西	0.247	28	0.479	20	0.099	28	0.203	20

附表 5-4　　2010~2013 年各省份家庭人均收入机会不平等估计及排序（考虑城乡和省份效应）

省份	基尼绝对值	排序	基尼相对值	排序	泰尔绝对值	排序	泰尔相对值	排序
新疆	0.116	1	0.237	1	0.021	1	0.053	1
广东	0.124	2	0.309	2	0.025	3	0.094	2
北京	0.126	3	0.393	7	0.025	2	0.146	7
天津	0.131	4	0.376	5	0.027	4	0.127	5
上海	0.142	5	0.345	3	0.031	5	0.111	3
辽宁	0.148	6	0.366	4	0.036	6	0.124	4
山西	0.179	7	0.433	14	0.052	7	0.173	16
浙江	0.181	8	0.443	16	0.053	8	0.185	18
江苏	0.183	9	0.415	9	0.055	9	0.169	14
福建	0.189	10	0.422	11	0.058	10	0.168	13
湖北	0.193	11	0.440	15	0.060	11	0.179	17
贵州	0.200	12	0.425	12	0.065	12	0.168	12
江西	0.204	13	0.470	22	0.067	14	0.201	22
湖南	0.206	14	0.447	19	0.068	15	0.186	19
黑龙江	0.207	15	0.489	26	0.066	13	0.210	23
宁夏	0.209	16	0.456	20	0.068	16	0.195	21
云南	0.209	17	0.400	8	0.073	21	0.155	9
山东	0.210	18	0.466	21	0.069	17	0.195	20
四川	0.211	19	0.426	13	0.069	18	0.154	8
重庆	0.212	20	0.388	6	0.072	20	0.135	6
陕西	0.213	21	0.421	10	0.072	19	0.161	10
安徽	0.217	22	0.444	18	0.074	22	0.172	15
广西	0.229	23	0.443	17	0.081	23	0.165	11
河北	0.229	24	0.487	24	0.082	24	0.216	24
吉林	0.233	25	0.535	27	0.084	25	0.258	27
甘肃	0.237	26	0.485	23	0.090	27	0.218	25
河南	0.237	27	0.488	25	0.089	26	0.219	26
内蒙古	0.243	28	0.564	28	0.097	28	0.303	28

第六章

机会不平等感知对居民收入差距接纳度及主观福利的影响

在第二章至第五章中，我们对收入机会不平等的存在性进行了检验并对收入差距中的机会不平等程度进行了测度，从客观上反映了我国收入差距中的机会不平等问题。接下来，我们将要讨论的是这种客观存在的收入机会不平等是否被民众感知到？如果民众感知到收入机会不平等，那么这种感知如何影响民众看待当前的收入差距？民众感知到的收入机会不平等如何影响他们的主观福利？对这些问题的回答，将有利于帮助我们判断中国的民众是否以机会平等为原则评价收入差距，也有利于我们更深刻地理解中国当前的收入差距问题，以及更全面地评价和完善目前的收入再分配政策。

第一节　问题提出

公众对公平和平等问题的感知，对于一个社会的发展或一个国家的公共政策制定来说均是至关重要的，这是因为公众对不平等问题的感知将直接影响到他们的个人行为，如选举和抗议等行为。近年来的最典型事件就是2010年底在许多阿拉伯国家爆发的所谓“阿拉伯之春”浪潮。不少学者认为，阿拉伯国家的事件与民众感知到不平等问题日益严重不无关系（Verme，2013）。

虽然我们在前面的章节中从客观上证实了机会不平等的存在性，但是这种机会不平等是否被民众感知到？机会不平等对民众对待当前收入差距的态度有何影响？机会不平等对民众的主观福利和主观幸福感有何影响？这些问题都尚未得到回答。由于公众对公平和平等问题的感知随着经济发展水平、文化背景、社会习俗的变化而变化，因此无法借助其他国家的经验证据来回答这些问题。

在中国，不少学者曾一度担忧日趋严重的收入不平等是否会诱发社会动荡。中国自改革开放以来在经济发展方面取得了举世瞩目的成就。然而，在经济效率不断提高，经济蛋糕不断做大的同时，我们也付出了一定的代价，其中之一就是收入差距从改革开放以后不断攀升。进入 21 世纪以后，随着研究者对中国收入差距关注度的上升，严重的收入差距甚至让不少学者认为中国已经出现一个“社会火山”。然而，随着时间的不断推移，虽然中国的收入差距仍然保持着明显的上升趋势，但这座“社会火山”并没有像人们预期的那样爆发。这一现象引发了学者们对中国居民的不平等感知问题进行更深入的研究，并试图解释其背后的原因。

一种可能的原因是民众对收入不平等的感知出现了偏差。从国外的经验证据看，民众感知到的收入不平等与测算出来的收入基尼系数之间的相关性并不强（Chambers et al.，2014；Cruces et al.，2013；Gimpelson and Treisman，2015；Norton and Ariely，2011；Verme，2013）。那么，感知偏差能够解释中国的现象吗？回答是否定的。从现实情况来看，中国的收入差距加剧问题并非仅仅体现在研究者们得到的各种收入不平等指标的上升，这种收入差距的攀升也切切实实地被广大民众感知到。例如，从近十多年的全国两会期间网友最关注的十大热点问题看，收入分配问题几乎每年排在前五位。早在十多年前就有学者认为，日益加剧的收入差距不仅被中国民众感知到，而且已经对中国的社会稳定造成了一定的影响。研究表明，从 1993 年到 2005 年，中国的群体性事件发生次数增长了近十倍，而其中的原因之一就是日益严重的不平等问题让民众生产了不满的情绪（Tanner，2006；Chung et al.，2006）。因此，中国民众并非未感知到收入不平等问题，相反他们表现出很强的平等诉求（Wu，2009）。那么，为什么中国民众对当前的收入不平等表现出较强的容忍度呢？目前，较为常见的观点有两种：一是大多中国民众认为不平等是经济发展不可避免的产物，为了保持经济快速发展损失一定程度的不平等是可以接受的（谢宇，2010）；二是中国民众更关注的是机会平等而不是结果平等，并且大多数民众倾向于对目前的机会平等持乐观态度（怀默霆，2009；谢宇，2010）。

显然，区分收入机会不平等和结果不平等对于理解中国居民对待当前收入差距的态度是至关重要的。综合前人的研究可以发现，中国居民之所以可以容忍日趋严重的收入不平等，并不是因为他们没有感知到收入不平等，而是因为中国民众更为关注的是机会不平等。虽然现有的研究提出了前面提到的两种观点来解释中国居民为什么愿意容忍当前的收入差距。但我们认为这两种观点在本质上是一致的。这是因为第一种观点成立的基本前提是，民众预期到自己未来能够从经济发展的成果中分享到一部分利益，因而愿意以容忍当前的不平等为代价。然而，这种预期的隐含假定仍然是机会平等。在一个机会不平等的社会里，如果一个居民面临着非常不利的环境因素，那么无论这个社会的经济发展水平有多高，他也难以分享发展的成果。需要强调的是，现有的研究结论尚不能告诉我们，中国居民对收入差距的容忍是因为机会不平等不严重。原因有两点，第一，我们尚不清楚民众判断收入差距公平性的原则是否是机会平等原则；第二，即便民众以机会平等为原则来评价收入差距公平性，民众的容忍可能源于两种情况：一是民众确实感知到机会不平等问题，但倾向于认为机会不平等并不严重；二是民众没有感知到机会不平等或对机会不平等的感知出现了偏差。由于现有的研究还没有对中国民众关于机会不平等的感知进行系统的研究，所以本章要研究的第一个问题是，民众对机会不平等的感知情况及其变化趋势。

本章要研究的另一个问题是，民众感知到的机会不平等如何影响他们看待中国当前的收入差距。这一问题的探讨将帮助我们判断中国民众是否以机会平等为原则评价收入差距公平性。现有的研究大多在这一假定的前提下，来分析民众看待收入差距的态度。例如，怀默霆（2009）在分析中国民众看待收入差距的态度时没有分析民众对收入差距公平性的直接评价。怀默霆（2009）评价民众对待收入差距的态度时使用的问题是“当前全国范围内的收入差距是太大了、有些大、正好、有些小还是太小了”。当然，为了从机会平等的角度评价收入差距，怀默霆（2009）考查了民众对“穷人之所以贫穷的原因”。作者发现，“缺乏能力和才干”“学历低”“个人不够努力”是民众认为穷人之所以贫穷的最主要的三个原因，而“机会不平等”“社会存在歧视”“经济体制不公平”是最次要的原因。可见，民众感知到的机会不平等并不严重。因此，在民众的评价标准是机会平等的假定下，怀默霆（2009）认为中国民众对收入差距是能够接受的。然而，由于缺乏民众对收入差距公平性的评价，作者并没有探讨这一前提假定是否成立。另一个重要的问题是，这一研究使用的数据是作者于2004年针对中国进行的微观调查，但面对中国经济社会的快速转型，仅仅靠一年的截面数据可能无法全面地解释中国当前的现状。例如，2006年的中国社会综合调查中询问了受访者对“穷人之所以会穷，是因为他们不愿意工作”和“穷人之所以会穷，一个重要原因是接受的教育太少了”这种说法的同意程度。前一个问题有9888人进行了有效回答，其中有67.69%的人表示不同意。第二个问题有9890人进行了有效回答，其中有35.42%的人表示不同意。[①] 显然，民众对第一个问题的回答与怀默霆（2009）给出的结果有很大差异。虽然，有关第二个问题的回答与怀默霆（2009）的结论并不矛盾。并且教育程度也确实与个人的努力程度有很大关系，但中国的教育机会不平等也是一个不容忽视的问题（刘精明，2008；吴愈晓，2013；李春玲，2003，2010）。而且，根据罗默（1998）关于机会不平等的定义，由环境因素引致的努力程度差异也应视为机会不平等。所以，有必要对民众的机会平等感知和他们看待收入差距的态度之间的关系进行精确分析。

本章要研究的第三个问题是，机会不平等感知与居民主观福利的影响。关于中国的收入不平等与居民主观福利关系的研究，多集中于对收入结果不平等的分析（Kinght et al.，2009；官皓，2010；何立新和潘春阳，2011；任海燕和傅红春，2011；鲁元平和王韬，2011；张学志和才国伟，2011）。探讨机会不平等对主观福利影响的研究还不多见。

综上所述，本章将承接前面章节关于收入机会不平等客观测度的分析，

① 根据中国人民大学中国调查与数据中心网站资料整理。

进一步从机会不平等的主观感知进行研究，并从以下三个方面完善相关文献。第一，现有的研究大多使用的数据是2005年以前的数据，因此仅仅反映了民众对21世纪初时的机会不平等感知问题。而中国正处于社会转型时期，民众对机会不平等的感知以及对结果不平等的态度都有可能发生很大的变化。第二，现有的研究将焦点集中于使用机会不平等感知解释民众对结果不平等的态度，但却忽略了机会不平等感知的决定因素是什么。从政策角度看，影响民众机会不平等感知的因素以及如何通过公共政策改变人们对机会不平等的感知才是我们真正关心的内容。第三，现有的研究较少考虑机会不平等感知对居民的再分配偏好、生活满意度和幸福感的影响。考查民众对收入不平等的容忍度固然重要，但是否能够接受当前的收入不平等将直接影响居民对收入分配政策的偏好以及他们的主观福利，而提高居民福利则是公共政策的主要目标。

第二节 数据与方法

一、数据及处理

本章使用的数据来自全国综合社会调查（CGSS）2003年、2005年和2013年三年的横截面数据。本章所讨论的问题对数据的基本要求是能够观察到受访者的机会不平等感知情况。CGSS和各年调查都包含了受访者关于机会不平等感知的问题，但不同年份的问题设计有所差异。通过对比各年的问卷发现，2003年、2005年和2013年的问卷中关于受访者对不平等的感知和态度等问题的设计是一致的。关于机会不平等感知的问题有两个，一个是“在我们这个社会，工人和农民的后代与其他人的后代一样，有同样多的机会成为有钱、有地位的人”，另一个是“只要孩子够努力、够聪明，都能有同样的升学机会”，问卷调查了受访者对这两个表述的认同程度。其中，第一个问题涉及的是机会平等的补偿原则，即由环境因素导致的差距是不公平的不平等；第二个问题涉及的是机会平等的回报原则，即由个人努力因素导致的差距是公平的不平等。通过选用这三年的数据，我们可以避免因问题的设计不同导致的结果差异，因而可以更精确地分析民众对机会不平等的感知情况在过去十年里是否发生明显的变化。

本章需要探讨的第二个问题是，民众感知到的机会不平等对他们看待收入不平等的态度产生怎样的影响。就本章的研究话题而言，2003 年、2005 年和 2013 年调查的最大优点是，问卷中直接询问了受访者对收入差距公平性的评价。具体而言，受访者要回答自己对“现在有的人挣的钱多，有的人挣的钱少，但这是公平的”这一说法的认同程度。根据这一问题，我们可以直接分析机会平等感知与民众看待收入差距的态度之间的关系，而不是武断地推测二者的关系。

我们要考查的第三个问题是，民众的机会不平等感知与他们主观福利之间的关系。CGSS 在每年的问卷中都包含了受访者主观幸福感的问题。具体来说，每位受访需要回答“总的来说，您觉得您的生活是否幸福?”。以往的研究大多集中于分析收入的结果不平等对生活满意度或幸福感的影响。在本章中，我们区分收入的结果不平等和机会不平等对居民满意度或幸福感的影响。但是我们并没有很好的指标反映客观结果不平等和机会不平等。为了尽可能避免客观的不平等对估计结果的影响，我们采用了三种方法：一是估算每个省层面的基尼系数；二是估计每个区县层面的基尼系数；三是估算每个受访者在街道（或镇）层面的相对收入。其中，前两个不平等指标反映的是收入的绝对不平等，后一个指标反映的是收入的相对不平等。这三种收入不平等测度反映的都是收入的结果不平等。因此，都包含了收入的机会不平等程度。在数据理想的情况下，可以估计出机会不平等的大小，再用结果不平等减去机会不平等，从而区分收入差距的公平和不公平部分。然而，从前几章的分析可知，客观的机会不平等程度测度大多对样本量的要求较大，唯一的对样本量要求较小的方法是参数方法。为此，本章利用这一方法估计客观的收入机会不平等情况。CGSS 收集了受访者丰富的家庭背景信息可以用于收入机会不平等的估计。

除上述核心变量以外，CGSS 还收集了其他与个人偏好有关的人口与社会经济特征信息，包括性别、年龄、教育水平、婚姻状况、工作状况、社会经济地位以及社会经济地位的流动等。考虑到农村居民和城市居民对收入差距问题的看法与态度会有很大不同，农村居民对再分配和征税等问题的理解不够深刻以及2003年的调查只覆盖了城市居民等因素，本章仅使用城市居民样本进行分析。我们剔除了受访者年龄不到18岁或超过60岁的样本，剔除了受访者个人收入为负或家庭人均收入为负的样本以及其他变量缺失的样本。

表6-1是最终样本的主要变量统计描述。关于“现在有的人挣的钱多，有的人挣的少，但这是公平的”这一问题，2003年和2013年的问卷仅允许受访者回答“同意”“不同意”或“不知道”。我们将“不知道”定义为缺失值。2005年的问卷允许受访者回答5个不同的同意程度和无法选择。为保持统一，我们将“同意”和“非常同意”定义为“同意”，无法选择定义为缺失，其他选择定义为不同意。关于“在我们这个社会，工人和农民的后代与其他人的后代一样，有同样多的机会成为有钱、有地位的人”和“只要孩子够努力、够聪明，都能有同样的升学机会”这两个问题的处理方式与上一问题相同。居民的主观幸福感被分为5个等级，“非常幸福”为5，“非常不幸福”为1。表6-1中的省（市）层面基尼系数为通过相同省（市）内部的居民个人收入估算的基尼系数。机会基尼系数为通过费雷拉和吉格努（2011）的参数方法估计的收入机会不平等。相对收入为个人收入与省（市）个人收入均值的比值。

表6-1　　样本描述

项目	2003年		2005年		2013年	
	均值	标准差	均值	标准差	均值	标准差
收入差距公平[a]	0.5011	0.5001	0.5637	0.4960	0.5426	0.4983
生活幸福[b]	3.2669	0.8158	3.4543	0.7706	3.7777	0.8173
有相同的升学机会[c]	0.7778	0.4158	0.7761	0.4169	0.7644	0.4245
有相同的挣钱机会[d]	0.7565	0.4292	0.7343	0.4417	0.7232	0.4475
性别（男性=1）	0.5005	0.5001	0.4632	0.4987	0.5157	0.4998
年龄	41.094	10.311	39.576	11.088	41.267	11.170
是否为汉族	0.9411	0.2354	0.9530	0.2116	0.9322	0.2514

续表

项目	2003 年		2005 年		2013 年	
	均值	标准差	均值	标准差	均值	标准差
是否为城市户口	0.9270	0.2602	0.9063	0.2915	1.0000	0.0000
教育程度[e]	2.7039	0.8096	2.6864	0.7862	2.8397	0.8796
是否为党员	0.1874	0.3903	0.1129	0.3165	0.1279	0.3341
是否在婚	0.8629	0.3440	0.8146	0.3887	0.8067	0.3949
当前是否在工作	0.5587	0.4966	0.6239	0.4844	0.7565	0.4293
是否有养老金	0.5276	0.4993	0.4709	0.4992	0.7223	0.4479
是否有医疗保险	0.5818	0.4933	0.4983	0.5001	0.8838	0.3205
社会经济地位[f]	2.4028	0.5707	2.3423	0.5694	2.2840	0.5523
是否有向上流动经历	0.2906	0.4541	0.3293	0.4700	0.3857	0.4868
个人月收入（千元）	0.9015	1.2495	1.1634	1.7734	2.8199	3.4808
家庭人均年收入（千元）	0.6458	1.4080	0.7964	1.4616	2.0770	2.3802
基尼系数（省）	0.4908	0.0715	0.4590	0.0648	0.4663	0.0861
机会基尼系数（省）	0.0628	0.0042	0.0645	0.0034	0.1136	0.0068
基尼系数（市）	0.4652	0.0976	0.4290	0.0885	0.4393	0.1172
机会基尼系数（市）	0.0612	0.0072	0.0628	0.0067	0.1108	0.0109
相对收入（省）	1.0173	1.2443	1.0061	1.3129	1.0015	1.1092
相对收入（市）	1.0236	1.1358	1.0063	1.1021	1.0086	1.0257
样本量（个）	3245		4385		3306	

注：a、c、d 表示二值变量，“同意”为 1，“不同意”为 0；b 表示有序分类变量，“非常不幸福”为 1，“不幸福”为 2，“一般”为 3，“幸福”为 4，“非常幸福”为 5；e 表示有序分类变量，“未接受过正规教育”为 1，“接受过初等教育”为 2，“接受过中等教育”为 3，“接受过高等教育”为 4；f 表示有序分类变量，“较低”为 1，“一般”为 2，“较高”为 3。

表 6-1 说明中国城市居民对机会不平等的感知在样本期的十年间仅发生了较小的变化，但却呈现出明显变化趋势。图 6-1 更清晰地呈现了这一趋势。从图 6-1 中我们可以看出：总体而言，中国民众对机会平等的认同度还是比较高的。无论是从不同家庭的子女是否有相同的升学机会看，还是从不同背景的人有相同的挣钱机会来看，都有超过 70% 的人持同意的观点。这与怀

默霆（2009）和谢宇（2010）以及其他学者利用早期数据得到的结论是一致的。然而，通过本章使用的长期数据进行纵向比较发现，民众对机会平等所持有的这种乐观态度正在逐渐减弱。需要强调的是，我们在第三章中对收入机会不平等进行了测算，得到了多种客观的机会不平等指标，这些指标的结论是，中国城市居民的收入机会不平等在2008年以后呈现出略微下降的趋势。这一结论与居民的主观机会不平等感知有一定差异，说明民众对机会不平等的感知可能与实证研究中测算出来的客观机会不平等程度之间有一定的偏差。事实上，这一现象并不是中国所特有的。布鲁诺里（Brunori，2015）利用20余个欧洲国家的数据进行的跨国研究也发现，民众感知到的机会不平等与各个国家的实际机会不平等程度之间没有明显的相关性。

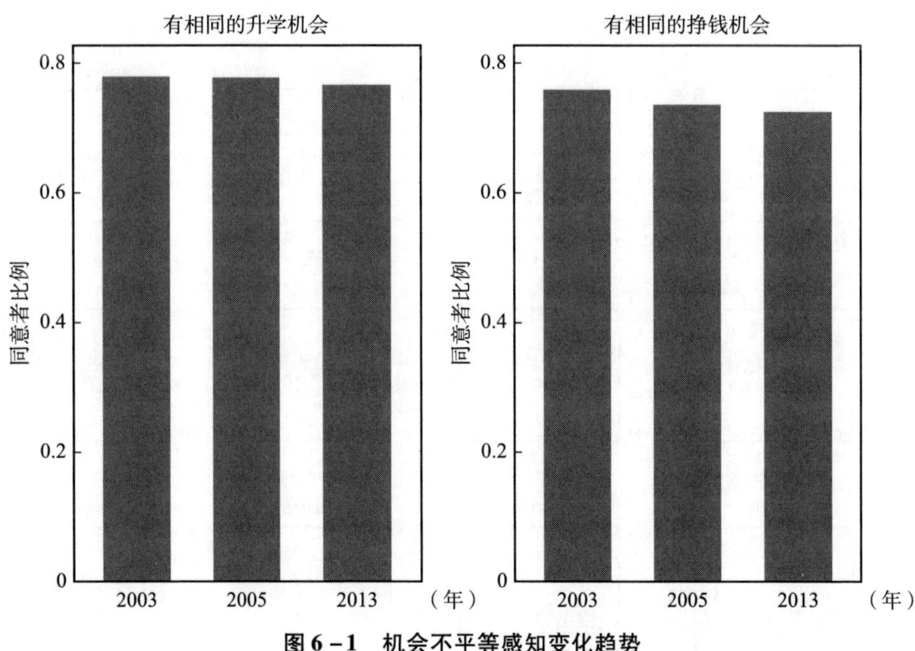

图6－1　机会不平等感知变化趋势

遗憾的是，我们仅有三年的数据，所以无法对这种偏差在统计上的显著性进行精确的检验。但我们测算了每个省层面和市层面的收入机会不平等情况。因此，我们可以分析各个省（市）居民的客观机会不平等与各个省

（市）居民的主观机会不平等感知之间的相关性。图6－2的前两列绘制了每年的省层面客观机会不平等与居民主观机会不平等的关系。其中主观机会不平等分别用同意“有相同的升学机会”的受访者占比（第一列）和同意“有相同的挣钱机会”的受访者占比（第二列）表示。后两列绘制了每年的市层面客观机会不平等与居民主观机会不平等的关系。从图6－2可以看出，大部分结果都表明客观机会不平等与主观机会不平等感知没有显著的相关关系。虽然部分结果呈现出显著的相关性，但是结果并不统一。例如，2003年省层面（第一行前两列）的机会不平等与民众的主观机会不平等感知显著负相关，然而2005年市层面（第二行后两列）的机会不平等与民众的主观机会不平等感知显著正相关。总体而言，我们认为这些结果并不能证明居民的主观机会不平等感知和客观的机会不平等测算结果有显著的相关性。

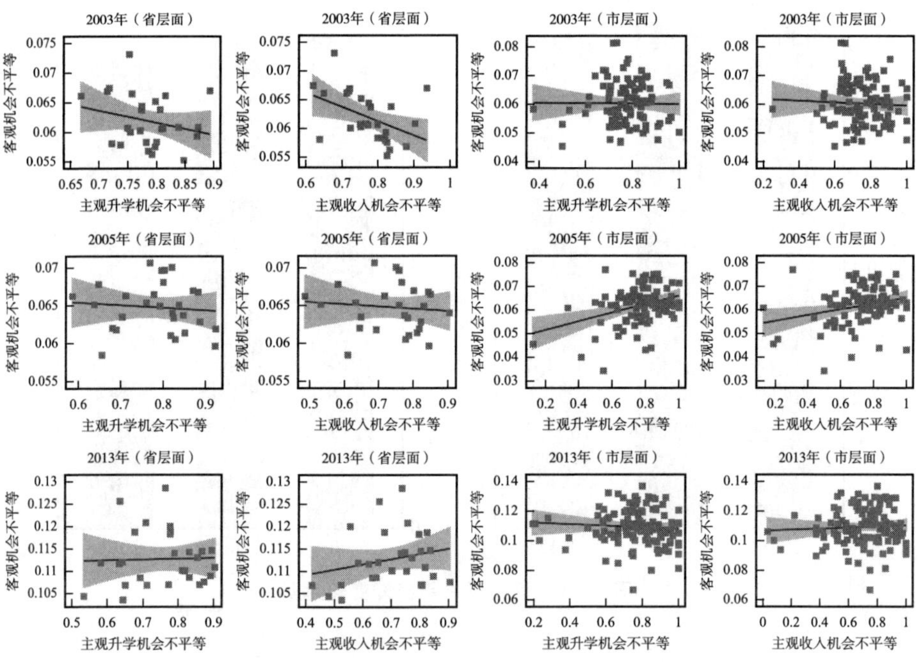

图6－2　客观机会平等与主观机会不平等

二、计量模型

本章关注的是，主要被解释变量是居民对收入差距的公平性评价和居民的主观幸福感程度。这两个变量都为离散变量，其中前者为二值变量，后者取5个等级的值。用 y_i 表示第 i 个居民对收入差距的公平性评价。我们假定居民认为收入差距是公平的概率满足：

$$P(y_i = 1 \mid EO_i,\ X_i) = F(\beta_0 + \beta_1 EO_i + X_i \Gamma) \tag{6.1}$$

其中，EO_i 表示居民的机会平等感知，X_i 表示其他解释变量，包括性别、年龄、教育程度等（见表6-2）。$F(\cdot)$ 是积累分布函数。常用的积累分布函数为正态分布或Logistic分布。然而，在实证过程中，这两种分布给出的回归结果在显著性方面并不会有明显差异，所以本章仅使用Logit回归。

表6-2　　收入差距公平性评价影响因素（CGSS2003）

项目	(1) Logit	(2) Logit	(3) Logit	(4) OLS
有相同的挣钱机会	0.7829 *** (0.0897)	0.7826 *** (0.0884)	0.7821 *** (0.0884)	0.1812 *** (0.0201)
不公平收入差距（省）		-11.4946 (10.2293)	-14.1786 (12.3182)	-3.3499 (2.8348)
公平收入差距（省）		0.3382 (0.5853)	0.4200 (0.7627)	0.0901 (0.1760)
不公平收入差距（市）			-2.6875 (6.8883)	-0.6074 (1.5906)
公平收入差距（市）			0.0852 (0.5532)	0.0153 (0.1269)
性别	0.1794 ** (0.0783)	0.1904 ** (0.0773)	0.1917 ** (0.0774)	0.0441 ** (0.0179)
年龄	-0.0237 *** (0.0044)	-0.0239 *** (0.0044)	-0.0239 *** (0.0044)	-0.0056 *** (0.0010)

续表

项目	(1) Logit	(2) Logit	(3) Logit	(4) OLS
是否汉族	-0.2582 (0.1901)	-0.5203*** (0.1640)	-0.5165*** (0.1643)	-0.1179*** (0.0370)
是否城市户口	-0.0526 (0.1530)	-0.1235 (0.1491)	-0.1252 (0.1491)	-0.0302 (0.0346)
教育程度	0.2123*** (0.0569)	0.2095*** (0.0560)	0.2086*** (0.0561)	0.0483*** (0.0130)
是否党员	-0.0741 (0.1077)	-0.0620 (0.1060)	-0.0619 (0.1061)	-0.0139 (0.0245)
是否在婚	-0.0290 (0.1184)	-0.0332 (0.1158)	-0.0337 (0.1158)	-0.0061 (0.0266)
是否在职	-0.1106 (0.0895)	-0.0702 (0.0867)	-0.0708 (0.0871)	-0.0158 (0.0202)
是否有养老保险	-0.1274 (0.1037)	-0.1552 (0.1011)	-0.1560 (0.1012)	-0.0360 (0.0234)
是否有医疗保险	-0.0204 (0.1071)	-0.0047 (0.1052)	-0.0059 (0.1055)	-0.0012 (0.0245)
社会经济地位	0.2635*** (0.0722)	0.2932*** (0.0705)	0.2934*** (0.0706)	0.0683*** (0.0164)
是否有向上流动经历	0.1826** (0.0869)	0.1567* (0.0856)	0.1571* (0.0856)	0.0367* (0.0199)
个人收入	-0.1229 (0.0961)	-0.0732 (0.0748)	-0.0723 (0.0749)	-0.0142 (0.0163)
家庭人均收入	0.0164 (0.0315)	0.0176 (0.0305)	0.0175 (0.0305)	0.0038 (0.0068)
相对全省平均收入	0.1362 (0.1311)	0.0777 (0.1146)	0.0666 (0.1184)	0.0121 (0.0264)

续表

项目	(1) Logit	(2) Logit	(3) Logit	(4) OLS
相对全市平均收入	0.0381 (0.1025)	0.0422 (0.1018)	0.0532 (0.1058)	0.0126 (0.0242)
常数项	-0.6565 (0.4015)	0.4935 (0.8546)	0.4982 (0.8554)	0.6216 *** (0.1978)
省份虚拟变量	Yes	No	No	No
Pseudo/Adjust R-sq	0.0688	0.0575	0.0575	0.0707

注：括号中为标准误，*、**、*** 分别表示在 10%、5% 和 1% 的置信水平上显著，Pseudo/Adjust R-sq 一行的数据指的是 Logit 或有序 Logit 回归的伪 R^2，OLS 回归的调整 R^2。

当 y_i 是居民的主观幸福感时，被解释变量是一个有序变量，常用的回归方法是有序 Logit 回归或有序 probit 回归。同样的道理，本章仅考虑有序 Logit 回归。非线性估计的不足之处是回归系数不便于解释。为此，我们对主要的回归方程还同时进行了 OLS 回归。

第三节　经验分析

一、机会平等感知与看待收入差距的态度

为了分析影响民众看待收入差距态度的影响因素，我们在表 6-2 中汇报了利用 2003 年的样本估计得到的全部结果。核心变量是民众是否认同所有人都有相同的挣钱机会，被解释变量是民众是否认同收入差距公平。第一列没有控制客观机会不平等和收入不平等，第二列进一步控制了省层面的收入机会不平等的基尼系数以及收入基尼系数与机会不平等基尼系数之差，前者用于反映客观的不公平收入差距，后者用于反映客观的公平收入差距。第三列加入了市级层面的客观收入机会不平等和收入不平等与机会不平等之差。第

四列控制了所有变量，但使用的是线性最小二乘法。由于省层面的客观不平等指标与省份虚拟变量线性相关，同时控制这两类变量仅改变常数项的估计，对其他变量的系数估计无影响。所以，除第一列以外，其他三列的估计均没有控制省份虚拟变量。

前三列的 Logit 回归结果表明，越是认同机会平等的居民越有可能认为收入差距是公平的。这说明民众在评价收入差距公平性时，很有可能以机会平等为评判的原则。虽然，前面的分析表明民众的机会平等感知与客观的机会不平等程度没有明显的相关性。但这并不能完全排除我们的估计结果会受到客观不平等程度影响的可能性。为此，我们在第二和第三列中进一步控制了客观的不平等程度。结果表明，客观的公平收入差距越大，民众越有可能从主观上认为收入差距是公平的，客观的不公平收入差距越大，民众越有可能从主观上认为收入差距是不公平的，但这些结果在统计上都不显著。作为与非线性估计的对比，我们在最后一列汇报了 OLS 估计的结果，得到的结论仍然支持了我们的判断。

其他控制变量也在一定程度上揭示了影响民众看待收入差距态度的因素。例如，男性通常比女性更有可能认为当前的收入差距是公平的；年轻人更倾向于认同当前的收入差距；教育程度越高越有可能认为收入差距公平；社会经济地位越高越有可能认为收入差距公平；有过社会经济地位向上流动经历的居民越有可能认为收入差距公平。

表 6 - 3 是利用 2005 年的样本估计得到的结果。表中所有方程的变量控制方式均与表 6 - 2 中对应的方程相同，但为简便起见，表 6 - 3 仅汇报了核心变量的系数估计情况。与表 6 - 2 相同，民众的主观机会平等感知仍然显著地影响着人们对收入差距公平性的评价。第二列说明，客观收入机会不平等程度会影响民众对收入差距公平性的评价，并且结果是显著的。第三列的结果表明，加入市级层面的客观不平等程度后，不平等的收入差距会显著降低人们对收入差距公平性的评价，而公平的收入差距会显著提高人们对收入差距公平性的评价。

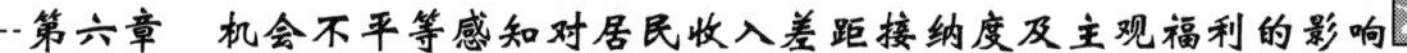

表 6－3　　　　收入差距公平性评价影响因素（CGSS2005）

项目	(1) Logit	(2) Logit	(3) Logit	(4) OLS
有相同的挣钱机会	0.8394 *** (0.0737)	0.8454 *** (0.0712)	0.8349 *** (0.0714)	0.1988 *** (0.0165)
不公平收入差距（省）		－9.8426 (9.6771)	－22.5222 ** (10.9295)	－5.0555 ** (2.5060)
公平收入差距（省）		3.1663 *** (0.5272)	3.5984 *** (0.7211)	0.8180 *** (0.1634)
不公平收入差距（市）			－12.8324 ** (5.5078)	－2.9432 ** (1.2682)
公平收入差距（市）			0.5253 (0.5165)	0.1203 (0.1178)
常数项	－0.6818 ** (0.3301)	－1.0086 (0.6649)	－0.9647 (0.6688)	0.2710 * (0.1535)
样本量（个）	4385	4385	4385	4385
Pseudo/Adjust R－sq	0.0709	0.0507	0.0518	0.0647

注：括号中为标准误，*、**、*** 分别表示在 10%、5%、1% 的置信水平上显著。

表 6－4 是利用 2013 年样本得到的结果。总体而言，表 6－4 的估计结果与表 6－3 较为接近。首先，主观的机会平等感知显著影响民众对收入差距公平性的评价。其次，客观的公平收入差距和不公平收入差距也都对民众的收入差距公平性主观评价有显著影响，并且影响的方向是符合预期的。

表 6－4　　　　收入差距公平性评价影响因素（CGSS2013）

项目	(1) Logit	(2) Logit	(3) Logit	(4) OLS
有相同的挣钱机会	0.6609 *** (0.0849)	0.6297 *** (0.0818)	0.6258 *** (0.0819)	0.1464 *** (0.0189)

续表

项目	(1) Logit	(2) Logit	(3) Logit	(4) OLS
不公平收入差距（省）		-1.6282 (6.1347)	-9.7390 (7.4661)	-2.1715 (1.7301)
公平收入差距（省）		4.1116 *** (0.5160)	3.1688 *** (0.6831)	0.7454 *** (0.1573)
不公平收入差距（市）			-7.2248 * (4.2688)	-1.6740 * (0.9878)
公平收入差距（市）			1.0148 ** (0.4756)	0.2288 ** (0.1094)
常数项	0.6841 * (0.4070)	-0.1489 (0.7000)	-0.0822 (0.7014)	0.4671 *** (0.1624)
样本量（个）	3306	3306	3306	3306
Pseudo/Adjust R-sq	0.0695	0.0532	0.0546	0.0670

注：括号中为标准误，*、**、*** 分别表示在10%、5%、1%的置信水平上显著。

Logit 估计虽然更符合数据特征，但是非线性回归的系数不利于分析自变量对因变量的边际影响。为了更直观地观察核心变量对民众评价收入差距公平性的边际影响，我们在表6-5中汇报了每年估计结果中的第三列估计对应的边际效应。表6-5说明，认同机会平等的民众认为收入差距公平的可能性比不认同机会平等的民众认为收入差距公平的可能性要高15%~20%。

表6-5　　表6-3至表6-4的Logit回归边际效应估计

项目	2003年	2005年	2013年
有相同的挣钱机会	0.1912 *** (0.0207)	0.2055 *** (0.0172)	0.1551 *** (0.0200)
不公平收入差距（省）	-3.5446 (3.0795)	-5.5280 ** (2.6824)	-2.4148 (1.8512)

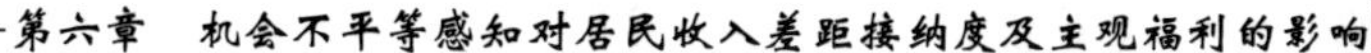
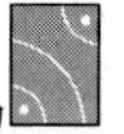

续表

项目	2003 年	2005 年	2013 年
公平收入差距（省）	0.1050 (0.1907)	0.8832 *** (0.1770)	0.7857 *** (0.1694)
不公平收入差距（市）	-0.6719 (1.7221)	-3.1497 ** (1.3518)	-1.7914 * (1.0584)
公平收入差距（市）	0.0213 (0.1383)	0.1289 (0.1268)	0.2516 ** (0.1179)

注：括号中为标准误，*、**、*** 分别表示在 10%、5%、1% 的置信水平上显著。

二、机会平等感知与主观幸福感

收入差距与主观幸福感之间的关系一直是学者们关心的话题。国内不少学者认为中国的收入差距损害了居民的主观幸福感（黄嘉文，2016）。然而，从机会平等的角度来看，收入不平等有公平和不公平之分，这两种不同的收入差距有可能对居民的主观幸福感有不同的影响。同样的道理，民众感知的机会不平等程度也可能影响居民的幸福感，例如，对于一个低收入者而言，如果他认为他的收入低是由于自己的出生背景不好导致的，那么他可能难以接受自己与别人的收入差距，进而对自己的幸福感产生不利影响。从效用的角度来分析，如果不可控的环境因素对居民的收入没有系统的影响，那么居民的收入差距完全由可控因素导致的，而居民选择可控因素的目的是最大化自己的效用。因此，居民付出努力能够得到相应的回报时，会提高他们的幸福感，即公平的收入差距会增强人们的主观幸福程度。

表 6 - 6 是利用 2003 年样本得到的主观幸福感估计结果，表中各列的变量控制方式与表 6 - 2 相同。表 6 - 6 说明，越是认为不同的人有相同的挣钱机会的居民越倾向于认为自己幸福。客观的不公平收入差距会降低民众的主观幸福感，但结果并不显著。客观的公平收入差距显著提高了居民的幸福感，这和人们预期的结果是一致的。我们的分析结果说明，在机会平等的社会里，“劳有所得”会增进人们的幸福感。表 6 - 6 的其他解释变量反映出一些影响

主观幸福感的其他因素。例如，男性通常比女性感觉更不幸福；年龄越大越有可能感觉不幸福；党员比非党员感觉更幸福；在婚的居民幸福感更高；社会经济地位高或社会经济地位上升的居民都会感觉更幸福。这些结论也都是符合直观预期的。

表 6－6　　机会不平等感知与主观幸福感（CGSS2003）

项目	(1) Ordered Logit	(2) Ordered Logit	(3) Ordered Logit	(4) OLS
有相同的挣钱机会	0.2000** (0.0820)	0.1694** (0.0808)	0.1706** (0.0809)	0.0689** (0.0298)
不公平收入差距（省）		－8.8711 (9.5500)	－6.1774 (11.4940)	－2.5503 (4.2175)
公平收入差距（省）		1.3054** (0.5495)	1.7204** (0.7139)	0.5605** (0.2619)
不公平收入差距（市）			2.5147 (6.4132)	0.7567 (2.3664)
公平收入差距（市）			0.4680 (0.5158)	0.1727 (0.1887)
性别	－0.4224*** (0.0736)	－0.4248*** (0.0730)	－0.4248*** (0.0730)	－0.1512*** (0.0266)
年龄	－0.0102** (0.0042)	－0.0106** (0.0041)	－0.0105** (0.0041)	－0.0043*** (0.0015)
是否汉族	－0.1099 (0.1756)	－0.3070** (0.1509)	－0.3032** (0.1512)	－0.1150** (0.0551)
是否城市户口	－0.0842 (0.1430)	－0.1061 (0.1400)	－0.1093 (0.1400)	－0.0463 (0.0514)
教育程度	0.1189** (0.0532)	0.0987* (0.0524)	0.0990* (0.0525)	0.0323* (0.0193)

续表

项目	(1) Ordered Logit	(2) Ordered Logit	(3) Ordered Logit	(4) OLS
是否党员	0.4955 *** (0.0999)	0.5011 *** (0.0986)	0.4984 *** (0.0987)	0.1921 *** (0.0365)
是否在婚	0.6611 *** (0.1109)	0.6347 *** (0.1088)	0.6329 *** (0.1088)	0.2239 *** (0.0396)
是否在职	0.0780 (0.0836)	0.1514 * (0.0814)	0.1444 * (0.0818)	0.0547 * (0.0300)
是否有养老保险	0.0336 (0.0971)	0.0551 (0.0950)	0.0562 (0.0951)	0.0334 (0.0349)
是否有医疗保险	0.0212 (0.1010)	0.0587 (0.0997)	0.0523 (0.0999)	0.0185 (0.0364)
社会经济地位	1.1261 *** (0.0710)	1.1411 *** (0.0697)	1.1387 *** (0.0698)	0.4036 *** (0.0243)
是否有向上流动经历	0.8757 *** (0.0825)	0.8706 *** (0.0815)	0.8729 *** (0.0815)	0.3062 *** (0.0296)
个人收入	-0.0959 (0.0798)	0.0306 (0.0650)	0.0285 (0.0652)	0.0099 (0.0243)
家庭人均收入	0.0263 (0.0316)	0.0114 (0.0306)	0.0128 (0.0307)	0.0043 (0.0102)
相对全省平均收入	0.2049 * (0.1157)	0.0769 (0.1042)	0.0721 (0.1079)	0.0286 (0.0393)
相对全市平均收入	0.0597 (0.0947)	0.0531 (0.0945)	0.0614 (0.0982)	0.0218 (0.0359)
省份虚拟变量	Yes	No	No	No
Pseudo/Adjust R-sq	0.1294	0.1137	0.1138	0.2271
样本量（个）	3245	3245	3245	3245

注：括号中为标准误，*、**、*** 分别表示在10%、5%、1%的置信水平上显著。

表6-7和表6-8分别是2005年和2013年的估计结果。这两年的结果也都表明，机会平等感知对主观幸福感有显著的影响，越是认同机会平等的居民越是感觉幸福。与表6-6不同，2005年的估计结果表明不公平的收入差距越严重，民众的主观幸福感越低，这种负向的影响在统计上是显著的。2013年的估计结果与表6-6类似，不公平的收入差距虽然对居民的幸福感有不利的影响，但是这种影响在统计上并不显著。综合三年的估计结果，我们认为，客观的不公平收入差距会损害居民的幸福感，而客观的公平收入差距会提高居民的幸福感。虽然部分年份的估计结果不显著，但这主要是由于样本量不够大，在估计省级层面或市级层面的客观不平等时，引入了较大的误差，导致估计的效率降低所致的。

表6-7　　　　机会不平等感知与主观幸福感（CGSS2005）

项目	(1) Ordered Logit	(2) Ordered Logit	(3) Ordered Logit	(4) OLS
有相同的挣钱机会	0.1561** (0.0689)	0.2025*** (0.0670)	0.1988*** (0.0672)	0.0739*** (0.0240)
不公平收入差距（省）		-19.8186** (9.0620)	-23.7928** (10.2185)	-8.5115** (3.6337)
公平收入差距（省）		0.9845** (0.4825)	0.7769 (0.6655)	0.1866 (0.2369)
不公平收入差距（市）			-3.8536 (5.1237)	-1.4437 (1.8388)
公平收入差距（市）			0.2419 (0.4826)	0.1422 (0.1708)
样本量（个）	4385	4385	4385	4385
Pseudo/Adjust R-sq	0.1130	0.0980	0.0981	0.1853

注：括号中为标准误，*、**、***分别表示在10%、5%、1%的置信水平上显著。

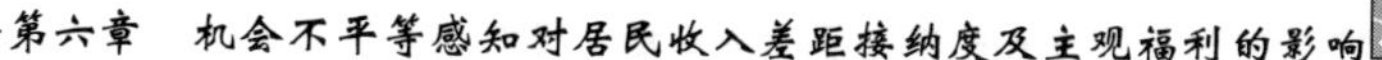

表 6－8　机会不平等感知与主观幸福感（CGSS2013）

项目	(1) Ordered Logit	(2) Ordered Logit	(3) Ordered Logit	(4) OLS
有相同的挣钱机会	0.3246*** (0.0797)	0.3153*** (0.0771)	0.3188*** (0.0772)	0.1078*** (0.0302)
不公平收入差距（省）		－4.2670 (5.9190)	－5.9672 (7.1852)	－1.3016 (2.7584)
公平收入差距（省）		1.0954** (0.4787)	2.0089*** (0.6426)	0.6623*** (0.2508)
不公平收入差距（市）			－0.6593 (4.0963)	－0.4529 (1.5749)
公平收入差距（市）			0.9588** (0.4498)	0.4283** (0.1745)
样本量（个）	3306	3306	3306	3306
Pseudo/Adjust R－sq	0.0719	0.0583	0.0589	0.1184

注：括号中为标准误，*、**、*** 分别表示在 10%、5%、1% 的置信水平上显著。

三、异质性分析

下面考查机会平等感知对评价收入差距公平性的影响以及主观幸福感的影响是否在不同人群中间存在差异。我们考虑了三种人群划分方式：一是按性别划分；二是按年龄划分；三是按是否经历过社会经济地位上升划分。简单起见，所有估计仅汇报核心变量的回归结果。需要强调的是，此处使用的均为非线性估计。严格来说，直接比较回归系数并不严谨。但估算边际效应需要给定解释变量的取值。因此，需要比较的边际效应有无数多个。为简单起见，我们在此处仅比较回归系数。

表 6－9 是按性别划分后的估计结果。从对收入差距的公平性评价来看，机会平等感知对男性和女性居民评价收入差距的公平性都有显著的影响。从系数的大小上看，2003 年和 2005 年的回归结果表明，机会平等感知对男性

和女性评价收入差距公平性的影响没有显著差异。2013 年的结果表明，机会平等感知对男性和女性评价收入差距公平性的影响差异在 10% 的置信水平上是显著的。总体来看，这些差异是不明显的。从对幸福感的影响来看，2003 年和 2013 年的估计结果都表明，机会平等感知对女性幸福感的影响要强于男性，并且这些影响在统计上是显著的。2005 年的结果表明，机会平等感知对男性幸福感的影响强于女性。但考虑到 2005 年的问卷设计与 2003 年和 2013 年不同，2005 年的同意程度分 5 类，我们仅将“同意”和“非常同意”定义为“同意”，把“无所谓”视为“不同意”，这有可能会影响结果。因此，综合来看，我们认为认同机会平等对女性的幸福感提升更为明显。

表 6－9　　分性别估计

项目	2003 年		2005 年		2013 年	
	(1) 男	(2) 女	(3) 男	(4) 女	(5) 男	(6) 女
公平性评价：						
有相同的挣钱机会	0.7590*** (0.1205)	0.8103*** (0.1318)	0.8404*** (0.1046)	0.8209*** (0.0987)	0.7269*** (0.1119)	0.5105*** (0.1214)
Pseudo R－sq	0.0564	0.0623	0.0611	0.0523	0.0603	0.0581
主观幸福感：						
有相同的挣钱机会	0.0953 (0.1117)	0.2439** (0.1182)	0.2253** (0.0982)	0.1929** (0.0928)	0.2630** (0.1049)	0.3747*** (0.1148)
Pseudo R－sq	0.1203	0.1114	0.0966	0.1043	0.0557	0.0696
样本量（个）	1624	1621	2031	2354	1705	1601

注：变量控制方式与表 6－2 的第（3）或第（4）列相同。括号中为标准误，*、**、*** 分别表示在 10%、5%、1% 的置信水平上显著。

表 6－10 是按年龄划分样本得到的估计结果。我们把样本划分为 40 岁以下的受访者和 40 岁以上的受访者。结果表明，机会平等感知对 40 岁以下居民看待收入差距的态度影响更大。同样，机会平等感知对 40 岁以下居民的幸福感影响更大。一种可能是年轻人的思想更为活跃，因此他们在评价收入差

距公平性或自己的幸福感时更容易受到自己的主观感知影响。另一种可能是年轻人更加看重机会平等原则。除了按照上述的年龄划分方式外，我们还考虑了把样本分为35岁以下及以上、45岁以下及以上这两种情况。这两种划分方式的回归结果同样表明，机会平等感知对收入差距公平性的评价以及主观幸福感都有显著的影响，但是两个年龄段之间的系数差异不再有明显的规律，而且部分系数的差异在统计上不显著。

表6-10　　分年龄估计

项目	2003年		2005年		2013年	
	(1) <40	(2) ≥40	(3) <40	(4) ≥40	(5) <40	(6) ≥40
公平性评价：						
有相同的挣钱机会	0.8990*** (0.1363)	0.6930*** (0.1174)	0.8937*** (0.1024)	0.7935*** (0.1007)	0.6665*** (0.1251)	0.6194*** (0.1099)
Pseudo R-sq	0.0631	0.0438	0.0433	0.0511	0.0679	0.0493
主观幸福感：						
有相同的挣钱机会	0.2197* (0.1257)	0.1457 (0.1067)	0.2183** (0.0969)	0.2060** (0.0942)	0.3500*** (0.1182)	0.3199*** (0.1032)
Pseudo R-sq	0.1082	0.1265	0.0863	0.1099	0.0522	0.0690
样本量（个）	1432	1813	2169	2216	1456	1850

注：所有方程均控制了表6-2中出现的其他解释变量。括号中为标准误，*、**、***分别表示在10%、5%、1%的置信水平上显著。

表6-11是按是否有过向上流动的经历划分样本得到的结果。从收入差距公平性评价的估计结果看，没有过向上流动经历的人在评价收入差距是否公平时，受其机会平等感知情况的影响更大。但从幸福感的估计结果看，是否有过向上流动经历对估计结果的影响并不大，并没有呈现出有规律并且统计上显著有差异。当然，仅从系数的大小上看，有过向上流动经历的居民在感知到机会平等时，更有可能提升幸福感。我们认为，没有向上流动经历的居民在评价收入差距的公平性时，更有可能看重差距的来源是否由机会不平

等导致，而有过向上流动经历的居民更加倾向于认为机会平等是自然的事情，因此他们对收入差距公平性的评价受机会平等感知的影响相对较小。

表6-11　　是否有过向上流动经历估计

项目	2003年		2005年		2013年	
	(1) 有	(2) 无	(3) 有	(4) 无	(5) 有	(6) 无
公平性评价：						
有相同的挣钱机会	0.6033*** (0.1755)	0.8649*** (0.1036)	0.6458*** (0.1290)	0.9350*** (0.0870)	0.4294*** (0.1382)	0.7385*** (0.1034)
Pseudo R-sq	0.0613	0.0553	0.0390	0.0593	0.0570	0.0537
主观幸福感：						
有相同的挣钱机会	0.1945 (0.1636)	0.1644* (0.0934)	0.1314 (0.1222)	0.2138*** (0.0811)	0.4530*** (0.1338)	0.2412** (0.0954)
Pseudo R-sq	0.0762	0.0828	0.0508	0.0746	0.0340	0.0607
样本量（个）	943	2302	1444	2941	1275	2031

注：所有方程均控制了表6-2中出现的其他解释变量。括号中为标准误，*、**、***分别表示在10%、5%、1%的置信水平上显著。

四、稳健性分析

在前面的分析中，我们通过居民对“在我们这个社会，工人和农民的后代与其他人的后代一样，有同样多的机会成为有钱、有地位的人”这一问题的认同程度来判断他们的机会平等感知。能够反映民众机会平等感知的另一个问题是“只要孩子够努力、够聪明，都能有同样的升学机会”。我们选择前一个问题作为主要分析对象的原因是，后一个问题反映的实际是教育的机会平等问题，而教育机会平等和收入的机会平等并不完全相同。相反，前一个问题直接考查的是居民对收入获取机会是否平等的感知。然而，教育是影响个人收入的重要因素之一，教育的机会平等往往是促进收入机会平等的重要途径。为了进一步分析本章结果的稳健性，我们使用人们对教育机会平等的感知作为代理变量进行回归。

表 6-12 是民众对收入差距公平性评价与其感知到的教育机会平等之间的关系。估计的结果表明，在控制其他影响收入差距公平性评价的因素以及客观公平收入差距和不公平的收入差距之后，个人对教育机会平等的主观感知仍然对其评价收入差距的公平性有显著的影响。倾向于认同教育机会是平等的居民，更有可能认为收入差距是公平的。这一结论和我们的推测是相符的。由于教育机会平等是实现收入机会平等的重要途径之一，因此这一结论进一步证实了前面的结果是可靠的。另外，这一结论也表明，政府可以通过促进教育的机会公平来改变民众对收入差距公平性的感知。

表 6-12　　收入差距公平性评价与教育机会平等

项目	2003 年		2005 年		2013 年	
	(1) Logit	(2) OLS	(3) Logit	(4) OLS	(5) Logit	(6) OLS
有相同的升学机会	0.6572*** (0.0899)	0.1527*** (0.0206)	0.8881*** (0.0760)	0.2106*** (0.0175)	0.9106*** (0.0881)	0.2111*** (0.0198)
不公平收入差距（省）	-18.3447 (12.2368)	-4.3529 (2.8417)	-23.8702** (10.9275)	-5.3960** (2.5051)	-8.6667 (7.5279)	-1.9576 (1.7156)
公平收入差距（省）	0.5052 (0.7602)	0.1078 (0.1768)	3.5079*** (0.7212)	0.7973*** (0.1634)	2.8839*** (0.6917)	0.6626*** (0.1563)
不公平收入差距（市）	-3.1542 (6.8532)	-0.7031 (1.5970)	-13.6015** (5.5043)	-3.1243** (1.2670)	-8.9638** (4.3031)	-2.0743** (0.9807)
公平收入差距（市）	0.0888 (0.5500)	0.0167 (0.1274)	0.4403 (0.5172)	0.1000 (0.1178)	1.2191** (0.4798)	0.2760** (0.1085)
样本量（个）	3245	3245	4385	4385	3306	3306
Pseudo/Adj R-sq	0.0517	0.0631	0.0519	0.0648	0.0659	0.0817

注：所有方程均控制了表 6-2 中出现的其他解释变量。括号中为标准误，*、**、*** 分别表示在 10%、5%、1% 的置信水平上显著。

表 6-13 是居民的教育机会平等感知对其幸福感的影响分析。其中，2003 年的结果表明，居民感知到教育机会平等可以提高他们的幸福感，但这

一效果在统计上并不是非常显著。不过，2005 年和 2013 年的估计结果都说明，教育机会平等感知能够显著地改善居民的幸福感。这一结论也在一定程度上说明，我们关于主观幸福感和收入机会平等感知的估计结果是可靠的。同时，这一结果也告诉我们促进教育的机会平等在提高居民主观福利方面有着不可或缺的作用。

表 6－13　主观幸福感与教育机会平等

项目	2003 年		2005 年		2013 年	
	(1) Logit	(2) OLS	(3) Logit	(4) OLS	(5) Logit	(6) OLS
有相同的升学机会	0.1232 (0.0827)	0.0463 (0.0306)	0.1975 *** (0.0711)	0.0603 ** (0.0254)	0.2573 *** (0.0812)	0.0797 ** (0.0319)
不公平收入差距（省）	－5.1428 (11.4715)	－2.1150 (4.2125)	－23.9440 ** (10.2149)	－8.6870 ** (3.6342)	－6.5229 (7.1821)	－1.5399 (2.7598)
公平收入差距（省）	1.7418 ** (0.7141)	0.5646 ** (0.2621)	0.7944 (0.6655)	0.1892 (0.2371)	1.9127 *** (0.6430)	0.6330 ** (0.2514)
不公平收入差距（市）	2.6418 (6.4124)	0.8070 (2.3673)	－4.0125 (5.1179)	－1.5945 (1.8381)	－0.0812 (4.1016)	－0.3012 (1.5776)
公平收入差距（市）	0.4691 (0.5160)	0.1711 (0.1889)	0.2181 (0.4824)	0.1348 (0.1709)	0.8857 ** (0.4498)	0.4012 ** (0.1746)
样本量（个）	3245	3245	4385	4385	3306	3306
Pseudo/Adj R－sq	0.1135	0.2264	0.0980	0.1846	0.0580	0.1167

注：所有方程均控制了表 6－2 中出现的其他解释变量。括号中为标准误，*、**、*** 分别表示在 10%、5%、1% 的置信水平上显著。

另一个与居民看待收入差距的态度有关的变量是他们对收入再分配的偏好。例如，认为收入差距是公平的居民可能不太同意向有钱人征税。CGSS 每年的调查都包含了居民再分配偏好的问题。在 2003 年、2005 年和 2013 年的调查中，每个受访者要回答自己对“应该从有钱人那里征收更多的税来帮助穷人”这一表述的认同程度。根据居民的回答，我们将居民的认同程度划分为同意和不同意两种。表6－14是居民的机会平等感知对其再分配偏好的影响。2003年的结果表明，认为机会平等的居民倾向于反对向富人征税。这和我们的预期是一致的。然而，2005年和2013年的结果表明，认为机会平等的居民更有可能同意向富人征税。这一结论和我们预期的结果恰恰相反。我们认为，出现这一结果的原因可能是，居民对"应该从有钱人那里征收更多的税来帮助穷人"的评判标准随着时间的推移在发生变化。因为这一问题涉及"帮助穷人"。所以，有可能出现的结果是，即便是收入差距中包含着公平的成分，但这并不意味着穷人不需要帮助。在社会经济发展到一定水平时，民众可能不希望自己生活的社会当中有穷人。而无论是何种因素导致的收入差距，只要这种差距被感知到，都有可能促使居民倾向于支持再分配。这一点在其他收入差距的客观指标上也有所体现。

表6－14　　机会不平等感知与再分配偏好

项目	2003年		2005年		2013年	
	(1) Logit	(2) OLS	(3) Logit	(4) OLS	(5) Logit	(6) OLS
有相同的升学机会	－0.2322** (0.1136)	－0.0307* (0.0160)	0.3587*** (0.0916)	0.0489*** (0.0125)	0.2410** (0.0949)	0.0414*** (0.0159)
不公平收入差距（省）	36.1999** (15.1226)	5.8536*** (2.2611)	4.1677 (14.6420)	0.6413 (1.8904)	33.4389*** (9.3019)	5.4528*** (1.4507)
公平收入差距（省）	2.8906*** (0.9319)	0.4378*** (0.1404)	0.6513 (0.9531)	0.0899 (0.1233)	1.7176** (0.7881)	0.3352** (0.1319)
不公平收入差距（市）	2.4925 (8.5068)	0.3008 (1.2686)	15.7798** (7.4207)	2.1223** (0.9566)	－6.2564 (5.1341)	－0.9724 (0.8283)
公平收入差距（市）	0.1300 (0.6802)	0.0170 (0.1012)	－0.8353 (0.6769)	－0.1132 (0.0889)	1.0802* (0.5666)	0.1672* (0.0918)
样本量（个）	3245	3245	4385	4385	3306	3306
Pseudo/Adj R－sq	0.0472	0.0414	0.0223	0.0152	0.0539	0.0527

注：所有方程均控制了表6－2中出现的其他解释变量。括号中为标准误，*、**、***分别表示在10%、5%、1%的置信水平上显著。

2013 年的 CGSS 调查除了询问受访者对收入差距的公平性评价外，还调查了受访者对当前社会的公平情况进行的评价。受访者可以选择“完全不公平”“比较不公平”“说不上公平但也不能说不公平”“比较公平”“完全公平”。由于收入差距是否公平是社会是否公平的一部分，所以收入差距的公平性将直接关系到居民对整个社会的公平性评价。为了检验居民在评价公平性时是否以机会平等为原则，我们进一步考查居民的机会平等感知对其社会公平性评价的影响。表 6 – 15 是民众的机会平等感知对其社会公平性评价的影响。显然，无论是居民的收入机会平等感知还是教育机会平等感知，都对他们评价社会的整体公平性有显著影响，并且越是认为收入机会平等或教育机会平等的居民，越有可能认为社会是公平的。这一结论进一步证实了民众在评价社会的公平性时考虑到机会平等。从客观的公平收入差距和不公平收入差距对社会公平性评价的影响看，不公平的收入差距越严重，民众越有可能认为社会是不公平的；相反，公平的收入差距不仅不会导致民众认为社会不公平，反而会促进民众对社会公平性的认同。这一结论进一步说明，并不是所有的结果不平等都是民众眼中的不公平，对付出努力的人给予相应的回报，虽然会导致结果不平等，但这种不平等在民众眼中是公平的。

表 6 – 15　　　　机会平等感知与社会公平

项目	(1) Ordered Logit	(2) Ordered Logit	(3) OLS	(4) OLS
有相同的挣钱机会	0.2036*** (0.0747)		0.1184*** (0.0429)	
有相同的升学机会		0.4141*** (0.0715)		0.2328*** (0.0405)
不公平收入差距（省）	–26.7772*** (6.5967)	–27.8779*** (6.6008)	–15.4865*** (3.7127)	–16.0500*** (3.7001)
公平收入差距（省）	1.0211* (0.5888)	0.9462 (0.5886)	0.5510 (0.3377)	0.5104 (0.3359)

续表

项目	(1) Ordered Logit	(2) Ordered Logit	(3) OLS	(4) OLS
不公平收入差距（市）	-4.5850 (3.7191)	-4.1991 (3.7173)	-2.5281 (2.1203)	-2.2990 (2.1106)
公平收入差距（市）	0.8583** (0.4147)	0.7509* (0.4149)	0.4669** (0.2346)	0.4139* (0.2337)
样本量（个）	3305	3305	3305	3305
Pseudo/Adjust R - sq	0.0163	0.0192	0.0368	0.0442

注：所有方程均控制了表6-2中出现的其他解释变量。括号中为标准误，*、**、***分别表示在10%、5%、1%的置信水平上显著。

五、影响机会平等感知的因素分析

前面的分析结果表明，民众的机会平等感知不仅对他们评价收入差距的公平性有显著的影响，对他们的生活满意度以及对整个社会的公平性评价都有显著影响。然而，民众对机会平等的感知和实证研究中测算出来的客观机会不平等指数并没有非常显著的相关性。那么，如何让民众感觉到机会平等呢？通过何种公共政策能够改善民众的机会平等感知？2013年的CGSS调查为我们回答这一问题提供了一定的数据基础。与早期的CGSS调查不同，最新的CGSS调查增加了居民对公共服务质量的主观评价模块。这一模块中涉及的公共服务包括公共教育、公共医疗、保障性住房、社会管理、劳动就业、社会保障、公共文化与体育、基础设施和其他社会服务①等。每位受访者需要根据自己对每项公共服务的满意程度打分，分值为0~100分。虽然这些分值与真实的社会服务质量可能还有一定差距，但分析民众对各项公共服务的满意度对其机会平等感知的影响，可以在一定程度上为公共服务政策提供依据。表6-16是居民的机会平等感知分别对9项公共服务打分回归得到的结

① 其他社会服务包括低保、灾害、流浪乞讨、残疾、孤儿救助、基本养老、婚姻登记、殡葬等基本社会服务。

果，所有方程均控制了全部解释变量。从这些结果可以看出，居民对公共服务满意度较高时，他们对机会平等的感知就越强。这说明改善公共服务可以在一定程度上改变民众的机会平等感知。但是表6-16中的结果并没有告诉我们哪项公共服务最有可能改变居民的机会平等感知。从估计系数的大小上来看，多数回归系数的差异在统计上并不显著。我们还估计了每个公共服务在其均值处的偏效应，但偏效应的大小也没有显著的差异。这主要是因为同一居民对各项公共服务的打分相关性较高，因此不同公共服务之间的打分所包含的信息较为相似。这是主观打分数据的不足之处，精确地比较各项公共服务对居民机会平等感知的影响差异，还需要更加详细的客观公共服务质量数据。

表6-16　　公共服务对居民机会平等感知的影响

项目	有相同教育机会			有相同挣钱机会		
	系数	标准误	偏效应	系数	标准误	偏效应
公共教育评分	0.0097***	0.0024	0.7742	0.0106***	0.0023	0.7418
公共医疗评分	0.0074***	0.0024	0.7729	0.0123***	0.0024	0.7421
保障性住房评分	0.0034	0.0021	0.7717	0.0116***	0.0021	0.7427
社会管理评分	0.0081***	0.0025	0.7731	0.0118***	0.0024	0.7418
劳动就业评分	0.0074***	0.0023	0.7732	0.0115***	0.0022	0.7426
社会保障评分	0.0078***	0.0022	0.7738	0.0128***	0.0021	0.7438
其他社会服务评分	0.0060***	0.0020	0.7729	0.0097***	0.0020	0.7425
公共文化与体育评分	0.0065***	0.0023	0.7727	0.0084***	0.0023	0.7410
基础设施评分	0.0069***	0.0023	0.7727	0.0088***	0.0023	0.7410

注：所有方程均控制了表6-2中出现的其他解释变量。***表示在1%的置信水平上显著。

第四节　本章小结

本章利用中国综合社会调查数据分析了居民的机会平等感知对他们看待

收入差距的态度以及他们的主观幸福感的影响。本章的主要结论如下：第一，总体上来看，中国居民的机会平等感知有所下降，并且居民对机会平等的感知往往和实证分析中测算的机会不平等指数没有显著的相关性；第二，居民对收入差距合理性的评价标准包含了机会平等的考虑，因此，感觉机会平等的居民更有可能认为收入差距是公平的；第三，居民的机会平等感知对他们的幸福感也有显著的影响，感觉机会平等的居民有更强的幸福感；第四，完善公共服务，提高公共服务质量，可以促进居民对机会平等的感知，尤其是促进教育机会平等可以改善民众对收入差距的态度，提高居民的幸福感。

本章的结果有利于我们理解中国民众如何看待当前的收入差距。如果民众认为收入差距的来源并不是因为人们获取收入的机会不同，这种差距并不一定会引起严重社会矛盾，考虑到中国的收入差距处于相对较高的水平，公共政策的制定应该更多地考虑如何保障每个人都有相同的机会获取收入。但是由于数据的约束，本章的结论还不能告诉我们哪种政策组合是最优的。这是我们未来需要研究的重点方向。

第七章

收入机会不平等造成的社会福利损失测度

以福利经济学的视角来看，我们不希望收入差距扩大的原因之一是，在给定收入水平的前提下，收入差距越大，社会福利损失越严重。按照机会平等的观点，收入差距包含公平和不公平两部分，我们希望的社会状态是不存在不公平的收入差距。然而，我们在第二章和第三章中证实，在中国的收入差距当中，不公平的收入差距是客观存在的。那么，不公平的收入差距造成了多大的社会福利损失呢？我们在第六章中通过分析居民的主观幸福感与机会平等感知的关系，初步证明了机会不平等可以导致客观福利的损失。在本章中我们将探讨如何对收入的机会不平等造成的社会福利损失进行客观测度。

第一节　问题提出

一直以来，社会福利都是评价收入分布的重要工具之一，最早可以追溯到 1920 年道尔顿（Dalton）关于收入分布评价的研究。利用社会福利函数分析分布问题的优点在于，它可以反映经济学家们如何权衡经济利益最大化和利益平等分配之间的矛盾。社会福利函数有很多种设定方式，这极大地满足了不同研究目的的需要。但是，丰富多样的社会福利函数形式依然无法解决传统社会福利函数的缺陷，这便是传统社会福利函数依赖的基本假定：居民的非收入特征是同质的，即不同的居民除了在收入方面存在差异外，其他方面没有任何差异。同质性假设极大地简化了问题，解决了不同居民之间的效用不可比问题。但是居民的福利是多维度的（Sen，1992，1997，2009），而且不同的居民或家庭在非收入方面存在巨大的差异。因此，同质性假定一直是经济学者们在收入分布评价问题中试图解决的问题（Kolm，1977；Atkinson and Bourguignon，1982，1987；Maasoumi，1986；Shorrocks，2004）。

在众多的非收入特征差异中，个人偏好的差异一直受到格外的关注。在同质性的假定下，所有的收入差距都是不公平的部分。然而，机会平等主义者认为，居民的收入差距当中包含公平的部分（Rawls，1971；Arneson，1990；Roemer，1993；Fleurbaey，1995）。这是因为影响收入水平的众多因素当中包含居民自己可以选择的部分，如花多少精力进行人力资本投资、选择什么样的工作和生活方式等，都是居民可以控制的因素。居民应该为自己的选择承担相应的责任，由自己可控的因素引起的收入差异是公平的差异。虽然异质性偏好目前在税收设计领域受到广泛关注与研究（Boadway et al.，2002；Cuff，2000；Lockwood and Weinzierl，2012；Kaplow，2008；Boadway，2012），但从机会平等原则出发探讨社会福利函数设定的研究还不多见。佩拉金（2000）的研究是较早涉及这一问题的文献之一。在这一研究中，佩拉金依据机会平等原则设定了合理的社会福利函数所必须满足的一系列公理，并由此推导出评价收入分布的广义洛伦兹占优条件，但是这一评价方法仅仅适用于对那些满足占优条件的收入分布进行比较与评价。莫拉和鲁伊斯·卡斯蒂略（Mora and Ruiz - Castillo，2003）与维拉尔（Villar，2005）都从公理化方法出发，推导出可以对收入分布进行完全评价的社会福利测度。这些研究的共同点在于二者给出的社会福利函数都与广义熵指数有关。卡洛·布兰科和加西亚·佩雷斯（Calo - Blanco and Garcia - Perez，2014）利用莫拉和鲁伊斯·卡斯蒂略和维拉尔的方法探讨了15个欧洲国家的机会不平等导致的社会福利损失问题。本章的研究也基于莫拉和鲁伊斯·卡斯蒂略和维拉尔的分析框架。不同的是，卡洛·布兰科和加西亚·佩雷斯（2014）和维拉尔（2005）都要求社会福利函数满足最小均等原则（minimal equity），即收入较低的居民的收入变动对整个社会福利函数的边际影响高于收入较高的居民的收入变动对社会福利的边际影响。这一要求虽然具有一定的合理性，但对社会福利函数进行的限制越多，表明测度的结果适用性越小，稳健性越低。因此，本章并不要求社会福利函数满足最小均等原则，这样可以扩大本章结果的适用范围。

第二节　分析框架

一、可分的不平等指数与社会福利函数

假设一个由 N 个居民构成的社会，居民 i 的收入记为 y_i，所有居民的收入构成了这个社会的收入分布 $Y=\{y_1, \cdots, y_N\}$。用 $\mu(Y)$ 表示这个社会的平均收入。$I(Y)$ 为收入分布 Y 的不平等情况。其中 $I(\cdot): R_+^N \to [0, 1)$ 为任意一个不平等指数，但不平等指数至少满足以下四个特征：第一，$I(Y)$ 关于收入分布 Y 是连续且对称的；第二，当收入分布不存在差距时，$I(Y)=0$；第三，$I(Y)$ 应该满足 Pigou - Dalton 原则；第四，尺度无关原则。其中，连续性是为了保证分析上的便利，对称性说明不平等指标与居民的其他非收入特征无关，第二和第三个特征是不平等指标需要满足的基本要求，第四个特征说明对所有人的收入同时乘以相同的常数，不影响不平等测度的结果，因此不平等指标的测度结果与收入的单位无关。达尔古姆（Dagum，1990）证明，对任何一个不平等指数都存在一个对应的社会福利函数，使得不平等指数与社会福利函数之间满足如下基本等式：

$$\mu(Y)=W_I(Y)-\mu(Y)I(Y) \tag{7.1}$$

其中，$W_I(Y)$ 表示收入分布 Y 对应的社会福利，下标 I 表明社会福利水平的大小还依赖于我们选用的不平等指标。例如，有两个收入分布完全相同的社会，但这两个社会对收入差距的厌恶程度不一样，比较厌恶收入差距的社会可能具有较低的社会福利水平。通过式（7.1），我们可以将社会福利函数表示为：

$$W_I(Y)=\mu(Y)[1-I(Y)] \tag{7.2}$$

式（7.2）更清晰地展示出不平等指数与社会福利函数之间的关系。如果分布 Y 是绝对平等的，即居民 i 的收入 $y_i=\mu(Y)$，$i=1$，…，N，那么 $I(Y)=0$。根据式（7.2），这时的社会福利水平为 $\mu(Y)$。当 $I(Y)$ 几乎等于 1 时，社会福利水平几乎为 0。所以，$W_I(Y)$ 本质上就是一个将收入分布 Y 对应到 $(0,\mu(Y)]$ 上的一个映射。以绝对平等的社会对应的社会福利水平 $\mu(Y)$ 为比较基础，收入分布 Y 对应的社会福利 $W_I(Y)$ 与 $\mu(Y)$ 之间的差距即为不平等导致的社会福利损失［注意两个社会状态的平均收入都为 $\mu(Y)$］。因此，在不平等指数为 $I(\cdot)$ 的情况下，收入分布 Y 对应的社会福利损失 $V_I(Y)$ 可表示为：

$$V_I=\mu(Y)-W_I(Y)=\mu(Y)I(Y) \tag{7.3}$$

$V_I(Y)$ 和 $W_I(Y)$ 的具体形式取决于选用何种不平等指数。达尔古姆（1990）分别计算了泰尔指数、广义熵指数、Atkinson 指数和基尼系数这几种常用的不平等指数对应的社会福利函数。

考虑到本章的研究目的，需要对不平等指标的选取做进一步的限制。对不平等指标增加的第一个限制是，不平等指标应该是可加可分的（additively decomposable）。如果整个社会的居民可以分为多个子群，可加可分性表明，总体不平等指标可以分为每个子群的组内不平等和各个组群间的不平等的总和。夏洛克斯（Shorrocks，1984）证明，同时满足连续性、对称性、Pigou－Dalton 原则和尺度无关原则以及可加可分性质的不平等指标一定具有下面的形式：

$$GE(\theta)=\begin{cases}\dfrac{1}{N\theta(\theta-1)}\sum_{i=1}^{N}\left[\left(\dfrac{y_i}{\mu(Y)}\right)^{\theta}-1\right] & \theta\neq\{0,1\}\\ \dfrac{1}{N}\sum_{i=1}^{N}\dfrac{y_i}{\mu(Y)}\ln\left(\dfrac{y_i}{\mu(Y)}\right) & \theta=1\\ \dfrac{1}{N}\sum_{i=1}^{N}\ln\left(\dfrac{\mu(Y)}{y_i}\right) & \theta=0\end{cases} \tag{7.4}$$

因此，在不平等指标的基本特征上进一步要求可加可分性，将不平等指标的可选范围限制为参数为 θ 的广义熵指数。由于参数 θ 可以取任意实数，所以可供选择的不平等指标仍然有无数个。为了进一步缩小可选的不平等指标范围，我们要求不平等指标具有完全分解的性质。所谓完全分解是指，将总体不平等分解为组内不平等和组间不平等的总和时没有剩余项。换言之，完全分解要求所有的不平等要么是组内部分要么是组间部分，没有不可解释的部分。夏洛克斯（1984）指出，完全分解性质将可选的不平等指标进一步限制为参数 θ 等于 1 或等于 0 这两种特殊的广义熵指数，其中 θ 等于 1 的广义熵指数即为泰尔指数，θ 等于 0 的广义熵指数即为平均对数偏差（mean logarithmic deviation）。

假定可以将所有居民按照某一特征划分为 $G \geqslant 2$ 组，第 g 组居民的人数为记为 N_g，第 g 组居民的收入分布记为 Y_g，则有

$$Y_g = \{y_{g1}, \cdots, y_{gN_g}\}, g = 1, \cdots, G, \sum_{g=1}^{G} N_g = N \tag{7.5}$$

泰尔指数和平均对数偏差具有如下的分解形式：

$$I_\theta(Y) = \begin{cases} \sum_{g=1}^{G} w_g I_\theta(Y_g) + \sum_{g=1}^{G} v_g \ln\left(\frac{\mu(Y_g)}{\mu(Y)}\right) \frac{\mu(Y_g)}{\mu(Y)}, & \theta = 1 \\ \sum_{g=1}^{G} v_g I_\theta(Y_g) + \sum_{g=1}^{G} v_g \ln\left(\frac{\mu(Y)}{\mu(Y_g)}\right), & \theta = 0 \end{cases} \tag{7.6}$$

其中，w_g 和 v_g 分别表示第 g 组居民的总收入占全部人口总收入的比例和第 g 组居民的总人口数占全部人口数的比例，即 $w_g = v_g \mu(Y_g)/\mu(Y)$，$v_g = N_g/N$。将式（7.6）代入式（7.2）可以得到泰尔指数和平均对数偏差对应的社会福利函数可表示为：

$$\begin{aligned} W_\theta(Y) &= \mu(Y)[1 - I_\theta(Y)] \\ &= \begin{cases} \mu(Y) - \mu(Y)\sum_{g=1}^{G} w_g I_\theta(Y_g) - \mu(Y)\sum_{g=1}^{G} v_g \ln\left(\frac{\mu(Y_g)}{\mu(Y)}\right)\frac{\mu(Y_g)}{\mu(Y)}, & \theta = 1 \\ \mu(Y) - \mu(Y)\sum_{g=1}^{G} v_g I_\theta(Y_g) - \mu(Y)\sum_{g=1}^{G} v_g \ln\left(\frac{\mu(Y)}{\mu(Y_g)}\right), & \theta = 0 \end{cases} \end{aligned} \tag{7.7}$$

式（7.7）说明，当选用的不平等指数是可加可分的，收入分布 Y 对应的社会福利损失可以进一步分解为组内不平等导致的社会福利损失和组间不平等导致的社会福利损失的总和。

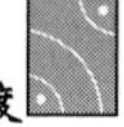

二、机会平等原则下的社会福利函数

上面介绍了如何建立收入不平等指数与社会福利函数之间的关系。下面将把这些内容纳入机会平等的分析框架之中，推导出机会平等原则下的社会福利损失。

按照第二章介绍的机会平等分析框架，居民 i 的收入 y_i 由三个基本因素决定：环境因素 c、努力因素 e 和运气因素 l，即：

$$y_i = y(c_i, \ e_i, \ l_i) \tag{7.8}$$

其中，$y(\cdot)$ 为 $R^3 \to R_+$ 的函数。实证分析中通常将环境因素 c_i 定义为离散变量，并将具有相同环境因素的所有居民定义为一类居民，假定可以将居民划分为 $T \geqslant 2$ 类。努力因素是很难观测到的。按照罗默（1998）的做法，可以将居民 i 的努力程度定义为 y_i 在与其同属一类的居民的收入当中所处的分位。我们根据居民的努力程度大小将整个社会划分为 G 组，同一组的居民具有相同努力程度，即同一组居民的收入在其各自的类当中所处的分位是相同的。

为了将机会不平等原则和上文的内容纳入同一框架，先按居民的努力程度计算社会福利函数。式（7.7）说明，社会福利函数由三部分构成：平均收入；组内不平等导致的福利损失；组间不平等导致的福利损失。但是在机会平等的原则下，组间不平等表示的是由努力程度不同导致的不平等，这部分收入差距是公平的收入差距，在构造社会福利函数时，不应该对这部分差距进行惩罚。为此，定义机会平等原则下的社会福利函数 $WO_\theta(Y)$：

$$WO_\theta(Y) = \begin{cases} \mu(Y) - \mu(Y) \sum_{g=1}^{G} w_g I_\theta(Y_g), & \theta = 1 \\ \mu(Y) - \mu(Y) \sum_{g=1}^{G} v_g I_\theta(Y_g), & \theta = 0 \end{cases} \tag{7.9}$$

与式（7.7）相比，式（7.9）仅仅删除了式（7.7）中的第三项内容。根据我们的划分方式，第 g 组居民具有相同的努力程度，但他们可以具有不同的环境因素。所以，第 g 组居民可以进一步按照环境因素分为 T 类。每个居民的环境因素和努力程度大小可以用其所在的类和组来刻画，即可以用组合（t，g）表示拥有相同环境因素和努力程度的居民，我们将这些居民称为一个单元，将单元（t，g）内的居民数记为 N_{gt}，收入分布记为 Y_{gt}。由于收入并非完全由环境因素和努力因素决定，所以单元（t，g）内的居民收入仍然有差异，这些差异是由每个居民的运气差异导致的。由式（7.6）可知：

$$I_\theta(Y_g)=\begin{cases}\sum_{t=1}^{T}w_{gt}I_\theta(Y_{gt})+\sum_{t=1}^{T}v_{gt}\ln\left(\frac{\mu(Y_{gt})}{\mu(Y_g)}\right)\frac{\mu(Y_{gt})}{\mu(Y_g)}, & \theta=1\\ \sum_{t=1}^{T}v_{gt}I_\theta(Y_{gt})+\sum_{t=1}^{T}v_{gt}\ln\left(\frac{\mu(Y_g)}{\mu(Y_{gt})}\right), & \theta=0\end{cases} \tag{7.10}$$

其中，$v_{gt}=N_{gt}/N_g$，$w_{gt}=v_{gt}\mu(Y_{gt})/\mu(Y_g)$。将式（7.10）代入式（7.9）中可以得到：

$$WO_\theta(Y)=\begin{cases}\mu(Y)-\mu(Y)\left[\sum_{g=1}^{G}\sum_{t=1}^{T}w_gw_{gt}I_\theta(Y_{gt})-\sum_{g=1}^{G}\sum_{t=1}^{T}w_gv_{gt}\ln\left(\frac{\mu(Y_{gt})}{\mu(Y_g)}\right)\frac{\mu(Y_{gt})}{\mu(Y_g)}\right], & \theta=1\\ \mu(Y)-\mu(Y)\sum_{g=1}^{G}\sum_{t=1}^{T}v_gv_{gt}I_\theta(Y_{gt})-\mu(Y)\sum_{g=1}^{G}\sum_{t=1}^{T}v_gv_{gt}\ln\left(\frac{\mu(Y_g)}{\mu(Y_{gt})}\right), & \theta=0\end{cases}$$

$$=\mu(Y)-\mu(Y)P_\theta(Y)-\mu(Y)Q_\theta(Y) \tag{7.11}$$

其中，

$$P_\theta(Y)=\begin{cases}\sum_{g=1}^{G}\sum_{t=1}^{T}w_gw_{gt}I_\theta(Y_{gt}), & \theta=1\\ \sum_{g=1}^{G}\sum_{t=1}^{T}v_gv_{gt}I_\theta(Y_{gt}), & \theta=0\end{cases}$$

$$Q_\theta(Y)=\begin{cases}\sum_{g=1}^{G}\sum_{t=1}^{T}w_gv_{gt}\ln\left(\frac{\mu(Y_{gt})}{\mu(Y_g)}\right)\frac{\mu(Y_{gt})}{\mu(Y_g)}, & \theta=1\\ \sum_{g=1}^{G}\sum_{t=1}^{T}v_gv_{gt}\ln\left(\frac{\mu(Y_g)}{\mu(Y_{gt})}\right), & \theta=0\end{cases}$$

式（7.11）说明，在机会平等的原则下，社会福利函数 $WO_\theta(Y)$ 由三部分组成：平均收入、运气因素引起的收入差距导致的社会福利损失、环境因素引起的收入差距导致的社会福利损失。因此，我们可以将机会不平等导致的社会福利损失定义为：

$$L_{\theta}(Y)=\frac{\mu(Y)Q_{\theta}(Y)}{WO_{\theta}(Y)}=\frac{Q_{\theta}(Y)}{1-P_{\theta}(Y)-Q_{\theta}(Y)} \tag{7.12}$$

虽然，我们通常假定运气是中性的，但这并不表明由运气导致的收入差距就是合理的，我们同样厌恶运气因素导致的收入差距。所以在定义式（7.12）时，对运气因素导致的收入差异也进行了惩罚。但是在实证分析中，由于不可能观测到全部的环境因素，也不可能精确地测量努力程度，所以同一单元内部的收入差距并不完全由运气所致。根据这一思路，可以得到机会不平等导致的社会福利损失的上界和下界估计。为了得到上界的估计值，可以假定同一单元内部的收入差距全部由未观测到的环境因素导致，因此机会不平等导致的社会福利损失为：

$$L_{\theta ub}(Y)=\frac{\mu(Y)Q_{\theta}(Y)}{WO_{\theta}(Y)}=\frac{P_{\theta}(Y)+Q_{\theta}(Y)}{1-P_{\theta}(Y)-Q_{\theta}(Y)} \tag{7.13}$$

为了得到下界的估计值，可以假定同一单元内部的收入差距全部由未观测到的努力程度导致，此时 $P_{\theta}(Y)$ 不再是需要惩罚的部分，因此 $WO_{\theta}(Y)=\mu(Y)(1-Q_{\theta}(Y))$。机会不平等导致的社会福利损失为：

$$L_{\theta lb}(Y)=\frac{\mu(Y)Q_{\theta}(Y)}{WO_{\theta}(Y)}=\frac{Q_{\theta}(Y)}{1-Q_{\theta}(Y)} \tag{7.14}$$

第三节　数据与处理

本章所用数据来自中国家庭收入调查（CHIP）数据库。截至 2022 年，这套调查数据已经进行了五轮，我们使用的是最新的三轮调查，分别是 2002 年、2007 年和 2013 年。第一章已经使用过这套数据，并对这套数据的特点进行了简单介绍。本章选用这套数据的最主要原因是，CHIP 调查包含了详细的家庭成员之间的相互关系信息（详见后面说明）。

虽然前面的章节中已经使用过这套数据。但考虑到本章的研究目的，我们对样本的筛选进行适当的调整。首先，考虑到本章需要探讨的是社会福利损失问题，所以合适的研究对象应该是家庭而不是个人，这会导致环境因素与收入之间的不匹配问题。所谓的环境变量与收入的不匹配是指，个人收入是由个人的环境因素、努力因素以及运气成分决定，因此使用个人收入作为研究对象，应该匹配的是个人的环境变量。同样的道理，如果以家庭为研究对象，结果变量是家庭的总收入，而影响家庭总收入的因素包含所有有收入的家庭成员的努力因素、环境因素和运气成分，因此使用家庭收入时，应该匹配的是每位获取收入的家庭成员的环境变量。然而，实证分析面临的数据约束使得我们几乎无法做到这一点。第一，并非每个获取收入的家庭成员的环境变量都是可以观测到的。第二，即便可以观测到每位家庭成员的环境变量，在样本量有限的情况下，我们也无法全部使用。为了解决这一问题，我们将样本限于户主为男性的家庭，并用男性户主的环境变量作为整个家庭的机会集代理变量。这样处理的原因有两点：一是 CHIP 数据中可以获取合适的环境变量的家庭成员仅有每个家庭的户主及其配偶；二是男性通常是所有家庭成员当中最主要的决策者也是最主要的收入来源，因此男性的环境因素和努力程度因素对家庭收入的影响最大。事实上，国外一些研究在使用家庭收入作为结果变量时也采取这一处理方式（Ferreira and Gignoux，2011）。

其次，收入虽然是影响家庭福利的重要因素，但影响家庭福利的还有其他非收入特征，因此需要考虑如何更精确地反映每个家庭的福利水平。显然，考虑所有的非货币因素并不现实，因为大多数家庭间的非货币差异观测不到，但家庭规模是实证分析中经常考虑的家庭异质性。对于收入相同的两个家庭，如果一个家庭只有一个成员，另一个家庭有多个成员，那么后者的福利水平要低于前者。为了解决家庭规模异质性对家庭间福利比较的影响，实证分析中最常用的做法是使用家庭人均收入。除此之外，成人等价规模（adult equivalence scales）收入也在实证分析中被大量使用。与家庭人均收入不同，成人等价规模收入对不同类型的家庭成员赋予不同的权重。其直观原因之一是家庭成员之间的消费可能具有规模效应，例如对能源和燃料消费而言，多一个家庭成员导致的消费量变化很小。因此，对于给定的收入而言，给整个家庭成员带来的效用可能比给一个家庭成员带来的效用更大。为此，本章的主要分析结果将采用常用的家庭人均收入作为家庭福利水平的代理变量。但在稳健性分析部分，使用多种等价规模收入对主要结果进行进一步的探讨。在计算等价规模时，家庭成员的年龄是重要的依据。所以我们删除了家庭成员的年龄信息有缺失的家庭。

除了上述调整外，本章的变量定义和样本选取与第一章基本一致。我们使用的环境变量为父母的教育信息，对城市居民而言，除了可以获得父母教育信息外，还可以用父母的职业信息作为环境变量（详细的介绍见第一章的数据处理部分）。

表 7 - 1 是本章使用样本的主要变量统计描述。从表 7 - 1 中可以看出，城市家庭人均收入与农村家庭人均收入的差距经历了一个先上升后下降的过程，2002 年的城乡家庭人均收入比值大约为 3，到 2007 年上升至 4 左右，2013 年下降到 2 左右。平均而言，男性的教育程度比女性高，城市居民的平均受教育程度比农村高。从家庭规模和家庭成员的年龄构成看，城市居民以核心家庭为主，平均家庭人口数为 3 人左右，农村家庭的平均人口数为 4 人左右，城市家庭平均拥有 0.4 个未成年人，农村家庭平均拥有 0.6 ~ 0.7 个未成年人。这主要是因为农村和城市执行不同的计划生育政策，农村家庭有多个子女的可能性更大。

表 7 - 1　　主要变量描述统计

年份	变量	总体		城市		农村	
		均值	方差	均值	方差	均值	方差
2002 年	人均收入（元）	5143.9	4722.9	8137.9	5329.1	2790.8	2221.7
	父亲教育程度	1.9862	0.7322	2.0837	0.8083	1.9090	0.6557
	母亲教育程度	1.5134	0.6870	1.5835	0.7780	1.4493	0.5847
	父母最高教育程度	2.0168	0.7328	2.1308	0.8048	1.9273	0.6571
	家庭规模（人）	3.6661	1.1389	3.0706	0.6684	4.1342	1.2115
	未成年人数（人）	0.6201	0.7401	0.4193	0.5220	0.7780	0.8412
	样本量（个）	12523		5511		7012	

续表

年份	变量	总体		城市		农村	
		均值	方差	均值	方差	均值	方差
2007 年	人均收入（元）	10925.9	12711.8	21024.7	16347.8	5347.2	3972.7
	父亲教育程度	1.9493	0.7864	2.1865	0.8024	1.8177	0.7456
	母亲教育程度	1.6604	0.7431	1.8740	0.8294	1.5415	0.6612
	父母最高教育程度	1.9740	0.7874	2.2272	0.7987	1.8340	0.7451
	家庭规模（人）	3.6323	1.1803	3.0012	0.6812	3.9809	1.2510
	未成年人数（人）	0.4958	0.6758	0.3962	0.5283	0.5508	0.7392
	样本量（个）	9597		3415		6182	
2013 年	人均收入（元）	18754.7	16615.0	27611.6	20321.7	13389.2	10809.4
	父亲教育程度	1.6585	0.6243	1.8884	0.6583	1.5190	0.5585
	母亲教育程度	1.4214	0.5718	1.6463	0.6473	1.2851	0.4712
	父母最高教育程度	1.6935	0.6355	1.9332	0.6667	1.5483	0.5687
	家庭规模（人）	3.6181	1.2347	3.1716	0.9744	3.8886	1.2958
	未成年人数（人）	0.5560	0.7149	0.4454	0.5868	0.6229	0.7748
	样本量（个）	12265		4627		7638	

注：所有收入均为当年值。

虽然上述统计特征都是符合直观的，但这并不能说明样本筛选是合理的。我们在筛选样本时剔除了户主为女性的家庭，如果受访家庭的户主确定与夫妻双方的家庭背景有关，那么样本选择就可能存在选择性偏差，这会影响估计结果。例如，如果家庭是以夫妻双方家庭背景较好的一方为户主，那么，那些以女性为户主的家庭必然是女性一方的家庭背景非常好的家庭，剔除这部分家庭有可能导致收入的机会不平等被低估，进而低估机会不平等导致的社会福利损失。为了考查样本筛选是否有可能导致估计结果的偏差，我们从以下两个方面进行分析。

首先，从样本量的变化看，我们删除的样本并不大，因此即便是样本筛选会导致估计偏差，这种偏差也不会很大。与第二章的样本描述统计比较可以发现，2002年的总体样本量由第二章的12815户下降到第七章的12523户，删除的家庭占总样本的比例仅为2%。2007年和2013年的样本删除比例分别为3.1%和4.2%。从城乡内部的家庭样本变化看，城市内部2002年、2007年和2013年删除的样本占全部有效样本的比例分别为3.7%、6.3%和6.2%，农村内部三年删除的样本占全部有效样本的比例分别为0.9%、1.2%和1.6%。城市内部删除的样本量占原来的有效样本量比重较大，而农村内部删除的样本量非常小。所以，样本筛选有可能对城市居民的福利损失估计影响更大。但总体来看，城市内部删除的样本也不足10%，所以这种影响仍然在可以接受的范围内。

其次，从家庭背景特征的变化看，样本筛选对父母的教育统计特征影响较小。对本章估计结果的最大威胁是户主的确定与夫妻双方的父母信息有关。比较第二章样本与本章样本的父母教育统计特征发现，两个样本的差异并不大。比如2002年总样本中户主父亲和母亲的平均教育程度分别为1.9875和1.5150，删除女性户主家庭后，户主父亲和母亲的平均教育程度分别为1.9857和1.5130，这一差别并不大且在统计上并不显著（户主父亲教育程度均值的t检验p值为0.788，母亲教育程度均值的t检验p值为0.756）。类似的，2002年城乡样本、2007年总样本以及2007年城乡样本在删除女性户主前后父母的教育特征都没有明显变化。然而，2013年总样本的父亲平均教育程度与删除女性户主前相比有较大幅度的下降，并且差异在统计上是显著的。

最后，从收入分布的变化看，删除女性户主对收入分布几乎没有影响。如果删除女性户主的家庭后导致样本的收入分布发生了较大变化，那么可以猜测我们的样本存在较为严重的选择偏误。为了清晰地比较删除女性户主前后的家庭人均收入分布变化情况，我们绘制了前后的总样本、城乡样本和农村样本的核密度图。从图7-1中可以看出，删除女性户主家庭前后的人均收入核密度几乎是完全重合的。这说明样本选择对收入分布没有产生本质的影响。

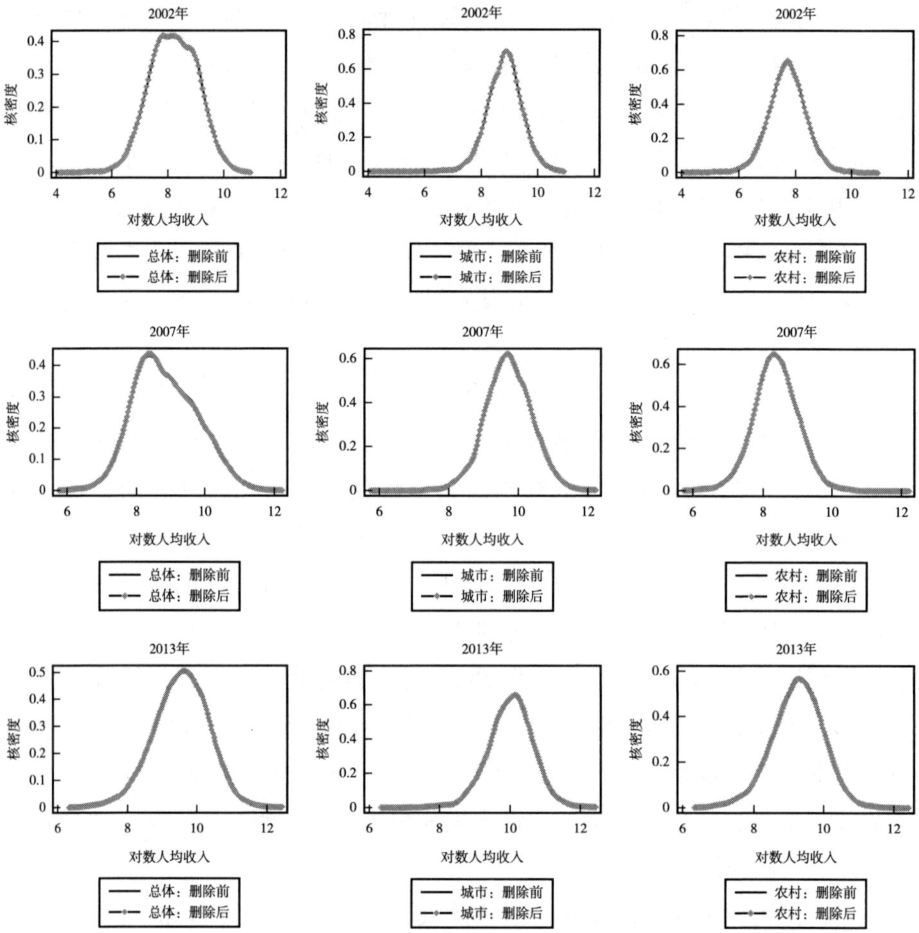

图7-1　删除女性户主家庭前后的人均收入核密度对比

综合以上三个方面的信息，我们认为本章的样本选择方式虽然对样本的部分统计特征产生了一定影响，但总体来看，删除女性户主家庭对样本没有产生本质的影响。因此，仅使用男性户主家庭进行估计不会导致结果出现严重的偏差。

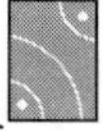

第四节　经验分析

一、收入结果不平等与社会福利损失

首先考查收入结果不平等及其导致的社会福利损失问题。表 7－2 是利用每年的总样本估算的收入不平等与社会福利损失情况。以参数 $\theta = 1$ 为例。2002 年的总体社会福利水平为 3456.65 个单位，但由于泰尔指数为 0.3280，所以收入不平等导致的社会福利损失为 1687.33 个单位。其经济含义是，如果将所有的社会经济资源平均分配，整个社会的福利水平会提高 1687.33 个单位，这相当于实际社会福利水平的 48.8%。类似的，2007 年的总体社会福利水平为 6055.41 个单位，但 2007 年的收入不平等更为严重，泰尔指数为 0.4458，收入差距导致的社会福利损失高达 4870.54 个单位，相当于当期社会福利水平的 80.4%。2013 年的收入差距有了一定程度的下降，由不平等导致的社会福利损失为 5427.48 个单位，相当于当年社会福利水平的 40.7%。由于我们的计算全部用的是当年值，所以跨期的社会福利水平比较意义并不大。但从不平等导致的社会福利损失看，经济增长与社会福利的增长并非完全同步。总体来看，如果用 MLD 指数构建社会福利函数，得到的结果与用泰尔指数得到的结果差别并不是非常大。收入不平等仍然是 2007 年最严重，2013 年最小，收入差距导致的社会福利损失比例仍然是 2007 年最高，2013 年最低。具体来看，收入不平等导致的三年的社会福利损失占当年社会福利水平的比例分别为 52.6%、78.5% 和 42.6%。因此，除了 2007 年的社会福利损失占比低于 $\theta = 1$ 时的值外，其他两年的结果均高于 $\theta = 1$ 的结果。这主要是因为广义熵指数的参数 θ 越大，不平等指标对分布右尾部分的收入差距越敏感。因此，相对于 MLD 指数，泰尔指数赋予分布右侧部分更多的权重。从图 7－1 可以看出，仅 2007 年的收入分布呈现出右尾处收入分布更加分散的特点。当然，以上估算是在经济资源总量保持不变的前提下得到的。现实中的经济资源分配还要考虑对经济效率的影响。

表 7－2　　总体结果不平等与社会福利损失

年份	θ=1			θ=0		
	泰尔指数	社会福利	损失	MLD 指数	社会福利	损失
2002	0.3280	3456.65	1687.33	0.3448	3370.35	1773.63
2007	0.4458	6055.41	4870.54	0.4398	6120.90	4805.04
2013	0.2894	13327.2	5427.48	0.2986	13154.1	5600.61

表 7－3 是城市和农村内部的估计情况。我们把城市和农村看作两个独立的社会，分别考查在给定各自的经济资源总量的前提下，收入差距导致的社会福利损失。城市内部各年的泰尔指数大约在 0.17～0.23。以泰尔指数构建的社会福利函数表明，2002 年、2007 年和 2013 年的收入差距导致的社会福利损失占当年社会福利的比例分别为 21.7%、29.5%和 25.7%。改变广义熵指数对城市内部的收入差距估计影响不大。城市内部的 MLD 指数也在 0.17～0.23。以 MLD 指数构造的社会福利函数表明，三年的收入差距导致的社会福利损失占当年社会福利的比例分别为 21.9%、28.6%和 25.3%。除 2007 年外，农村内部的收入差距高于城市内部的收入差距。因此，2002 年和 2013 年的农村收入差距导致的社会福利损失占当年社会福利的比例均高于城市。

表 7－3　　城乡内部结果不平等与社会福利损失

项目		θ=1			θ=0		
		泰尔指数	社会福利	损失	MLD 指数	社会福利	损失
城市内部	2002 年	0.1781	6688.43	1449.56	0.1799	6673.71	1464.28
	2007 年	0.2278	16235.0	4789.76	0.2221	16354.8	4670.00
	2013 年	0.2048	21958.0	5653.66	0.2021	22030.1	5581.51
农村内部	2002 年	0.2318	2144.06	646.810	0.2234	2167.33	623.538
	2007 年	0.2121	4213.44	1133.81	0.2071	4240.10	1107.15
	2013 年	0.2490	10056.6	3332.71	0.2544	9983.10	3406.18

如果将表 7－3 中的城市内部社会福利损失和农村内部社会福利损失简单地加在一起可以发现，二者之和并不等于对应的总体社会福利损失。这是因为总体社会福利损失是城乡内部的社会福利损失加权和加上城乡间收入差距导致的社会福利损失。式（7.7）是社会福利损失的分组分解方法。表 7－4 是总体不平等和社会福利损失的分解结果。以 $\theta=1$ 为例。2002 年的城乡之间收入差距导致的社会福利损失为 687.251 个单位，占当年社会福利损失的比例为 40.73%，城乡内部的收入差距导致的社会福利损失加权总和为 1000.08 个单位，占当年社会福利损失的比例为 59.27%。2007 年的估计结果也表明，城乡之间不平等导致的社会福利损失占比并不低，甚至超过了城乡内部的不平等导致的社会福利损失总和。但 2013 年的结果表明，城乡之间的收入差距导致的社会福利损失占全部社会福利损失的比例仅为 22.46%，其余的 77.54% 均是由城乡内部的收入差距所致。以 $\theta=0$ 估计出的结果与前面的结果基本上是一致的。2013 年城乡之间收入差距对社会福利损失的影响下降仍然是最大的特点。根据式（7.7）可知，组内不平等导致社会福利损失占比也是组内不平等在总体不平等中的占比。所以，2013 年的结果也说明城乡之间的收入差距在总体收入差距中的占比大幅下降。这一点也可以通过 2013 年的组内不平等指数仅为 0.06 左右直接体现出来。城乡之间的收入差距缩小主要是因为近些年来中央政府对“三农”问题的重视程度不断提高，大力支持发展农村经济。事实上，根据国家统计局城乡居民收入数据可知，从 2010 年开始，城乡收入差距已经持续多年呈现缩小的趋势。

表 7－4　　总体不平等及福利损失分解

项目	年份	指数	组间不平等福利损失	占比	指数	组内不平等福利损失	占比
$\theta=1$	2002	0.1336	687.251	0.4073	0.1944	1000.08	0.5927
	2007	0.2229	2435.79	0.5001	0.2228	2434.75	0.4999
	2013	0.0650	1219.18	0.2246	0.2244	4208.30	0.7754

续表

项目	年份	指数	组间不平等福利损失	占比	指数	组内不平等福利损失	占比
$\theta=0$	2002	0.1405	722.805	0.4075	0.2043	1050.82	0.5925
	2007	0.2274	2484.23	0.5170	0.2124	2320.81	0.4830
	2013	0.0639	1199.20	0.2141	0.2347	4401.42	0.7859

二、机会不平等与社会福利损失

表 7 -5 是机会不平等估计及其导致的社会福利损失。在解释表 7 -5 之前，需要做以下三点说明：第一，表 7 -5 中的机会不平等估计利用的是事后法，因此表 7 -5 中的结果与前面几章用事前法得到的机会不平等估计结果存在一些差异。第二，表 7 -5 估计时使用的环境因素是父亲的教育程度，因此，删除了部分父亲教育程度缺失的样本。第三，由于事后测度法需要知道每个家庭的努力程度大小，我们参照罗默（1998）的做法，使用每个家庭的人均收入在其所属类的家庭人均收入中的分位数作为努力程度的代理变量。我们将每类家庭按照人均收入大小划分为 3 个不同的等级。

表 7 -5　　　　总体机会不平等及其造成的社会福利损失

项目	年份	机会不平等	社会福利	福利损失	损失比	损失比下界	损失比上界
$\theta=1$	2002	0.0139	4686.03	71.7347	0.0153	0.0141	0.1004
	2007	0.0351	9271.58	384.488	0.0415	0.0363	0.1831
	2013	0.0176	17029.3	330.501	0.0194	0.0179	0.1010
$\theta=0$	2002	0.0147	4749.42	75.6796	0.0159	0.0149	0.0857
	2007	0.0311	9756.18	341.203	0.0350	0.0321	0.1244
	2013	0.0167	17241.3	313.196	0.0182	0.0170	0.0875

表 7 -5 的第一列是机会不平等的估计结果。从 2002 年到 2013 年，收入机会不平等有先上升后下降的趋势。这和前面几章用事前法得到的变化趋势

是一致的。如果使用泰尔指数构造社会福利函数，那么，在机会平等的原则下，2002 年的社会福利水平为 4686.03 个单位，这比按结果平等原则得到的 2002 年社会福利水平 3456.65 高 1229.38 个单位。这是因为，在结果平等原则下，社会福利函数对任何形式的收入差距都进行了惩罚，其中就包含努力程度差异导致的收入差距，但在机会平等原则下，社会福利函数仅对环境因素和运气因素导致的收入差距进行惩罚。因此，在机会平等原则下得到的社会福利水平比在结果平等原则下得到的社会福利水平更高。表 7 – 5 中的社会福利损失是按照式（7.12）计算得到的，它表示的是不公平的收入差距导致的福利损失部分。在 $\theta=1$ 时，不公平的收入差距导致三年的社会福利分别损失 71.73、384.49 和 330.50 个单位，福利损失占各年社会福利的比例分别为 1.5%、4.2% 和 1.9%。需要注意的是，每年的社会福利水平与福利损失之和并不等于每年的平均家庭人均收入。例如，2002 年的社会福利水平与福利损失之和为 4757.76，而 2002 年的平均收入为 5144 元。这主要是因为我们在定义机会平等原则下的社会福利时，对环境因素和运气因素导致的收入差距都进行了惩罚，而我们在表 7 – 5 中汇报的仅仅是由环境因素导致的社会福利损失，还有一部分社会福利损失是运气因素导致的收入差异造成的。表 7 – 5 中的损失比上界和损失比下界分别是用式（7.13）和式（7.14）计算得到的结果，前者是指把运气因素导致的收入差距全部视为由环境因素造成的，后者则是把运气成分全部看作努力因素。估计结果表明，在 $\theta=1$ 时，机会不平等导致 2002 年的社会福利损失大约在 1.4% ~10%，导致 2007 年的社会福利损失大约在 3.6% ~18.3%，导致 2013 年的社会福利损失大约在 1.8% ~10.1%。

表 7 – 6 是城乡内部的机会不平等及其造成的社会福利损失估计。首先，从机会不平等大小的估计情况看，农村内部的收入机会不平等情况要低于城市内部的收入机会不平等情况。我们在前面的章节中已经用中国社会综合调查数据和多种不同的机会不平等测度指标对城乡内部的机会不平等差异进行了分析，结果同样表明城市居民面临的机会不平等要比农村居民更严重。当然，在前面的章节中我们使用的是个人收入数据，本章使用的是家庭人均收入数据。其次，从机会不平等造成的社会福利水平损失看（以 $\theta=1$ 为例），

机会不平等对2002年农村内部社会福利的影响非常小，社会福利损失占当年社会福利水平的比例仅为0.12%。随着机会不平等的上升，2007年的机会不平等导致社会福利的损失占比为0.44%。这一比例在2013年进一步下降到0.19%。机会不平等对城市内部的社会福利损失造成的影响虽然比农村更大，但社会福利损失的占比仍然比较低，大约在0.2%~0.7%。最后，从机会不平等造成的福利损失上下界看，机会不平等对农村内部造成的社会福利损失大约在0.1%~7.8%，对城市内部造成的社会福利损失大约在0.2%~7.6%。

表7-6　　城乡内部机会不平等及其造成的社会福利损失

项目	年份	机会不平等	社会福利	福利损失	损失比	损失比下界	损失比上界
农村 $\theta=1$	2002	0.0011	2592.56	3.0720	0.0012	0.0011	0.0784
	2007	0.0041	5024.18	22.161	0.0044	0.0041	0.0680
	2013	0.0017	12442.1	23.129	0.0019	0.0017	0.0749
农村 $\theta=0$	2002	0.0009	2644.67	2.6186	0.0010	0.0009	0.0571
	2007	0.0029	5098.64	15.648	0.0031	0.0029	0.0524
	2013	0.0015	12577.3	19.814	0.0016	0.0015	0.0633
城市 $\theta=1$	2002	0.0020	7737.47	16.168	0.0021	0.0020	0.0518
	2007	0.0066	19576.8	139.21	0.0071	0.0067	0.0760
	2013	0.0067	25776.9	184.09	0.0071	0.0067	0.0711
城市 $\theta=0$	2002	0.0021	7785.14	17.322	0.0022	0.0021	0.0453
	2007	0.0068	19905.9	142.62	0.0072	0.0068	0.0582
	2013	0.0065	26094.9	179.04	0.0069	0.0065	0.0580

上述结果表明，整体上看，机会不平等对城市内部和农村内部的社会福利影响是比较小的。这说明，我们利用总体样本得到的机会不平等及其对社会福利的影响有相当一部分是来自城乡居民面临的机会不平等差异。然而，遗憾的是，机会不平等造成的社会福利损失不像结果不平等造成的社会福利损失那样具有按城乡可分解的性质。这主要是因为结果不平等造成的社会福利损失大小主要取决于 $I_\theta(Y)$ 的大小，而这一数据具有按城乡可分解的特征

（见式（7.6））。但是机会不平等造成的社会福利损失大小主要取决于式（7.10）的第二部分，而这一部分已经不具有按组可分解的性质了。因此，我们无法给出机会不平等导致的总体社会福利损失与城乡内部社会福利损失之间的精确关系。为了反映城乡居民的环境因素是有差异的，一种可以尝试的做法是将是否为城市或农村样本看成环境因素。这样处理有一定的合理性，因为一个家庭是否为城市家庭或农村家庭在一定程度上也是户主不可控的因素。当然，有些农村家庭可以通过家庭成员的努力变成城市家庭。所以，这样处理有可能把一部分努力因素当作环境因素，导致高估机会不平等的影响。

将城乡看作环境因素以后，我们将城市家庭户主父亲的受教育程度和农村家庭户主父亲的受教育程度区别对待，视为不同的环境因素，这样可以把样本分为6类家庭。表7－7是得到的估计结果。可以看出，机会不平等的估计值及其导致的社会福利损失都大幅上升。其中，2007年的机会不平等导致的社会福利损失相当于当年社会福利的1/3左右。各年机会不平等导致的社会福利损失下界也有较大提高，最低值已达7.45%。虽然表7－7不能精确反映城乡间的机会不平等导致的社会福利损失情况，但机会不平等估计值的大幅上升，在一定程度上说明城乡间的机会不平等是比较严重的。直观上来看，由于社会经济资源在城市和农村之间的分配较为不均等，所以，对于有相同教育程度的农村父亲和城市父亲而言，他们能够获得的经济资源会有较大差异。因此，如果把这两种家庭看作是同一类家庭，必然会严重低估机会不平等的影响。

表7－7　总体机会不平等及其造成的社会福利损失（城乡作为环境因素）

项目	年份	机会不平等	社会福利	福利损失	损失比	损失比下界	损失比上界
$\theta=1$	2002	0.1351	4178.42	696.741	0.1667	0.1562	0.2341
	2007	0.2298	7762.22	2520.36	0.3247	0.2983	0.4132
	2013	0.0693	16261.4	1299.76	0.0799	0.0745	0.1530
$\theta=0$	2002	0.1504	4134.23	775.704	0.1876	0.1771	0.2473
	2007	0.2301	7926.12	2523.64	0.3184	0.2988	0.3840
	2013	0.0758	16306.8	1422.04	0.0872	0.0821	0.1498

三、稳健性分析

在前面的分析中，我们用家庭人均收入作为研究对象，以父亲教育程度为环境因素，并将努力程度划分为 3 等。本节将探讨其他处理方式是否会对本章的主要结果产生较大的影响。主要从以下三个方面来考虑：一是努力程度划分等级的选取方式；二是环境因素的选择方式；三是收入的界定方式。

（一）努力程度设定

如前所述，我们将努力程度设定为 3 个等级。具体来说，先按户主父亲的教育程度将家庭划分为 3 类，然后对每类家庭按照家庭人均收入的大小排序，按照收入高低将每类家庭划分为 3 个等级。按照罗默（1998）的思想，我们将家庭人均收入分位数相同的家庭视为具有相同努力程度的家庭。这一做法依据的基本假定是，给定环境因素之后，家庭人均收入与努力程度成正比，因此可以用收入的分位数作为努力程度的代理变量。理论上，如果影响家庭收入的因素只有环境因素和努力程度因素，那么对每类家庭划分的等级越多，越是能够精确地反映家庭之间的努力程度差异。但是在本章的分析框架中，家庭收入的决定因素还包含运气成分。对每类家庭划分的等级越多，越有可能将运气因素导致的收入差距视为合理的收入差距，反之则越有可能将努力因素导致的收入差距视为运气成分。而现有的文献并没有给出可靠的理论告诉我们应该如何设定努力程度的等级。在实证分析中，努力程度等级的设定更多地取决于样本量的大小。这是因为，为了反映给定环境因素和努力程度之后家庭的收入水平高低，我们需要对每个单元（即相同环境因素和相同努力程度的所有家庭）内部的家庭人均收入进行平均以消除运气因素的影响。这意味着每个单元内部的家庭数量要足够多，才有可能精确地得到每个家庭的期望收入水平。然而，划分的等级越多，同一单元内部的家庭就越少，家庭期望收入的估计值就越不可靠。所以，有必要探讨努力程度等级的设定对估计结果的影响。

表7－8是努力程度分别改为4等和5等之后的估计结果。从机会不平等的估计值来看，增加努力程度的等级对机会不平等的估计产生了一定的影响。但结果也并非完全是我们预期的那样。其中，2002年和2007年的结果都表明，增加努力程度等级导致机会不平等的估计值变大。而我们预期的结果是随着努力程度等级的增加，更多的收入差距被视为是努力程度差异导致的，相应地应该有更小部分的收入差距是环境因素导致的，因此，机会不平等应该变小。出现这一结果的原因在于，增加努力程度等级会让每个单元内部的平均收入估计误差变大，且误差的方式是无法判断的。这会导致最终的结果和预期结果存在一定的差异。但从机会不平等导致的社会福利损失占比上看，我们确实发现增加努力程度等级会降低机会不平等对社会福利的影响。这一点并不难理解。因为，虽然增加努力程度等级会提高每个单元内部的平均收入估计偏差，但这个偏差会同时影响社会福利和社会福利损失的估计，因此对二者比例的估计影响相对更小。从社会福利损失占比的上下界来看，增加努力程度等级会大大缩小上下界之间的差距。这主要是因为增加努力程度等级之后，每个单元内部的家庭数会大幅减少，因此被视为运气成分导致的收入差距降低了，即式（7.12）中的$P_{\theta}(Y)$会下降。在极端的情况下，每个单元内部只有一个家庭，$P_{\theta}(Y)=0$，这时上界和下界等于一个值。利用同样的方法，我们分别对城市内部和农村内部的收入机会不平等及其导致的社会福利损失进行了估计。得到的结果与表7－8基本上是一致的。综合这些信息，我们认为改变努力程度等级对本章的主要结论没有产生严重影响。考虑到本章的样本量不是非常大，所以我们更倾向于努力程度等级为3时的结果（即表7－5至表7－7中的结果）。

表7－8　　不同努力程度等级对估计结果的影响

项目	年份	机会不平等	社会福利	福利损失	损失比	损失比下界	损失比上界
4等，$\theta=1$	2002	0.0141	4802.18	72.5967	0.0151	0.0143	0.0738
	2007	0.0354	9626.58	388.255	0.0403	0.0367	0.1395
	2013	0.0167	17419.0	313.331	0.0180	0.0170	0.0764

续表

项目	年份	机会不平等	社会福利	福利损失	损失比	损失比下界	损失比上界
4 等，$\theta=0$	2002	0.0149	4859.99	76.7222	0.0158	0.0151	0.0610
	2007	0.0316	10044.4	346.832	0.0345	0.0327	0.0921
	2013	0.0160	17631.5	300.873	0.0171	0.0163	0.0634
5 等，$\theta=1$	2002	0.0141	4865.92	72.6717	0.0149	0.0143	0.0598
	2007	0.0359	9822.88	393.533	0.0401	0.0372	0.1167
	2013	0.0179	17585.0	336.379	0.0191	0.0183	0.0662
5 等，$\theta=0$	2002	0.0149	4917.04	76.6563	0.0156	0.0151	0.0487
	2007	0.0322	10192.8	353.330	0.0347	0.0333	0.0762
	2013	0.0162	17813.4	303.066	0.0170	0.0164	0.0525

（二）环境变量的选取

环境变量的选取是机会不平等估计当中至关重要的一个环节。在本章以及其他章节中，已经多次遇到这个问题。一般来说，环境变量选择时面临的最主要问题有两个：一是环境变量不可观测；二是样本量较少对环境变量的使用产生约束。第二个问题在实证问题中最为常见，从而导致第一个问题往往不需要再考虑。本章和其他章节都沿用了现有文献的常用做法，选择最为重要的父亲教育程度作为环境变量。我们可选的环境变量还有母亲的教育和父亲的职业（仅城市样本）。

根据前几章的研究经验，在考查母亲教育程度作为环境变量对估计结果的影响时，我们设计了三种方案：第一种是直接用母亲教育程度替换父亲教育程度（样本划分为 3 类）；第二种是同时使用母亲教育程度和父亲教育程度的所有可能的组合（样本划分为 9 类）；第三种是同时使用母亲教育程度和父亲教育程度信息，但将父亲教育程度为 1 且母亲教育程度为 1、父亲教育程度为 1 且母亲教育程度为 2、父亲教育程度为 2 且母亲教育程度为 1 作为一类；将父亲教育程度为 1 且母亲教育程度为 3、父亲教育程度为 2 且母亲教育程度为 2、父亲教育程度为 3 且母亲教育程度为 1 作为一类；父亲教育程度为2且母亲教育程度为3、父亲教育程度为3且母亲教育程度为2、父亲教育程度为3且母亲教育程度为3作为一类（样本划分为3类）。表7－9是按照上述三种环境变量选取方式得到的估计结果。用母亲教育程度替换父亲教育程度得到的结果与用父亲教育程度得到的结果略有差异，且大部分结果表明使用母亲教育程度作为环境变量得到的机会不平等估计值以及机会不平等造成的社会福利损失要高于使用父亲教育程度时得到的结果。虽然这种差别我们还难以给出合理的解释，但二者的差别并不是很大，且从机会不平等的变化趋势和福利损失的占比大小上看，我们前面得到的结果是可靠的。

表7－9　　增加母亲教育程度对估计结果的影响

项目	年份	机会不平等	社会福利	福利损失	损失比	损失比下界	损失比上界
$\theta=1$（Ⅰ）	2002	0.0130	4878.64	69.8076	0.0143	0.0132	0.0970
	2007	0.0344	9329.33	379.799	0.0407	0.0356	0.1835
	2013	0.0202	17017.7	378.886	0.0223	0.0206	0.1020
$\theta=0$（Ⅰ）	2002	0.0164	4922.55	87.6773	0.0178	0.0167	0.0872
	2007	0.0335	9793.83	369.452	0.0377	0.0346	0.1274
	2013	0.0196	17207.2	366.918	0.0213	0.0200	0.0898
$\theta=1$（Ⅱ）	2002	0.0197	4863.22	105.596	0.0217	0.0201	0.1035
	2007	0.0448	9282.72	496.800	0.0535	0.0469	0.1947
	2013	0.0244	16945.7	456.610	0.0269	0.0250	0.1063
$\theta=0$（Ⅱ）	2002	0.0235	4899.34	126.281	0.0258	0.0241	0.0954
	2007	0.0423	9734.77	469.141	0.0482	0.0442	0.1392
	2013	0.0239	17121.4	448.108	0.0262	0.0245	0.0950
$\theta=1$（Ⅲ）	2002	0.0113	4903.04	60.5076	0.0123	0.0114	0.0945
	2007	0.0392	9329.45	435.182	0.0466	0.0408	0.1887
	2013	0.0223	16965.0	418.936	0.0247	0.0229	0.1051
$\theta=0$（Ⅲ）	2002	0.0130	4951.79	69.9817	0.0141	0.0132	0.0838
	2007	0.0374	9789.33	414.686	0.0424	0.0388	0.1328
	2013	0.0213	17162.7	399.344	0.0233	0.0218	0.0923

注：（Ⅰ）、（Ⅱ）和（Ⅲ）分别表示按三种不同的父母教育分类方式。

差别稍大的是第二种方案和第三种方案给出的结果。第二种方案给出的结果表明，机会不平等程度有了一定幅度的提高，由机会不平等导致的社会福利损失也增加了不少。使用第三种方案虽然不像第二种方案那样导致所有年份的机会不平等估计都有所提升，但大部分结果的上升幅度还是比较明显的。这两种方案的不同之处在于，前者最为充分地利用了父母的教育信息，而后者虽然同时使用了父母教育信息，但在将父母教育组合不同家庭合并为同类家庭的过程中，会错误地将部分环境因素的差异视为努力程度差异，导致低估机会不平等的影响。然而，与仅使用父亲或母亲的教育信息相比，第三种方案利用的信息要更加充分。这一点可以从表 7 - 9 和表 7 - 2 中的估计结果上比较清晰地体现出来。这两种方案的结果都表明，仅使用父亲的教育程度作为环境变量低估机会不平等对社会福利造成的损失。但是这种影响仍然在可接受的范围内。例如，当 $\theta = 1$ 时，仅使用父亲教育程度作为环境变量测算的社会福利损失占比的下界和上界区间为 1.3% ~18.4%，第二种方案测算的区间是 2.0% ~19.5%，第三种方案测算的区间是 1.1% ~18.9%。

除了父母的教育是比较合适的环境变量外，父母的职业也是重要的环境变量，在很多机会不平等的相关研究中被大量使用。CHIP 的城市样本也收集了父母的职业信息，并将受访者父母的职业划分为 12 类。为了充分利用这一信息，我们将营企业主、各类专业技术人员、机关或企事业单位负责人、机关或企事业单位部门负责人作为一类，办事人员、技术工人、非技术工人、商业和服务业人员作为一类，其他职业作为一类，共将样本中的父母职业划分为三类。按照前面的思路，我们采用了两种估计方案：一是仅使用父亲职业；二是同时使用职业和教育信息并将样本划分为 9 类。表 7 - 10 是估计结果。从仅使用父亲职业作为环境变量的估计结果看，除 2002 年的结果与仅使用父亲教育程度时的结果差不多外，其他两年的机会不平等及其导致的社会福利损失估计结果均远低于仅使用父亲教育程度时的结果。导致这一结果的原因可能有两点：一是父亲教育本身就是比父亲职业更加重要的环境变量，其对子代的收入影响更加强烈；二是 CHIP 数据关于父亲职业的划分过于粗糙，没有真正体现父亲职业的差异，从而导致我们在按照父亲职业对家庭分类时，错误地将真实的职业差异视为努力因素。当同时使用父亲职业和教育作为环境变量时，机会不平等的估计值有所提升，但仅2013年的提升幅度较为明显。综合以上信息，我们认为使用父亲职业信息并不能改变我们的估计结果，而且由于没有合理的职业分类，盲目地使用职业信息有可能导致估计结果偏差更大。

表7－10　　增加父亲职业对估计结果的影响

项目	年份	机会不平等	社会福利	福利损失	损失比	损失比下界	损失比上界
$\theta=1$（Ⅰ）	2002	0.0025	7738.74	20.5604	0.0027	0.0025	0.0516
	2007	0.0020	19735.1	43.0095	0.0022	0.0020	0.0718
	2013	0.0051	25928.6	141.848	0.0055	0.0051	0.0694
$\theta=0$（Ⅰ）	2002	0.0021	7787.63	17.2074	0.0022	0.0021	0.0450
	2007	0.0020	20083.6	43.1437	0.0021	0.0020	0.0532
	2013	0.0048	26243.3	132.588	0.0051	0.0048	0.0566
$\theta=1$（Ⅱ）	2002	0.0028	7733.28	22.9794	0.0030	0.0028	0.0523
	2007	0.0071	19723.6	149.619	0.0076	0.0071	0.0740
	2013	0.0104	25875.5	289.022	0.0112	0.0105	0.0717
$\theta=0$（Ⅱ）	2002	0.0030	7779.75	24.3415	0.0031	0.0030	0.0460
	2007	0.0069	20062.0	145.838	0.0073	0.0069	0.0559
	2013	0.0104	26146.4	288.154	0.0110	0.0105	0.0606

注：（Ⅰ）和（Ⅱ）分别表示两种不同的父母职业分类方式。

（三）不同的收入界定

下面，我们考虑收入界定对估计结果的影响。由于本章考虑的是社会福利损失问题，因此收入的界定是否能够很好地反映家庭的福利水平是比较重要的问题。虽然使用家庭人均收入是比较常用的做法，但也有一些文献在考虑中国的贫困、消费或不平等等问题时使用所谓的成人等价规模收入（Chen，2006；Baeten et al.，2013；Santaeulalia－Llopis and Zheng，2016）。这些文献给出的中国家庭成人等价规模有三种：一是家庭规模开方；二是第一个成人权重为1，第二及以上的成人权重为0.5，未成年人权重为0.3；三是使用克鲁格和佩里（Krueger and Perri，2006）等价规模，即（成人数 + 0.7 × 未成年人数)$^{0.7}$。我们分别使用这三种等价规模重新估计表 7 - 5。

表 7 - 11 是使用三种不同的成人等价规模收入得到的结果。比较表 7 - 11 和表 7 - 5 不难发现，使用等价规模收入以后，各年的社会福利水平都有一定程度的上升。这主要是因为等价规模收入考虑了家庭内部的规模经济，因此得到的每个家庭的福利水平都有相应的提升。从机会不平等的估计结果看，各年的收入机会不平等都降低了，收入机会不平等导致的社会福利损失占当年社会福利的比例也有所下降。一种可能的原因是，城市和农村的家庭结构不同，通过等价规模对家庭收入进行调整后，减小了城乡间的机会不平等差异。为此，我们用同样的方法分别估计了城市内部和农村内部的机会不平等及其造成的福利损失情况。结果表明，无论是城市内部还是农村内部，使用等价规模收入都可以在一定程度上降低机会不平等及其导致的社会福利损失。这说明，表 7 - 11 并不完全是由于城乡间的家庭结构差异导致的。另一种可能的原因是，户主的家庭背景不同导致他们的生育观念产生了差异，比如户主家庭背景较好的家庭倾向于少生孩子，或倾向于同一家庭内部人口较少的生活方式。但是经过对三年的样本统计以及分城乡分别统计，我们都没有发现家庭规模和户主的家庭背景之间存在规律并且显著的相关关系。因此，关于表 7 - 11 和表 7 - 5 之间的差异，我们目前也很难给出合理的解释。但从结果差异的大小上看，我们认为是否使用等价规模收入对本章的结果也不会产生本质的影响。例如，当 $\theta = 1$ 时，三种不同的等价规模方案测算的机会不平等导致的社会福利损失占比的下界与上界构成的区间分别是 1.1% ~15.9%、1.3% ~16.6% 以及 1.3% ~17.0%，这与表 7 - 5 给出的 1.4% ~18.3% 的差别并不大。

表 7 - 11　　　　使用等价规模收入

项目	年份	机会不平等	社会福利	福利损失	损失比	损失比下界	损失比上界
$\theta = 1$（Ⅰ）	2002	0.0111	8472.99	102.282	0.0121	0.0112	0.0873
	2007	0.0289	16636.9	557.371	0.0335	0.0298	0.1589
	2013	0.0143	30694.2	477.537	0.0156	0.0145	0.0867

续表

项目	年份	机会不平等	社会福利	福利损失	损失比	损失比下界	损失比上界
$\theta=0$（Ⅰ）	2002	0.0113	8570.68	104.239	0.0122	0.0114	0.0749
	2007	0.0252	17394.0	486.191	0.0280	0.0259	0.1084
	2013	0.0140	30928.5	466.047	0.0151	0.0142	0.0784
$\theta=1$（Ⅱ）	2002	0.0125	5971.58	81.2476	0.0136	0.0127	0.0891
	2007	0.0318	11663.3	432.053	0.0370	0.0328	0.1664
	2013	0.0168	21444.4	393.111	0.0183	0.0171	0.0902
$\theta=0$（Ⅱ）	2002	0.0127	6041.01	82.7556	0.0137	0.0129	0.0766
	2007	0.0279	12220.9	379.784	0.0311	0.0287	0.1132
	2013	0.0161	21617.1	375.259	0.0174	0.0163	0.0815
$\theta=1$（Ⅲ）	2002	0.0128	6879.52	95.8284	0.0139	0.0129	0.0909
	2007	0.0325	13486.1	512.1865	0.0380	0.0336	0.1695
	2013	0.0171	24827.1	464.3348	0.0187	0.0174	0.0922
$\theta=0$（Ⅲ）	2002	0.0131	6962.55	97.9911	0.0141	0.0132	0.0779
	2007	0.0285	14144.8	449.6341	0.0318	0.0293	0.1151
	2013	0.0163	25050.2	443.0562	0.0177	0.0166	0.0825

注：（Ⅰ）、（Ⅱ）和（Ⅲ）分别表示按三种不同的等价规模计算方式。

第五节　本章小结

收入不平等与社会福利损失之间的关系是福利经济学领域较为关注的话题，但是传统的研究一直关注的是收入的结果不平等与社会福利函数或社会福利损失之间的关系。其背景的隐含假定是任何形式的不平等都是不合理的，在综合社会资源总量的前提下，会导致社会福利的损失。本章从机会平等的原则出发，根据收入差距的产生原因对收入差距进行区分，并在此基础上定义了机会平等原则下的社会福利函数。与传统的社会福利函数不同，机会平等原则下的社会福利函数仅对不公平的收入差距进行惩罚，这体现为仅仅是不公平的收入差距才会导致社会福利损失。根据这一社会福利函数，我们利用中国的微观数据测算了机会不平等导致的社会福利损失情况。

本章的主要结论是：虽然在传统的分析框架下，收入结果不平等导致的社会福利损失接近每年社会福利水平的50%左右，但由机会不平等导致的社会福利损失并不严重，大约为1.4%～18.3%；从城乡差异来看，城市内部的机会不平等以及由机会不平等导致的社会福利损失情况比农村更加严重；使用不同的环境因素、不同的等价规模收入以及选用不同的努力程度代理方式都有可能对估计结果产生一定的影响，但不会导致估计结果产生本质的变化。

本章的结果都是在假定社会的资源总量不变的情况下进行解释的。一个需要考虑的问题是收入结果不平等、机会不平等与经济效率之间存在何种关系。此外，本章尚未解决的另一个问题是，如何对总体的机会不平等造成的社会福利损失按城乡进行分解。这一问题的解决有利于更深入地剖析城乡总体、城乡内部以及城乡之间的机会不平等关系。但在本章的分析方法中，这种分解还无法实现。

第八章

个人所得税对收入机会不平等的调节效应分析

前面的几章探讨了中国居民在获取收入的过程中是否面临机会不平等问题。我们从机会不平等是否存在和机会不平等的测度这两个角度对上述问题进行了剖析。本章将进一步探讨政府的公共政策是否对收入机会不平等产生影响。政府提供的各种公共服务有可能缓解部分人群面临的机会约束。例如，公共教育可以减轻贫困家庭的教育成本负担，提高贫困家庭投资子女教育的意愿，使家庭背景对子代教育的影响减弱，从而在一定程度上起到促进机会平等的作用。再如，征收个人所得税虽然调节的是收入结果不平等，但由于结果不平等包含着机会不平等成分，这种调节也有可能在一定程度上减小收入的机会不平等。本章的目标就是分析个人所得税是否对收入的机会不平等具有一定的调节作用，尤其是个人所得税改革对收入机会不平等的影响。

我们的基本思路是比较税前和税后的收入分布，分析两个分布对应的机会不平等是否有差异。根据前面的分析可知，最直观且简单的做法是利用前几章介绍的机会不平等指标对税前收入和税收入的机会不平等进行测度，比较两种分布的机会不平等程度。但是这种做法有一个潜在的不足，即直接比较观测到的税前收入和税后收入仅仅可以判断当前的税收政策对收入机会不平等的影响。如果我们想探讨在当前的收入分布下，其他个人所得税政策对机会不平等的影响如何？什么样的个人所得税政策能够最大程度地促进机会平等？直接比较税前和税后的收入分布是无法解释的。解决这些问题需要我们根据当前的税前收入分布和反事实的个人所得税政策构建反事实的税后收入分布。由于个体在不同的政策环境下有可能会选择不同的努力程度，而机会平等的思路是强调个人责任因素在个人收入中的作用，公共政策应该尊重每个人自己的选择，并对处于不利环境下的个体给予一定的补偿。所以，在构建税后的反事实分布时应该考虑这种影响，才能更精确地分析税收政策在调节收入机会不平等中的作用。

第一节　分析方法

一、一般框架

由于机会不平等的测度方法在前面的章节中已经详细介绍，本节仅仅介绍如何在机会平等的原则下进行税收策的分析。

在传统的功利主义和福利主义最优收入税率研究文献中，最优税率的设计与劳动者的劳动供给是否为广度边际（extensive margin）还是强度边际（intensive margin）有关，前者指劳动者的劳动供给决策为工作时间的改变或工作强度的改变，后者指劳动供给决策为是否参与工作（Heckman，1993）。在莫里斯（Mirrlees，1971）的研究中，劳动者通过强度边际进行劳动供给决策，此时的最优税率总是为非负的。而在戴蒙德（Diamond，1980）的研究中，劳动者的劳动供给决策为是否参加工作，此时的最优税率有可能是负的，表明最优税率有可能需要向低收入者进行补贴。萨泽（Saze，2002）在统一的框架中综合分析了以上两种模型，他认为，最优税率的设计取决于广度边际和强度边际的相对大小。因此，戴蒙德（1980）、萨泽（2002）以及后续的相关研究（Brewer et al.，2008；Chone and Laroque，2009）从理论上支持了美国的“所得税抵免制度”。这些研究结论的基本假定是劳动者在技能和偏好上有差异。然而，正如第一章的分析，偏好的差异对功利主义框架下的最优税研究所使用的目标函数提出了质疑（Rawls，1971；Sen，1980；Dworkin，1981）。按照机会平等主义者的观点，社会不需要为一个人的“昂贵偏好”买单，最优税的设计应该充分考虑这种区别。在公平的最优税率设计中应该对技能差异进行补偿，但不应该对人们的偏好差异进行补偿。沿着这一思路，肖克卡尔特等（Schokkaert et al.，2004）、博德威等（Boadway et al.，2002）、弗勒拜伊和马尼凯特（Fleurbaey and Maniquet，2006，2007）、卢滕斯和奥格赫（Luttens and Ooghe，2007）、雅克特和范德加格（Jacquet and Van de gaer，2011）等学者从不同角度探讨了在机会平等原则下进行个人所得税的最优税率设计问题。

沿用前几章中的一般分析框架，我们假定个体的税前收入由环境因素、努力程度和个体的运气三个基本要素决定，即 $y=y(c, e, l)$。为简化分析，我们进一步假定努力程度 e 和运气 l 都为单值，并且运气是中性的，即所有人都面临同样的运气。假定环境因素 c 可以取 T（$T \geqslant 1$）种不同的值，即 $c \in C=\{c_1, \cdots, c_T\}$。具有相同环境因素的所有居民构成一类，因此可以将居民划分为 T 个不同的类。在这一简单的分析框架下，个体的决策选择表现为个体决定付出多大的努力程度用以获取收入。居民的目标是选择合适努力程度最大化自己的效用。

假定所有可行的税收政策构成一个集合 Ψ，其元素 ψ 为某种具体的税收政策（或政策特征）。为了强调税收政策对个体决策的影响，将居民的税后收入表示为①：

$$z=z(c_t, e, l; \psi) \tag{8.1}$$

考虑到运气因素是观测不到的，且我们假定运气是中性的，因此，对于给定的环境因素 c_t 和努力程度 e，我们关心的是这些居民的预期收入水平 $x(c_t, e, \psi)$：

$$x(c_t, e, \psi) = \int z(c_t, e, l; \psi) dF_l(l) \tag{8.2}$$

其中，F_l（l）表示运气的累积分布。根据机会平等的基本思想，我们可以在这一分析框架下将机会平等定义为付出相同努力程度的个体具有相同的预期收入水平。因此，在机会平等的原则下，我们的目标是寻找合适的税收政策 $\psi \in \Psi$，以保证下面的式子成立：

$$x(c, e, \psi)=x(c', e, \psi), \ \forall c, c' \in C, \ \forall e \in R_+ \tag{8.3}$$

根据上述机会平等原则可知，每个个体的预期收入应该与其付出的努力程

① 为了减少不必要的符号，第二个等号后面没有用新的函数名。

度有关，但不随个体面临的环境因素变化而变化。利用这一原则分析政策 ψ 对收入机会平等的影响，需要在每个可能的努力程度水平 e 上对上式进行检验。因此，我们需要解决的第一个问题是如何度量个体的努力程度。一般而言，个体的努力程度与其面临的环境因素和政策环境有关，个体在给定这些因素的条件下选择合适的努力程度以最大化自己的效用。因此，不同的环境因素有可能对应着不同的努力程度分布特征。由于机会不平等原则认为个体不应该为其面临的环境负责，那么自然地，个体也不应该为其面临的环境所诱导的努力程度分布负责。根据这一思路，我们不应该用个体努力程度的原始值来比较不同个体的努力程度差异，因为这种做法会导致努力程度的差异包含个体面临的环境因素差异。合理的努力程度度量应该不包含个体面临的环境特征信息。一种简单的做法是用个体的原始努力程度在同类居民原始努力程度中的分位数反映该个体的努力程度。由于同类居民面临的环境因素是相同的，因此努力程度的相对值可以剔除环境因素的信息，从而使得不同类居民间的努力程度度量是可比的。我们用 ζ 表示一个居民的原始努力程度在其所属类的原始努力程度分布中的分位数。那么，机会平等的税收政策应该满足下面的条件：

$$x(c, \zeta, \psi) = x(c', \zeta, \psi), \ \forall c, c' \in C, \ \forall \zeta \in [0, 1] \qquad (8.4)$$

显然，利用努力程度的相对值从技术上解决了努力程度不可观测的问题。但上述条件仍然不能很好地运用于税收政策的评价。例如，如果两个不同的税收政策都不能满足上面的条件，只能说明这两个税收政策都没有消除收入的机会不平等，但这并不意味按照机会平等原则无法比较这两个税收政策的优劣。为了在机会平等原则下更清晰地刻画税收政策的特征，罗默（1998）提供了一个最大化最小（maximin）的分析框架，即在机会平等的原则下，我们的目标是选择政策 $\psi \in \Psi$ 解决如下问题：

$$\max_{\psi} \min_{t} x(c_t, \zeta, \psi), \ \forall \zeta \in [0, 1] \qquad (8.5)$$

式（8.5）的最小化部分说明，在每个给定的努力程度下，我们关注的是预期收入水平最小的这一类居民的收入状况。而式（8.5）的最大化部分说明，最优的税收政策应该是最大化预期收入最小的居民的收入。这种最大最小原则可以使每类居民的收入水平尽可能地接近。使用最大最小方法替代前面提到的机会平等条件，可以避免出现帕累托次优的收入分配结果。

我们把式（8.5）的解记为 ψ_ζ，即最优的税收政策随努力程度的不同而不同。这一结果显然对现实的税收政策制定没有任何意义，这是因为 $\zeta \in [0, 1]$，这会导致不同努力程度上式（8.5）的解有无穷多个。另外，即便努力程度仅可取有限个值，现实中也不太可能对不同努力程度的居民制定不同的税收政策。因此，我们需要寻找一个次优的政策。根据罗默（1998）的思路，一种可取的做法是将机会平等的目标定义为：

$$\max_{\psi} \int_0^1 \min_t x(c_t, \zeta, \psi) d\zeta \tag{8.6}$$

我们将式（8.6）的解记为 ψ^{EOp}，它表示的是在机会平等原则下的最优税收政策。佩奇和罗默（Page and Roemer，2001）指出，式（8.6）传承了罗尔斯主义原则和功利主义原则的部分特征。因此，式（8.6）给出的最优政策应该界于在罗尔斯主义原则下得到的最优政策和在功利主义原则下得到的最优政策之间。如果个体的努力程度对个体成就的影响比其面临的环境因素更加重要，那么式（8.6）给出的最优政策将接近功利主义原则下的结果，反之则更接近于罗尔斯主义原则下的结果。

由于式（8.6）不同于功利主义原则的目标，而功利主义强调的是经济效率，即经济“蛋糕”的大小，因此式（8.6）给出的最优政策可能要以一定的经济效率损失为代价。在功利主义原则下，政策的目标是最大化所有居民的预期收入之和（无论其如何分配），即：

$$\max_{\psi} \sum_t p_t \int_0^1 x(c_t, \zeta, \psi) d\zeta \tag{8.7}$$

其中，p_t 表示第 t 类人口占总人口的比例。将式（8.7）的解称为 ψ^0，这是目前的税收政策制度所依据的基本原则①。

二、最优税收政策

在机会平等的原则下分析税收政策以及计算式（8.7）都需要我们确定

① 需要强调的是功利主义原则的目标虽然是最大化社会福利，但这并不表明功利主义原则不能用来分布平等问题。事实上，由于居民效用函数通常被设置为凹函数，这导致功利主义原则通常具有诉求平等的性质。

式（8.7）的解的具体形式。为了简化问题，仅考虑最优的线性税收问题，即税后收入是税前收入的线性变换。在这一假定下，可行的税收政策集合 Ψ 可以用一系列常数组合（τ，τ_0）刻画。佩奇和罗默（2001）与罗默等（2003）发现，虽然许多国家的税收政策都具有分段线性的特征，但线性税收可以很好地刻画这些国家现行的税收政策，而且使用更复杂的税收模型（如使用二次方程）仅仅会大幅增加分析的难度，对结果的影响却非常小。为了将传统的最优税研究框架和机会不平等研究框架相结合，我们假定居民的工资水平 w 由努力程度和环境因素两部分构成，后者决定了每一个居民的平均工资，前者决定了每个居民的实际工资水平在所有居民的工资分布中的相对位置。居民选择合适的劳动供给量最大化自己的效用水平，因此劳动供给也是努力程度和环境因素的函数。为了简便起见，我们假定居民的偏好没有差异，并且在模型中不再将环境和努力因素明确地表示出来。

（一）居民问题

为了刻画税收政策对居民的决策行为的影响，我们假定居民的效用函数为：

$$u(x,\ L) = x - \alpha L^{(\eta+1)/\eta} \tag{8.8}$$

x 和 L 分别表示居民的税后收入和工作时间，η 为居民劳动供给的工资弹性。假定居民的工资水平为 w，那么，在税收政策（τ，τ_0）的情况下，居民的税后收入为：

$$x(w,\ \tau,\ \tau_0) = (1-\tau)wL + \tau_0 \tag{8.9}$$

在式（8.9）的约束下，居民最大化式（8.8）可以得到最优的劳动供给水平：

$$L = \left(\frac{(1-\tau)w}{\hat{\alpha}}\right)^{\eta} \tag{8.10}$$

其中，$\hat{\alpha} = \alpha(1+1/\eta)$。因此，在税收政策（$\tau$，$\tau_0$）的条件下，居民的税后收入为：

$$x(w,\ \tau,\ \tau_0) = (1-\tau)wL + \tau_0 = \frac{(1-\tau)^{\eta+1}}{\hat{\alpha}^{\eta}}w^{\eta+1} + \tau_0 \tag{8.11}$$

税前收入为：

$$y(w, \tau, \tau_0) = wL = \frac{(1-\tau)^{\eta}}{\hat{\alpha}^{\eta}} w^{\eta+1} \tag{8.12}$$

（二）政府问题

政府的目标是选择合适的税收政策满足式（8.6）。而解决这一问题的前提是，找到每个努力程度下税后收入最小的一类居民。然而，在实证分析中，往往存在某一类居民在任何努力程度下的税后收入都比其他类居民在对应努力程度下税后收入要小的现象。我们假定税后收入最小的一类为第1类居民，并且这类居民的工资水平服从分布 $F_1^w(\cdot)$。结合式（8.10），我们可以将政府问题进一步改写为：

$$\max_{\tau,\tau_0} \frac{(1-\tau)^{\eta+1}}{\hat{\alpha}^{\eta}} \int w^{\eta+1} dF_1^w(w) + \tau_0 \tag{8.13}$$

为了进一步简化问题，我们假定人均政府支出 g 是固定的。因此，政府面临如下约束：

$$\tau_0 + g = \tau \frac{(1-\tau)^{\eta}}{\hat{\alpha}^{\eta}} \int w^{\eta+1} dF^w(w) \tag{8.14}$$

其中，$F^w(\cdot)$ 表示所有居民的工资分布。政府的问题是在式（8.14）的约束下选择合适的税收政策满足式（8.13）。式（8.14）将政策参数减少为一个，此时的政府问题可写为：

$$\max_{\tau} \frac{(1-\tau)^{\eta+1}}{\hat{\alpha}^{\eta}} \int w^{\eta+1} dF_1^w(w) + \tau \frac{(1-\tau)^{\eta}}{\hat{\alpha}^{\eta}} \int w^{\eta+1} dF^w(w) - g \tag{8.15}$$

式（8.15）的解为：

$$\tau^{EOp} = \max\left\{1 - \frac{B\eta}{(B-A)(1+\eta)}, 0\right\} \tag{8.16}$$

其中，$A = \int w^{\eta+1} dF_1^w(w)$，$B = \int w^{\eta+1} dF^w(w)$。

我们的目的是比较实际的税收政策和机会平等原则下的最优税收政策。但即便是在线性政策这种简单的环境下，需要比较的政策参数也有两个。而且没有合理的理由说明这两个政策参数的相对重要性。考虑到本章是在机会平等的原则下评价税收政策，我们关注的是环境因素最为有利的居民的收入情况。为此，我们按照罗默等（2003）的做法将对所有居民征收相同比例的税收政策作为基准政策。我们将基准政策下平均收入最小的一类居民的平均收入记为 V_{bench}；将这类居民实际观测到的平均收入记为 V_{obs}；将这类居民在最优税收政策下的平均收入记为 V_{EOp}。罗默等（2003）定义的政策评价指标为：

$$v = \frac{V_{obs} - V_{bench}}{V_{EOp} - V_{bench}} \tag{8.17}$$

$v=0$ 表明观测到的税收政策就是基准政策，$v=1$ 表明观测到的税收政策和最优的税收政策相同。

税收政策在促进公平的同时有可能会降低经济效率。为了反映机会平等原则下的税收政策相对于功利主义原则下的税收政策所导致的效率损失，可以计算两种税收政策下的平均税前收入水平的相对变化，即：

$$\varepsilon = \frac{\sum_t p_t \int_0^1 y(w, \tau, \tau_0) dF_t(w) - \sum_t p_t \int_0^1 y(w, \tau^{EOp}, \tau_0^{EOp}) dF_t(w)}{\sum_t p_t \int_0^1 y(w, \tau, \tau_0) dF_t(w)} \tag{8.18}$$

当然，式（8.18）仅仅是在既定理论上刻画在两种不同的原则下制定税收政策所导致的平均收入差异。事实上，传统的功利主义分析框架忽略了太多人际的差异信息，而在更丰富的理论框架下，机会平等和经济效率并不完全矛盾，这一点早在 2006 年的世界银行报告中就已经得到充分的强调（World Bank，2006）。马雷罗和罗德里格斯（2013）的实证分析也表明，由努力程度导致的收入不平等对经济增长是有促进作用的，而由环境因素导致的收入差距会对经济“蛋糕”的扩大有阻碍作用。这说明，在更丰富的模型框架下，促进机会平等的税收政策有可能是提高经济效率的。

第二节　数据与处理

我们利用上述方法探讨中国的个人所得税制对收入机会不平等的调节效应。本章使用的数据来自 CHIP 项目 2007 年的调查。我们使用的是其中的城市居民部分。没有考虑农村居民的原因在于目前的个人所得税征收对象主要是城市居民。因此，本章的结果仅仅适用于考查个人所得税对城市居民收入机会不平等的影响。

2007 年的 CHIP 调查包含了 5000 户城市家庭，但考虑到本章的研究目的，我们对样本进行了清理。首先，个人所得税的征税对象是个人的工资、薪金所得、个体商户经营所得、劳务报酬、稿酬、利息、财产等。但 CHIP 数据没有对个人收入来源进行详细的收集。我们仅可以得到详细的个人工资薪金和个体经营所得信息。此外，针对个人工资、薪金的征收办法和针对个体经营所得的征收办法并不相同，而且 CHIP2007 的样本中个体经营人员所占比例不到 7%。为了简单起见，我们仅保留有个人工资、薪金所得的个体。其次，家庭背景是研究机会不平等不可缺少的部分，但 CHIP 仅对户主及其配偶的家庭背景信息进行了详细的询问。考虑到男性和女性面临的机会不平等有差异，我们仅保留了每个家庭中的男性户主或女性户主的配偶作为样本。再其次，为了避免离群值对分析结果的影响，我们剔除了个人收入处于最高或最低 0.1% 的样本。最后，剔除了家庭背景信息缺失的样本。我们最终得到了 2291 个有效样本量。

本章使用的家庭背景信息包含两类，分别是父母的教育和父母的职业。我们用这两个变量作为个体的环境因素对样本进行划分。父母教育的划分沿用前面章节的做法，即将父母的教育程度分为三类：第一类为未上学（含扫盲班）；第二类为小学和初中；第三类为高中及以上。CHIP 调查将父母职业分为 8 类，分别是国家机关党群组织和企事业单位负责人、专业技术人员、办事人员和有关人员、商业和服务业人员、农、林、牧、渔和水利生产人员、生产和运输设备操作人员及有关人员、军人、不便分类的其他从业人员。我们进一步将父母职业重新定义为三类：第一类为国家机关党群组织和企事业单位负责人、专业技术人员、办事人员和有关人员和军人；第二类为农、林、牧、渔和水利生产人员和不便分类的其他从业人员；第三类为商业和服务业人员以及生产和运输设备操作人员及有关人员。

表 8-1 是主要变量的统计描述。2007 年的城市居民平均月工薪收入为 2700.9 元。这比国家统计局 2008 年公布的城镇单位在岗职工平均月工资

2077.7 元高出 30%。这主要是因为本章使用的样本仅包含了男性职工。考虑到男性的工资水平高于女性，这一结果是正常的。根据个体的环境因素分别统计的结果可以发现，父亲的教育程度越高、或父亲职业越好、或母亲的教育程度越高，都会导致子代的平均工资越高。这一结果初步证明了个人收入的机会不平等是存在的。当然，关于机会不平等的存在性在前面的章节中已经进行了严格的检验。

表 8－1　　主要变量统计性描述

项目	收入均值（元）	标准差	最小值	最大值	样本量（个）
总样本	2700.883	2150.689	0	30500	2291
父亲教育程度＝1	2307.758	1665.056	170	13000	463
父亲教育程度＝2	2638.114	2251.330	105	30500	738
父亲教育程度＝3	2910.370	2237.851	0	30000	1090
父亲职业＝1	2465.817	2244.913	8	30500	816
父亲职业＝2	2810.775	2056.567	300	25000	707
父亲职业＝3	2849.477	2114.217	0	30000	768
母亲教育程度＝1	2462.009	2024.416	170	30500	837
母亲教育程度＝2	2736.235	2034.512	105	25000	684
母亲教育程度＝3	2929.138	2350.976	0	30000	770
母亲职业＝1	2481.333	2174.926	8	30500	836
母亲职业＝2	2851.935	2226.690	300	30000	964
母亲职业＝3	2778.134	1918.007	0	12000	491

在实证分析的过程中求解式（8.6）的难度较大。因为从理论上说，$\min_t x(c_t, \zeta, \psi)$ 有可能随着 ζ 的变化而变化，即 $\min_t x(c_t, \zeta, \psi)$ 是关于 ζ 的函数，这使得式（8.6）中的积分很难计算。为了克服这一难题，我们假定 $\min_t x(c_t, \zeta, \psi)$ 的解是固定的，从而得到式（8.13）和式（8.14），这大大降低了问题的难度。为了检验我们的假定是否可靠，我们在图 8－1 中分别绘制了按照父亲教育程度、父亲职业、母亲教育程度和母亲职业分类的子样本累

积分布曲线。从图中可以清晰地看出，无论按照何种划分方式，第一类（父亲教育程度 =1、父亲职业 =1、母亲教育程度 =1、母亲职业 =1）居民的累积分布曲线几乎在所有收入水平上都高于其他两条累积分布曲线。因此，按照本章的环境因素对样本进行划分，$\min_t x(c_t, \zeta, \psi)$ 的解总为第一类居民的收入。

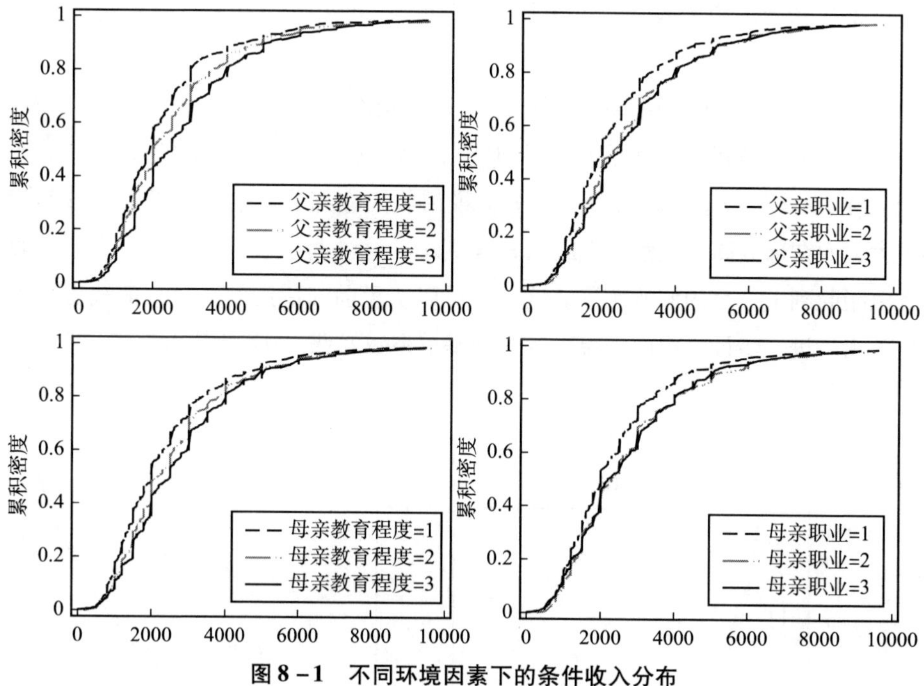

图 8－1　不同环境因素下的条件收入分布

使用 CHIP 数据探讨个人所得税对收入机会不平等影响的最大障碍是这套数据不包含个人纳税信息①。这使得我们无法得到精确的个人税前和税后收入。为了解决这一问题，我们按照徐建炜等（2013）的做法将问卷中的个

① 中国目前的大部分微观数据也有相同的问题。中国国家统计局城镇社会经济调查队进行的城镇住户调查虽然包含了居民的纳税信息。但这套数据的使用存在两个问题：一是这套数据目前尚未公开，非常难以获得；二是数据中的个人纳税信息很不可靠（徐建炜等，2013）。徐建炜等（2013）指出，中国居民的个人所得税并非主动申报的，而是雇主在发放工资的过程中直接代扣的。因此，很多居民并不清楚自己的纳税情况。相比较而言，居民对单位发放的工资信息回答要更可靠一些，但这一工资信息是税后的。

人工薪收入视为税后收入，然后根据个人所得税的税率表反推每个居民的税前工资收入。CHIP 2007 年的数据调查时间为 2008 年，但由于问卷本身在问题设计上没有明确要求受访者回答哪一阶段的收入，而仅询问的是“从当前这份主要工作中，您一般平均每月得到的收入共计为多少元?”我们假定受访者是根据最近一个月的情况回答此问题。因此，我们用的是 2008 年的税率表反推受访者的税前收入①。当然，我们也用 2008 年 3 月 1 日前的税率表进行了稳健性分析。

图 8 -2 是税前和税后收入的核密度图和洛仑兹曲线图。从核密度图看，税前和税后收入的核密度在低收入水平上没有差别，这是因为免征额为 2000 元。在 2000 元以上的收入分布部分，税后收入在部分低收入水平上的核密度更大，而在部分高收入水平上的核密度更小。这说明个人所得税对个人工薪收入差距起到了一定的调节作用。这一点可以从税前和税后的洛仑兹曲线更清晰地看出。进一步计算税前和税后收入的基尼系数发现，MT 指数为 0. 0227②。

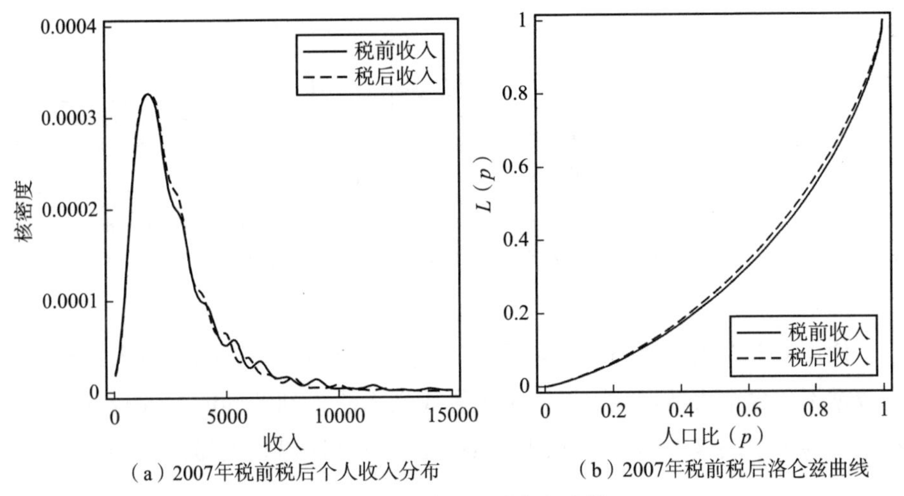

（a）2007年税前税后个人收入分布　　（b）2007年税前税后洛仑兹曲线

图 8 -2　税前和税后收入比较

① 根据 CHIP 问卷，我们只知道调查时间是 2008 年，并不知道调查月份，但考虑到 3 月 1 日一般是春节过后不久。调查月份应该在 3 月 1 日之后。

② MT 指数是马斯格雷夫和西恩（Musgrave and Thin，1949）提出的反映税收的收入再分配效应的指数。

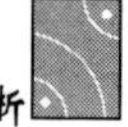

第三节　经验分析

虽然上一节的结果以及国内相关的研究都表明，我国的个人所得税有一定的收入再分配效应（岳希明等，2012；岳希明和徐静，2012；徐建炜等，2013），但关于个人所得税对收入机会不平等的调节效应目前还并不清楚。接下来，我们就这一问题进行探讨。

一、机会不平等测度

评价个人所得税对收入机会不平等的调节作用的一种简单、直观的方法就是比较税前和税后的机会不平等指数变化情况。表 8－2 是税前和税后的收入机会不平等比较，使用的不平等指标为基尼系数，反事实收入分布构建方法沿用了前面章节介绍的方法。从机会不平等的绝对值看，在我们所用的七种反事实收入分布构建方法中，仅最后一种方法给出的结论与其他六种不同，其余几种方法给出的结论是一致的。这说明经过个人所得税的调节之后，收入的机会不平等有所下降，即个人所得税不仅对收入的结果不平等具有一定的调节作用，对收入的机会不平等也具有一定的调节作用。从机会平等的相对值看，所用的七种反事实分布构建方法都表明，税后的机会不平等相对值比税前更大，即经过个人所得税的调节之后，收入机会不平等在收入不平等中的比重上升了。这说明个人所得税虽然对收入机会不平等有一定的调节作用，但其对收入结果不平等的调节效应更大。这一点并不难以理解。个人所得税的设计并没有考虑不同个体的家庭背景信息，唯一需要的信息就是每个个体的收入水平。而收入结果是由努力程度、环境因素以及运气共同决定的。个人所得税在调节收入差距时并不区分收入差距的原因。在收入完全由努力因素决定的这种极端情况下，个人所得税将“惩罚”工作勤快的人，而“奖励”懒惰的人。在这种情况下，虽然个人所得税实现了收入分配相对平等的目标，但这种平等的代价是收入分配的极大不公平。此外，如果个人所得税

"惩罚"工作勤快的人，那么必然会激励人们成为懒惰的人，这会导致经济效率的损失。

表 8-2　税前税后收入机会不平等测度比较（基尼系数，按照父亲教育程度分类）

项目	税前		税后		变化比例
	绝对值	相对值	绝对值	相对值	
基尼系数	0.3808	—	0.3590	—	—
y^c_{Van}	0.0474	0.1246	0.0449	0.1250	0.0542
y^c_{LPT}	0.0495	0.1299	0.0477	0.1328	0.0364
y^c_{JRZ}，$\lambda=0.5$	0.0484	0.1271	0.0460	0.1283	0.0483
y^c_{JRZ}，$\lambda=1.0$	0.0480	0.1260	0.0460	0.1281	0.0413
y^c_{JRZ}，$\lambda=2.0$	0.0218	0.0573	0.0215	0.0600	0.0126
y^c_{FG}	0.0462	0.1214	0.0442	0.1232	0.0428
y^c_{NEW}	0.0101	0.0266	0.0120	0.0335	-0.1867

注：计算机会不平等所用的指数沿用了前面章节的内容。y^c_{Van}、y^c_{LPT}、y^c_{FG}和y^c_{NEW}分别对应范德加格（1993）、勒弗朗茨等（2008）、式费雷拉和吉格努（2011）和第三章式（3.8）提供的非反事实分布构建方法。y^c_{JRZ}为第三章式（3.6）提供的反事实分布构建方法，λ为不平等厌恶系数。最后一列为税后机会不平等相对于税前机会不平等的下降比例。

为了检验结构的稳健性，我们进一步利用泰尔指数、MLD 指数和 Kakwani 指数重新估算税前和税后的机会不平等变化情况。表 8-3 是估计结果。三种不同的不平等指数都表明，个人所得税在一定程度上缩小了收入结果不平等和收入机会不平等，但机会不平等的相对值都有所上升。这些结果都和前面利用基尼系数得到的结果是一致的，说明我们的测度结果并不会因为不平等指数的变化而变化。

表 8-3　税前税后收入机会不平等测度比较（其他指数，按照父亲教育程度分类）

项目	税前		税后		变化比例
	绝对值	相对值	绝对值	相对值	
泰尔指数	0.2609	—	0.2263	—	—
y^c_{Van}	0.0042	0.0161	0.0037	0.0165	0.1117

续表

项目	税前		税后		变化比例
	绝对值	相对值	绝对值	相对值	
y^c_{LPT}	0.0044	0.0168	0.0041	0.0180	0.0719
y^c_{JRZ}，$\lambda=0.5$	0.0043	0.0163	0.0038	0.0170	0.0959
y^c_{JRZ}，$\lambda=1.0$	0.0042	0.0159	0.0038	0.0168	0.0814
y^c_{JRZ}，$\lambda=2.0$	0.0008	0.0032	0.0008	0.0037	0.0191
y^c_{FG}	0.0039	0.0148	0.0035	0.0157	0.0840
y^c_{NEW}	0.0002	0.0008	0.0003	0.0012	-0.2422
MLD 指数	0.2471	—	0.2207	—	—
y^c_{Van}	0.0043	0.0175	0.0038	0.0173	0.1140
y^c_{LPT}	0.0045	0.0180	0.0041	0.0187	0.0726
y^c_{JRZ}，$\lambda=0.5$	0.0043	0.0176	0.0039	0.0178	0.0972
y^c_{JRZ}，$\lambda=1.0$	0.0042	0.0171	0.0039	0.0176	0.0822
y^c_{JRZ}，$\lambda=2.0$	0.0008	0.0034	0.0008	0.0038	0.0200
y^c_{FG}	0.0039	0.0159	0.0036	0.0163	0.0848
y^c_{NEW}	0.0002	0.0009	0.0003	0.0012	-0.2395
Kakwani 指数	0.1268	—	0.1136	—	—
y^c_{Van}	0.0026	0.0202	0.0023	0.0200	0.1126
y^c_{LPT}	0.0027	0.0210	0.0025	0.0217	0.0720
y^c_{JRZ}，$\lambda=0.5$	0.0026	0.0204	0.0023	0.0206	0.0963
y^c_{JRZ}，$\lambda=1.0$	0.0025	0.0199	0.0023	0.0204	0.0816
y^c_{JRZ}，$\lambda=2.0$	0.0005	0.0040	0.0005	0.0044	0.0194
y^c_{FG}	0.0024	0.0185	0.0022	0.0189	0.0843
y^c_{NEW}	0.0001	0.0011	0.0002	0.0015	-0.2398

二、最优线性个人所得税分析

为了估计最优征收政策，我们需要对模型的参数 α 进行校准。参照罗默等（2003）的做法，我们假定税前收入处于中间位置的居民劳动供给时间为一单位。根据校准后的参数和式（8.12）可以得到工资分布，进而估计式（8.16）。在校准的过程中需要给定劳动供给的工资弹性参数 η。关于我国城镇居民劳动供给工资弹性的相关研究并不多。周闯和张世伟（2009）利用2002年的CHIP数据研究发现，中国城镇男性居民的平均劳动供给弹性大约为0.2左右，且随着收入阶层的变化，男性的劳动供给工资弹性大约在0.03~0.3变化。但张世伟和周闯（2010）通过微观模拟的方法发现男性的劳动供给关于工资是缺乏弹性的。根据这些研究结果并综合考虑结果的稳健性，我们在估计过程中将劳动供给参数设定在0.03~0.15。为了简化估计过程，假定税收政策可以用线性税收刻画，因此政策参数只有两个。在进行估计之前，有必要对线性税收假定的合理性进行说明。为此，图8-3绘制了按照2008年3月1日之后的税收制度得到的税前和税后收入实际值散点图以及二者的线性拟合线。从图中可以看出，虽然2008年3月1日之后实行的是9级累进税制，但仍然可以用线性税制很好地拟合实际的税前和税后收入关系。

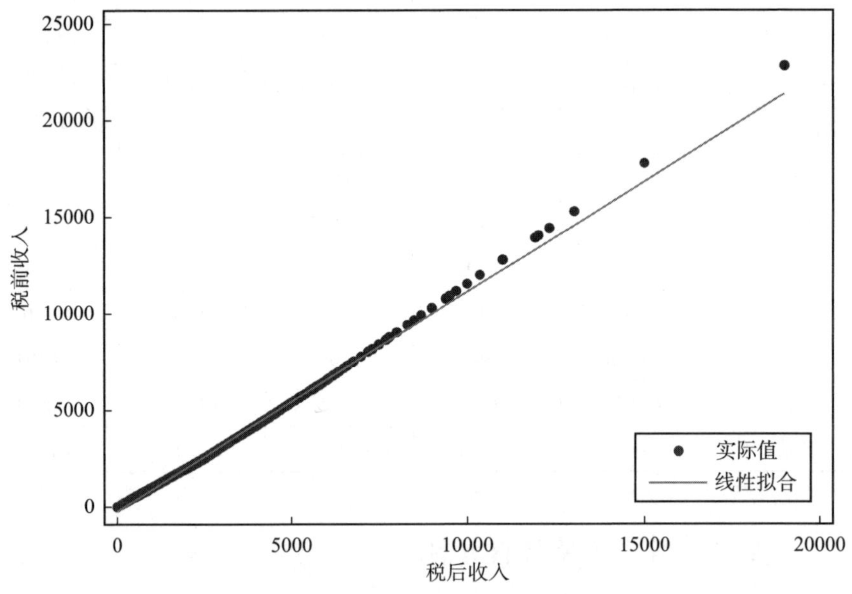

图8-3 实际税收政策与线性税收比较

表8-4是在不同劳动供给弹性假定下得到的最优税、当前税收政策与最优税收政策之间偏离程度指数 v 和从当前税收政策到最优税收政策所面临的经济效率损失程度指数 ε 的估计结果。根据测算，2008年3月1日开始实施的9级累进税可以用参数为（0.1503，290.6181）的线性税制来刻画。表8-4说明，当居民的劳动供给弹性非常小时，机会平等原则下的最优线性税率高达0.8126。$v=0.1787$ 说明，按照这一劳动供给弹性，当前的个人所得税制度与最优的税收制度相差较大。ε 的估计结果表明，机会平等原则下的最优税收政策会导致经济效率有一定损失，但程度非常小。随着劳动供给的工资弹性上升，最优税率 τ^{EOp} 不断下降，现行的税收政策与最优税之间的差距也越来越小。当劳动供给的劳动弹性为0.15时，最优税可以用参数为（0.1608，319.3163）的线性税制刻画。这与真实的税制已经比较接近。因此，v 的估计值比较接近1。

表8-4　最优税制估计（按父亲教育程度）

η	τ^{EOp}	τ_0^{EOp}	v	ε
0.03	0.8126	2067.0691	0.1787	0.0443
0.06	0.6358	1578.3564	0.2606	0.0496
0.09	0.4687	1138.7956	0.3841	0.0414
0.12	0.3106	723.4596	0.6027	0.0248
0.15	0.1608	319.3163	0.9910	0.0018

由于在估算最优税制时进行了大量假定，如居民的效用函数满足式（8.8）、税收政策可以用线性税制刻画、总是有一类居民在任何努力程度的预期收入都低于其他类居民的预期收入。这些假定简化了问题，但代价是相应的结果可能难以实现减少收入机会不平等的目的。为了进一步分析最优税制对机会不平等的影响，我们利用上一节的机会不平等测度指数估算最优税制上模拟出来的收入分布，分析在表8-4中的最优税制下，各种机会不平等测度会发生怎样的变化。表8-5汇报的是最优税制下的税后收入机会不平等情况。从每种劳动供给参数下的机会不平等绝对值［（Ⅰ）列］可以看出，

当劳动供给弹性较小时，最优的税收政策可以将收入的机会不平等引起的基尼系数降到0.01以下。随着劳动供给弹性的上升，最优税收政策下的收入机会不平等基尼系数也逐渐上升。但与表8-2比较可以发现，即便是在劳动供给弹性为0.15的情况下，通过最优的税收政策仍然可以将收入机会不平等的绝对值调节到比目前的机会不平等绝对值更低的程度。利用其他几种不平等指数得到的估计结果与使用基尼系数得到的估计结果类似。为更直观地体现这一点，图8-4呈现了在不同劳动供给参数下模拟出的税后收入分布与真实的税后收入分布。从图8-4可以看到，在劳动供给弹性参数非常小时，对税后收入分布按父亲教育程度进行分类后得到的三个条件收入分布差别很小。随着劳动供给弹性参数的不断提高，模拟出的税后收入分布与真实的税后收入分布越来越接近。根据前面的分析可知，收入分布存在二阶占优关系表明机会不平等的存在，并且这种存在性对机会不平等测度指数的变化反应并不敏感。虽然我们没有对图8-4中的分布进行严格的二阶占优关系检验，但从图8-4可以直观地看到，随着劳动供给弹性的增加，各个条件分布之间的二阶占优关系越来越明显。

表8-5　最优税制下的机会不平等测度（基尼系数，按照父亲教育程度分类）

项目	$\eta=0.03$		$\eta=0.06$		$\eta=0.09$		$\eta=0.12$		$\eta=0.15$	
	（Ⅰ）	（Ⅱ）	（Ⅰ）	（Ⅱ）	（Ⅰ）	（Ⅱ）	（Ⅰ）	（Ⅱ）	（Ⅰ）	（Ⅱ）
γ_{Van}^{c}	0.0094	0.802	0.0182	0.616	0.0265	0.441	0.0344	0.275	0.0418	0.118
γ_{LPT}^{c}	0.0066	0.867	0.0138	0.721	0.0218	0.559	0.0307	0.378	0.0407	0.177
γ_{JRZ}^{c}，$\lambda=0.5$	0.0090	0.814	0.0173	0.642	0.0253	0.476	0.0333	0.313	0.0413	0.146
γ_{JRZ}^{c}，$\lambda=1.0$	0.0087	0.818	0.0166	0.654	0.0242	0.495	0.0320	0.333	0.0403	0.160
γ_{JRZ}^{c}，$\lambda=2.0$	0.0082	0.623	0.0153	0.297	0.0221	-0.013	0.0290	-0.328	0.0361	-0.655
γ_{FG}^{c}	0.0087	0.812	0.0166	0.641	0.0242	0.476	0.0320	0.308	0.0403	0.129
γ_{NEW}^{c}	0.0604	-5.017	0.0385	-2.839	0.0259	-1.577	0.0163	-0.621	0.0238	-1.353

注：由于模拟的税前收入与真实的税前收入接近，表8-5中没有汇报税前机会不平等情况，相应的估计结果参见表8-2。表中的（Ⅰ）表示税后收入的机会不平等绝对值，（Ⅱ）表示税后收入机会不平等相对于税前收入机会不平等的下降比例。

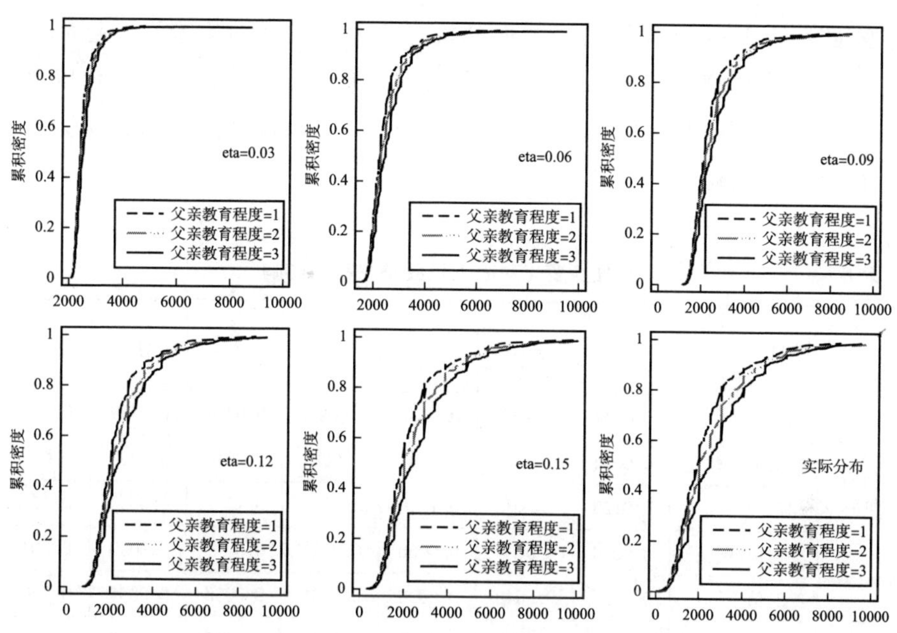

图 8-4 最优税下条件收入分布与实际分布对比

三、其他税收制度

接下来我们使用2007年的调查数据进一步考查其他个税制度对机会不平等的调节效果，包括2006年1月1日施行、2008年3月1日施行、2011年6月30日施行的几次税收制度。2019年1月1日后《个人所得税专项附加扣除暂行办法》开始实施，在没有扣除数据的情况下无法进行个税政策对机会不平等的调节效应，故不在本章分析范围内。

考虑起征点由1600元调整到2000元对收入机会不平等的影响。表8-6汇报了起征点为1600元时的各种机会不平等绝对值和相对值估计结果。为了便于与起征点为2000元时的机会不平等比较。表8-6中还计算了各个估计结果相对于表8-2和表8-3中对应结果的相对变化比。从绝对值的变化情况看，将起征点从1600元上调到2000元，机会不平等引起的收入基尼系数下降0.44~1个百分点。泰尔指数、MLD指数和Kakwani指数的估计结果说明，起征点从1600元上调到2000元，这些指数反映出的机会不平等程度下降 0 ~ 4.5 个百分点。而从机会不平等的相对值来看，起征点从 1600 元上调到 2000 元对机会不平等的相对值也几乎没有影响。综合以上信息，可以推断 2008 年 3 月 1 日执行的这一轮个人所得税改革对收入机会不平等几乎没有影响。

表 8 – 6　　起征点变化对收入机会不平等的影响

项目		y^c_{Van}	y^c_{LPT}	y^c_{JRZ}，$\lambda=0.5$	y^c_{JRZ}，$\lambda=1.0$	y^c_{JRZ}，$\lambda=2.0$	y^c_{FG}	y^c_{NEW}
基尼系数	绝对值	0.0447	0.0472	0.0458	0.0456	0.0214	0.0439	0.0447
	绝对值变化比	0.0044	0.0105	0.0043	0.0087	0.0046	0.0068	0.0045
	相对值	0.0120	0.1250	0.1320	0.1280	0.1277	0.0600	0.1228
	相对值变化比	0.0000	0.0000	0.0060	0.0023	0.0031	0.0000	0.0032
泰尔指数	绝对值	0.0037	0.0040	0.0038	0.0038	0.0008	0.0035	0.0003
	绝对值变化比	0.0000	0.0244	0.0000	0.0000	0.0000	0.0000	0.0000
	相对值	0.0165	0.0177	0.0169	0.0167	0.0037	0.0155	0.0012
	绝对值变化比	0.0000	0.0167	0.0059	0.0060	0.0000	0.0127	0.0000
MID 指数	绝对值	0.0038	0.0040	0.0039	0.0038	0.0008	0.0035	0.0003
	绝对值变化比	0.0000	0.0244	0.0000	0.0256	0.0000	0.0278	0.0000
	相对值	0.0173	0.0185	0.0177	0.0175	0.0038	0.0162	0.0012
	绝对值变化比	0.0000	0.0107	0.0056	0.0057	0.0000	0.0061	0.0000
Kakwani 指数	绝对值	0.0023	0.0024	0.0023	0.0023	0.0005	0.0021	0.0002
	绝对值变化比	0.0000	0.0400	0.0000	0.0000	0.0000	0.0455	0.0000
	相对值	0.0200	0.0214	0.0205	0.0202	0.0044	0.0188	0.0014
	绝对值变化比	0.0000	0.0138	0.0049	0.0098	0.0000	0.0053	0.0667

根据 2011 年 9 月 1 日后的税率表，我们进一步模拟了当前税收政策对收入机会不平等的调节作用。由于我们的数据反映的是 2007 年的居民收入分布。为了得到 2011 年的税前收入分布，我们做如下假定：第一，居民的劳动供给行为没有发生变化；第二，居民单位时间内的实际工资分布没有发生变

化。在以上两个假定的基础上，2011 年的税前工资收入分布可以通过对 2007 年的税前工资收入分布进行通货膨胀调整得到。根据国家统计局公布的 2011 年城市居民的平均工资收入为 42452 元，2007 年城市居民平均工资收入为 24932 元，我们可以模拟出 2011 年的税前收入分布。表 8 -7 是税后收入的机会不平等估计以及这些结果和表 8 -2 与表 8 -3 中对应结果的比较。从机会不平等的绝对值看，大部分估计结果说明当前的个人所得税制对收入机会不平等的调节效果与改革前的税制没有明显差异。但从机会不平等的相对值来看，在当前的个人所得税制下收入的机会不平等相对值要略高于改革前。岳希明等（2012）的研究表明，此次税改弱化了个人所得税的收入分配效应。这和本章的结果存在一定的一致性。由于个人所得税的设计并没有考虑居民的非收入特征差异，因此个人所得税能够调节收入机会不平等的基本前提是个人所得税可以调节结果不平等。

表 8 -7　　当前税收政策对收入机会不平等的调节作用

项目		y^c_{Van}	y^c_{LPT}	y^c_{JRZ}，$\lambda=0.5$	y^c_{JRZ}，$\lambda=1.0$	y^c_{JRZ}，$\lambda=2.0$	y^c_{FG}	y^c_{NEW}
基尼系数	绝对值	0.0449	0.0481	0.0462	0.0462	0.0216	0.0444	0.0135
	绝对值变化比	0.0000	-0.0089	-0.0049	-0.0049	-0.00469	-0.0046	-0.1250
	相对值	0.1255	0.1345	0.1292	0.1293	0.0604	0.1241	0.0376
	相对值变化比	-0.0040	-0.0128	-0.0070	-0.0094	-0.0067	-0.0073	-0.1224
泰尔指数	绝对值	0.0037	0.0041	0.0039	0.0039	0.0008	0.0036	0.0003
	绝对值变化比	0.0000	0.0000	-0.0263	-0.0263	0.0000	-0.0286	0.0000
	相对值	0.0168	0.0187	0.0175	0.0174	0.0038	0.0161	0.0014
	绝对值变化比	-0.0182	-0.0389	-0.0294	-0.0357	-0.0270	-0.02557	-0.1667
MID 指数	绝对值	0.0038	0.0042	0.0040	0.0039	0.0008	0.0036	0.0003
	绝对值变化比	0.0000	-0.0244	-0.0256	0.0000	0.0000	0.0000	0.0000
	相对值	0.0174	0.0192	0.0180	0.0179	0.0038	0.0166	0.0015
	绝对值变化比	-0.0058	-0.0267	-0.0112	-0.0170	0.0000	-0.0184	-0.2500

续表

项目		y^c_{Van}	y^c_{LPT}	y^c_{JRZ}，$\lambda=0.5$	y^c_{JRZ}，$\lambda=1.0$	y^c_{JRZ}，$\lambda=2.0$	y^c_{FG}	y^c_{NEW}
Kakwani 指数	绝对值	0.0023	0.0025	0.0024	0.0023	0.0005	0.0022	0.0002
	绝对值变化比	0.0000	0.0000	-0.0435	0.0000	0.0000	0.0000	0.0000
	相对值	0.0202	0.0223	0.0209	0.0208	0.0045	0.0192	0.0017
	绝对值变化比	-0.0100	-0.0276	-0.0146	-0.0196	-0.0227	-0.0159	-0.1333

四、稳健性分析

除了按父亲教育程度进行分类，CHIP 提供的家庭背景信息还包含父母的职业信息。下面的内容将探讨环境因素的选择对本章结果的影响。

（一）按父亲职业分类

父亲职业也包含三类，按照父亲职业分类得到的结果汇报在表 8－8 中。从税前和税后的收入机会不平等绝对值看，个人所得税在一定程度上减少了机会不平等导致的收入差距。从税前和税后的机会不平等相对值看，税后的机会不平等相对值略高于税前。这些结果和用父亲教育程度分类得到的结果类似。

表 8－8　　税前税后收入机会不平等测度比较（按父亲职业分类）

项目		税前		税后		变化比例
		绝对值	相对值	绝对值	相对值	
基尼系数	y^c_{Van}	0.0335	0.0881	0.0325	0.0905	0.0315
	y^c_{LPT}	0.0406	0.1067	0.0391	0.1090	0.0369
	y^c_{JRZ}，$\lambda=0.5$	0.0380	0.0997	0.0363	0.1011	0.0440
	y^c_{JRZ}，$\lambda=1.0$	0.0396	0.1039	0.0380	0.1057	0.0404
	y^c_{JRZ}，$\lambda=2.0$	0.0830	0.2179	0.0820	0.2286	0.0112
	y^c_{FG}	0.0373	0.0978	0.0357	0.0993	0.0427
	y^c_{NEW}	0.0597	0.1567	0.0628	0.1748	-0.0516

续表

项目		税前		税后		变化比例
		绝对值	相对值	绝对值	相对值	
泰尔指数	y^c_{Van}	0.0023	0.0087	0.0021	0.0095	0.0617
	y^c_{LPT}	0.0033	0.0128	0.0031	0.0137	0.0718
	y^c_{JRZ}，$\lambda=0.5$	0.0029	0.0113	0.0027	0.0119	0.0865
	y^c_{JRZ}，$\lambda=1.0$	0.0033	0.0125	0.0030	0.0133	0.0780
	y^c_{JRZ}，$\lambda=2.0$	0.0150	0.0574	0.0146	0.0645	0.0241
	y^c_{FG}	0.0030	0.0117	0.0028	0.0124	0.0802
	y^c_{NEW}	0.0066	0.0253	0.0074	0.0329	-0.1263
MLD 指数	y^c_{Van}	0.0023	0.0094	0.0022	0.0098	0.0622
	y^c_{LPT}	0.0034	0.0138	0.0032	0.0143	0.0725
	y^c_{JRZ}，$\lambda=0.5$	0.0030	0.0121	0.0027	0.0124	0.0873
	y^c_{JRZ}，$\lambda=1.0$	0.0033	0.0134	0.0031	0.0139	0.0787
	y^c_{JRZ}，$\lambda=2.0$	0.0157	0.0634	0.0153	0.0693	0.0249
	y^c_{FG}	0.0031	0.0126	0.0029	0.0129	0.0809
	y^c_{NEW}	0.0065	0.0262	0.0073	0.0329	-0.1236
Kakwani 指数	y^c_{Van}	0.0014	0.0109	0.0013	0.0114	0.0619
	y^c_{LPT}	0.0020	0.016	0.0019	0.0166	0.072
	y^c_{JRZ}，$\lambda=0.5$	0.0018	0.0141	0.0016	0.0144	0.0868
	y^c_{JRZ}，$\lambda=1.0$	0.002	0.0156	0.0018	0.0161	0.0783
	y^c_{JRZ}，$\lambda=2.0$	0.0092	0.0724	0.009	0.0788	0.0243
	y^c_{FG}	0.0019	0.0146	0.0017	0.015	0.0805
	y^c_{NEW}	0.0039	0.031	0.0044	0.0389	-0.1246

表8-9是最优税的估计结果。在劳动供给弹性为0.03时，最优线性税收入可以用参数（0.6757，1726.4）刻画。随着劳动供给弹性的增加，最优线性税收的税率在不断下降。这和前面的结果是一致的。与前面的估计结果不同的是，表8-9表明当劳动供给弹性达到0.09时，最优线性税收的平均税率仅为0.08，并且反映最优线性税收和实际税收政策差异的参

数 v 为负数。根据 v 的定义可知，此时实际的税收政策对环境因素最差的居民的收入再分配更多，因此最优税收政策相对于实际的税收政策向环境因素最差的居民“征收”了更多的税。罗默等（2003）将这一情况称为“过度征税”。

表 8-9　　最优税制估计（按父亲职业）

η	τ^{EOp}	τ_0^{EOp}	v	ε
0.03	0.6757	1726.4142	0.2375	0.0285
0.06	0.3698	894.5735	0.4996	0.0178
0.09	0.0807	94.8131	OT	-0.0071
0.12	0.0000	-135.8619	OT	-0.0197
0.15	0.0000	-135.8619	OT	-0.0247

注：OT 表示 v 的估计结果小 0。

在可以获得更多的环境因素的情况下，增加环境因素个数可以提高机会不平等估计的精确性。但增加环境因素个数的前提是有足够多的样本量。否则过多的环境因素会导致划分后的子样本样本量过少，降低条件收入分布估计的精确性。本章将父亲职业和父亲教育程度均划分为 3 类，同时使用父亲职业和父亲教育程度作为环境变量可以将样本划分为 9 类，样本量最少的一类子样本为父亲的教育类型为第三类但父亲职业类型却为第一类的居民，有 65 位居民属于这一类。这一点并不难理解。因为受教育程度高的居民通常会选择更好的职业，所以父辈受教育程度高但职业却不好的居民最少。除了直接按照上述两个变量划分样本外，也可以综合父亲教育程度和职业信息重新定义分类更少的新环境变量，这样处理可以在尽可能保留环境因素信息的前提下降低样本量不足导致的估计偏差。例如可以将父亲教育程度为 1 类且职业为 1 类、父亲教育程度为 1 类且职业为 2 类、父亲教育程度为 2 类且职业为 1 类的居民划分为第一类；将父亲教育程度为 1 类且职业为 3 类、父亲教育程度为 2 类且职业为 2 类、父亲教育程度为 3 类且职业为 1 类的居民划分为第二类；将父亲教育程度为 2 类且职业为 3 类、父亲教育程度为 3 类且职业为 2 类、父亲教育程度为 3 类且职业为 3 类的居民划分为第三类①。

表 8 – 10 和表 8 – 11 分别是按照父亲教育程度和职业将样本划分为 9 类和 3 类后的机会不平等估计结果。比较表 8 – 10 和表 8 – 2 与表 8 – 3 可知，将环境因素改为 9 类变量后，得到的大部分机会不平等估计结果低于仅使用父亲教育程度作为环境因素时的结果。出现这一情况的主要原因是，我们使用的大部分反事实分布构造方法都是非参数方法，而非参数方法的估计结果受样本量的影响较大。降低子样本的样本量会增加估计偏差。由于 y^c_{FG} 和 y^c_{NEW} 均使用了参数方法，所以这两种方法得到的估计结果大于仅使用父亲教育程度作为环境因素时的结果。这是因为参数方法的结果受样本量变化的影响相对较少，而增加环境因素的类别可以提高估计方程的拟合优度，进而提高机会不平等的估计。比较税前和税后的机会不平等变化情况可知，个人所得税对机会不平等起到了一定的调节作用，但从机会不平等相对值的变化情况看，个人所得税的调节效果并不明显。这和前面的结果也是一致的。表 8 – 11 同样使用了父亲教育程度和职业信息，但仅将样本划分为 3 类。从机会不平等的估计结果看，表 8 – 11 中的非参数估计结果大于表 8 – 10 和表 8 – 2 与表 8 – 3 中的结果。这是因为与表 8 – 2 或表 8 – 3 相比，表 8 – 11 使用的环境因素信息更加丰富，且没有增加样本的分类数，与表 8 – 10 相比，表 8 – 11 使用了相同的环境因素信息但减少了样本的分类数。表 8 – 11 的参数估计结果虽然低于表 8 – 10 但高于表 8 – 2 或表 8 – 3。然而，从税前和税后的机会不平等变化情况看，表 8 – 11 和表 8 – 10 以及表 8 – 2 或表 8 – 3 的结论差异并不大。综合以上结论，我们认为，虽然环境因素的选取对机会不平等的估计结果有一定影响，但环境因素的选取对分析税收政策在调节收入机会方面的作用影响不大。

① 如果将父亲的教育程度和职业组合看作一个 3 阶矩阵，上述分类把反对角线以上的部分看作一类，反对角线上元素看作二类，反对角线以下的部分看作第三类。

表 8-10 税前税后收入机会不平等测度比较（按父亲职业和父亲教育程度分类，9 类）

项目		税前		税后		变化比例
		绝对值	相对值	绝对值	相对值	
基尼系数	y^c_{Van}	0.0451	0.1184	0.0421	0.1173	0.0662
	y^c_{LPT}	0.0351	0.0923	0.0338	0.0940	0.0396
	y^c_{JRZ}，$\lambda=0.5$	0.0404	0.1060	0.0380	0.1059	0.0580
	y^c_{JRZ}，$\lambda=1.0$	0.0329	0.0865	0.0313	0.0872	0.0497
	y^c_{JRZ}，$\lambda=2.0$	0.0282	0.0740	0.0279	0.0778	0.0097
	y^c_{FG}	0.0652	0.1713	0.0626	0.1744	0.0399
	y^c_{NEW}	0.0460	0.1208	0.0457	0.1274	0.0058
泰尔指数	y^c_{Van}	0.0041	0.0157	0.0035	0.0155	0.1404
	y^c_{LPT}	0.0023	0.0087	0.0021	0.0092	0.0773
	y^c_{JRZ}，$\lambda=0.5$	0.0032	0.0121	0.0028	0.0124	0.1163
	y^c_{JRZ}，$\lambda=1.0$	0.0022	0.0084	0.0020	0.0088	0.0939
	y^c_{JRZ}，$\lambda=2.0$	0.0014	0.0055	0.0014	0.0062	0.0192
	y^c_{FG}	0.0070	0.0267	0.0064	0.0283	0.0799
	y^c_{NEW}	0.0048	0.0183	0.0051	0.0224	-0.0612
MLD 指数	y^c_{Van}	0.0042	0.0168	0.0036	0.0161	0.1418
	y^c_{LPT}	0.0023	0.0092	0.0021	0.0095	0.0775
	y^c_{JRZ}，$\lambda=0.5$	0.0032	0.0130	0.0028	0.0128	0.1172
	y^c_{JRZ}，$\lambda=1.0$	0.0022	0.0090	0.0020	0.0091	0.0944
	y^c_{JRZ}，$\lambda=2.0$	0.0014	0.0058	0.0014	0.0064	0.0187
	y^c_{FG}	0.0071	0.0287	0.0065	0.0296	0.0809
	y^c_{NEW}	0.0050	0.0204	0.0054	0.0244	-0.0700
Kakwani 指数	y^c_{Van}	0.0025	0.0196	0.0021	0.0188	0.1409
	y^c_{LPT}	0.0014	0.0108	0.0013	0.0111	0.0774
	y^c_{JRZ}，$\lambda=0.5$	0.0019	0.0151	0.0017	0.0149	0.1166
	y^c_{JRZ}，$\lambda=1.0$	0.0013	0.0105	0.0012	0.0106	0.0940
	y^c_{JRZ}，$\lambda=2.0$	0.0009	0.0068	0.0008	0.0075	0.0190
	y^c_{FG}	0.0042	0.0333	0.0039	0.0342	0.0801
	y^c_{NEW}	0.0029	0.0232	0.0031	0.0276	-0.0646

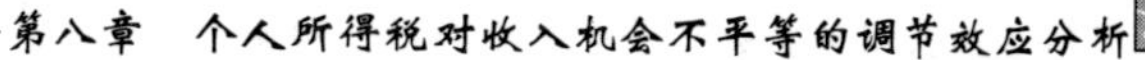

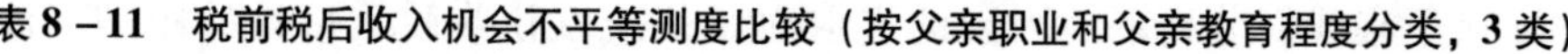
表 8-11　税前税后收入机会不平等测度比较（按父亲职业和父亲教育程度分类，3 类）

项目		税前		税后		变化比例
		绝对值	相对值	绝对值	相对值	
基尼系数	y^{c}_{Van}	0.0486	0.1276	0.0466	0.1300	0.0402
	y^{c}_{LPT}	0.0555	0.1457	0.0534	0.1489	0.0365
	y^{c}_{JRZ}，$\lambda=0.5$	0.0526	0.1381	0.0502	0.1399	0.0449
	y^{c}_{JRZ}，$\lambda=1.0$	0.0539	0.1414	0.0517	0.1440	0.0403
	y^{c}_{JRZ}，$\lambda=2.0$	0.0828	0.2175	0.0817	0.2275	0.0138
	y^{c}_{FG}	0.0518	0.1360	0.0496	0.1382	0.0418
	y^{c}_{NEW}	0.0233	0.0612	0.0225	0.0628	0.0333
泰尔指数	y^{c}_{Van}	0.0049	0.0189	0.0045	0.0198	0.0917
	y^{c}_{LPT}	0.0058	0.0224	0.0054	0.0241	0.0688
	y^{c}_{JRZ}，$\lambda=0.5$	0.0054	0.0208	0.0049	0.0218	0.0897
	y^{c}_{JRZ}，$\lambda=1.0$	0.0055	0.0210	0.0050	0.0223	0.0783
	y^{c}_{JRZ}，$\lambda=2.0$	0.0120	0.0460	0.0117	0.0515	0.0294
	y^{c}_{FG}	0.0052	0.0198	0.0048	0.0210	0.0802
	y^{c}_{NEW}	0.0009	0.0036	0.0009	0.0039	0.0608
MLD 指数	y^{c}_{Van}	0.0051	0.0206	0.0046	0.0209	0.0934
	y^{c}_{LPT}	0.0060	0.0243	0.0056	0.0253	0.0696
	y^{c}_{JRZ}，$\lambda=0.5$	0.0056	0.0226	0.0051	0.0230	0.0912
	y^{c}_{JRZ}，$\lambda=1.0$	0.0056	0.0228	0.0052	0.0235	0.0793
	y^{c}_{JRZ}，$\lambda=2.0$	0.0120	0.0486	0.0117	0.0528	0.0290
	y^{c}_{FG}	0.0053	0.0215	0.0049	0.0221	0.0813
	y^{c}_{NEW}	0.0009	0.0038	0.0009	0.0040	0.0598
Kakwani 指数	y^{c}_{Van}	0.0030	0.0238	0.0027	0.0241	0.0923
	y^{c}_{LPT}	0.0036	0.0281	0.0033	0.0292	0.0690
	y^{c}_{JRZ}，$\lambda=0.5$	0.0033	0.0261	0.0030	0.0265	0.0902
	y^{c}_{JRZ}，$\lambda=1.0$	0.0033	0.0263	0.0031	0.0271	0.0786
	y^{c}_{JRZ}，$\lambda=2.0$	0.0072	0.0569	0.0070	0.0616	0.0291
	y^{c}_{FG}	0.0032	0.0248	0.0029	0.0255	0.0806
	y^{c}_{NEW}	0.0006	0.0044	0.0005	0.0046	0.0605

接下来我们分析环境因素的选取对最优线性税收政策估计的影响。注意到我们使用的估计方法所依赖的一个重要假定是存在一类居民面临的环境因素比较差，从而使得他们的预期收入在任何努力程度下都比其他居民的预期收入更低。当我们改变环境因素时首先受到的影响是这个假定可能不再成立。为此，我们的第一步是检验这个假定是否仍然具有合理性。

图 8－5 是按照父亲教育程度和职业对样本分类后的条件收入分布情况。左边的图将样本划分为 9 类。可以看出父亲教育程度为第一类并且父亲职业为第一类的居民的条件收入分布基本上位于其他 8 条条件分布曲线的上方，但在较低的收入水平上出现了交叉的情况。右边的图将样本划分为 3 类。可以看出，第一类（fedu = 1&focc = 1、fedu = 1&focc = 2、fedu = 2&focc = 1）居民的条件收入分布位于其他两类居民的条件收入分布之上。因此，按照第二种方式得到的子样本满足我们的假定。虽然第一种样本划分方式不满足假定，但分布交叉的部分发生在收入较低的部分，在分布的其他大部分位置都是满足假定的。因此，将父亲教育程度为第一类并且父亲职业为第一类的居民始终视为环境因素最差的居民对估计结果的影响并不大。

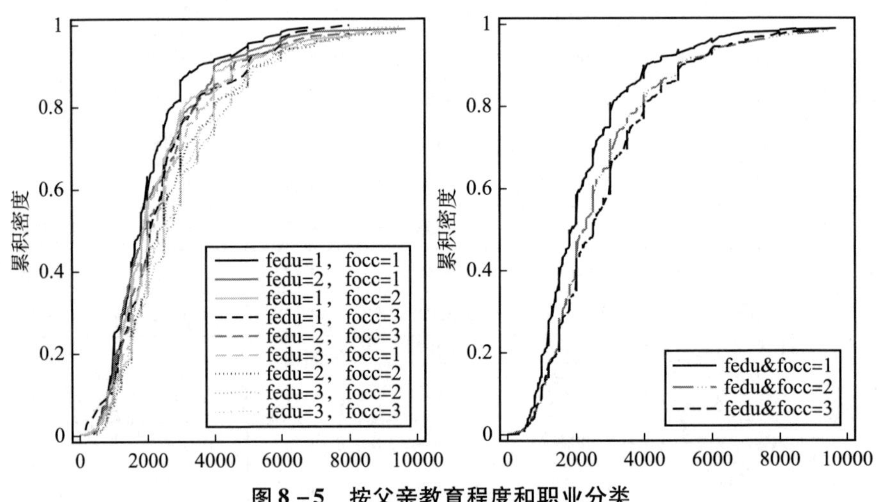

图 8－5　按父亲教育程度和职业分类

表 8－12 和表 8－13 分别是将样本分为 9 类和 3 类后的最优税制估计情况。表 8－12 表明，随着劳动供给弹性的增加，最优的平均税率逐渐下降。如果居民的劳动供给弹性较大，那么现行的税收政策和最优税收政策的差距就较大。表 8－13 也给出了类似的结果。这些结果都和使用父亲教育程度作为环境因素时的结果类似。但从最优税参数的大小上看，不同的环境因素对估计结果的影响还是比较大的。当我们把样本按照父亲教育程度和职业划分为 3 类并且居民的劳动供给弹性为 0.15 时，实际的个人所得税对环境因素最差的居民的收入再分配比最优税情况下的再分配更大。而当我们把样本按照父亲教育程度和职业划分为 9 类并且居民的劳动供给弹性为 0.15 时，实际税收对上述居民的再分配仍然远低于最优税情况下的再分配额度。出现上述结论的原因有以下两点：第一，我们在估计最优税的过程中选用的目标函数是预期收入最低的一类居民的预期收入。选取不同的环境因素意味着我们关注的群体会发生变化，从而导致最优税的估计结果不同。第二，我们的分析框架需要估计总体居民的工资分布和预期收入最低的居民的工资分布，并且用非参数方法估计这些分布的 $1+\eta$ 阶原点矩。选用不同的环境因素意味着我们对样本的划分方式以及每个子样本的样本量发生变化，这会对非参数估计结果的精确性产生一定影响。

表 8－12　　最优税制估计（按父亲职业和父亲教育程度分类，9 类）

η	τ^{EOp}	τ_0^{EOp}	v	ε
0.03	0.8830	2224.3691	0.1536	0.0577
0.06	0.7726	1889.2544	0.1965	0.0761
0.09	0.6684	1606.1818	0.2456	0.0812
0.12	0.5697	1353.4409	0.3052	0.0784
0.15	0.4761	1120.2364	0.3810	0.0700

表 8－13　最优税制估计（按父亲职业和父亲教育程度分类，3 类）

η	τ^{EOp}	τ_0^{EOp}	v	ε
0.03	0.7985	2033.5336	0.1840	0.0423
0.06	0.6084	1511.5783	0.2764	0.0454
0.09	0.4287	1037.6550	0.4257	0.0351
0.12	0.2587	586.1173	0.7185	0.0162
0.15	0.0976	143.4083	OT	－0.0091

（二）按母亲教育程度和职业分类

虽然大多数研究使用父亲的社会经济特征作为环境因素，但母亲的社会经济特征也是个体面临的重要环境因素之一。CHIP 针对每个受访者的父母询问了相同的信息。为保证考查结果的稳健性，我们进一步分析使用母亲的社会经济特征作为环境因素对主要结果的影响。为了更直观地观察估计结果，我们将税前和税后的机会不平等估计值绘制在图 8－6 中（简便起见，我们仅汇报了使用基尼系数得到的结果）。图 8－6 包含 4 个子图，分别是按母亲教育程度分类、按母亲职业分类、按母亲教育程度和职业分 9 类、按教育程度和职业分 3 类。每个子图包含 4 条线，两条实黑线为税前和税后的机会不平等绝对值，两条灰虚线为税前和税后机会不平等相对值。图 8－6 呈现出以下三个特征：第一，税后机会不平等的绝对值小于税前机会不平等绝对值；第二，税后机会不平等相对值大于税前机会不平等相对值；第三，按母亲教育程度分类得到的机会不平等绝对值远低于按母亲职业分类得到的机会不平等绝对值。其中，前两个特征与按父亲的社会经济特征分类得到的结果基本一致。这说明了前面分析结果的稳健性。第三个特征出现的原因可能是母亲的教育信息相对于职业信息而言能够反映的环境因素差异较少。这主要是因为受访者的父母都是年龄较大的人，由于传统上的重男轻女观念较重，从而导致女性接受教育的人较少或只能接受较低程度的教育。因此，受访者母亲的教育程度很难反映出家庭背景的差异。相反，母亲的职业却能够更好地反映受访者的家庭是否拥有更丰富的经济资源，因此更能反映受访者的环境因素差别。

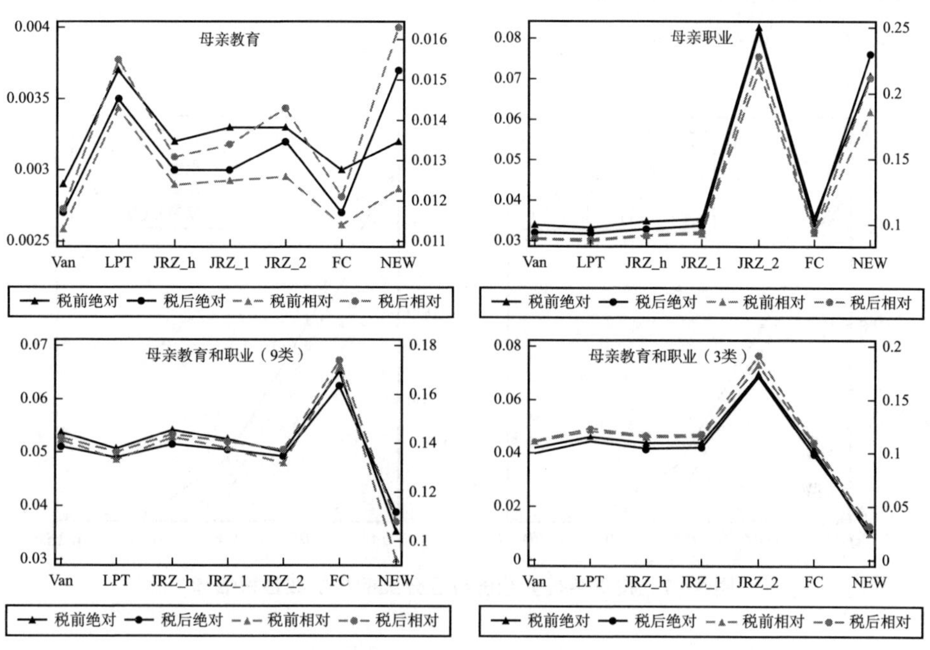

图 8－6　按母亲社会经济特征分类的机会不平等估计

注：Van、LPT、FC 和 NEW 分别对应范德加格（1993）、勒弗朗茨等（2008）、式费雷拉和吉格努（2011）和第三章式（3.8）提供的非反事实分布构建方法。JRZ_h、JRZ_1 和 JRZ_2 为式（3.6）提供的反事实分布构建方法，_h、_1 和_2 分别对应不平等厌恶系数为 0.5、1 和 2。所有绝对值使用的为左边纵轴，所有相对值使用的为右边纵轴。

与前面的结果类似，最优税制的估计受环境因素选取的影响较大。图 8－7 绘制了不同环境因素选取下 τ^{EOp} 和 τ_0^{EOp} 与劳动供给弹性的关系。按照母亲教育程度分类与按母亲教育程度和职业分 9 类情况下得到的最优税率较大，按照母亲职业与按母亲教育程度和职业分 3 类情况下得到的最优税率相对较少。最优税的估计结果受环境因素影响较大的原因在前面已经解释。这里需要强调的是，虽然最优税的估计结果随着环境因素的选取有较大变化，但所有的结果都表明，实际的税收政策在大部分劳动供给弹性下都与最优的税收政策有较大的偏差。使用母亲的社会经济特征得到的结果也表明了这一点。换言之，如果以机会平等为个人所得税政策的评价原则，我国现行的个人所得税政策还有改善的空间。但遗憾的是，在实际的征税过程中实行促进公平的税收政策可能还难以实现。这主要是因为通过环境因素对居民进行有效的区分难度较大，或成本较高。

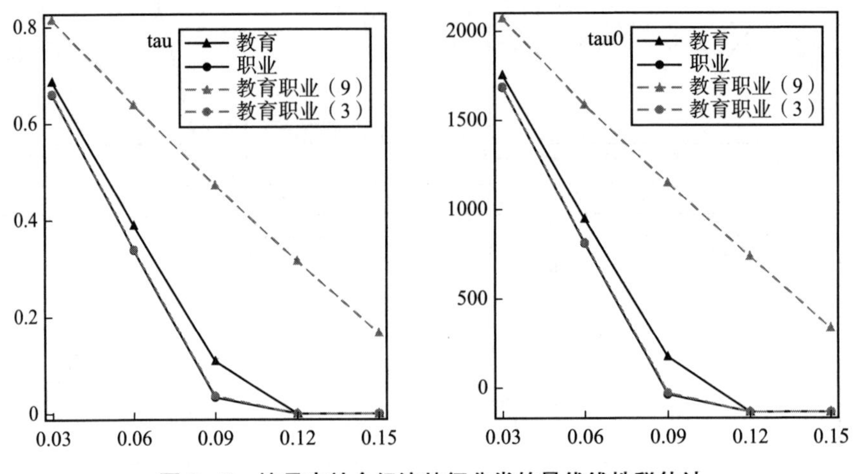

图 8－7　按母亲社会经济特征分类的最优线性税估计

第四节　本章小结

以往研究最优个人所得税税率的文献，关注的是税收政策对收入结果不平等的调节作用。但是，根据机会平等主义者的观点，最优个人所得税的税率设计应该考虑收入差距中的合理部分和不合理部分。公平和税收政策应该调节的是那些由环境因素导致的收入差距，而偏好差异导致的收入差距不需要税收的调节。本章在机会平等原则下探讨了我国的个人所得税对机会平等的调节作用，并按照机会平等原则估算了最优线性个人所得税税率。

本章的研究结果表明，经过个人所得税的调节之后，我国居民的收入机会不平等有所下降，即个人所得税不仅对收入的结果不平等具有一定的调节作用，对收入的机会不平等也具有一定的调节作用，但其对收入结果不平等的调节效应更大。由于缺乏我国居民劳动供给弹性的可靠数据，本章的最优税率估计在不同的劳动供给弹性假定下进行。结果发现，当劳动供给弹性比较小时，现行的个人所得税政策和机会平等原则下的最优个人所得税政策差距较大，但随着劳动供给弹性的增加，现行的个人所得税政策与机会平等原则下的最优税收政策差距会逐渐缩小。

结　语

机会公平是现代哲学最重要的公平理念。与传统的公平观相比，机会公平更加强调个人责任在利益获取当中的作用。在机会公平的理论框架中，“差距”不再被简单地视为“不公平”。相反，“差距”也有公平和不公平的区别。不公平的“差距”最难以被人们容忍和接受，而公平的“差距”往往向人们释放出的是有机会向上流动的信号。从政策角度看，区分公平的差距和不公平的差距将意味着相关的公共政策制定应该致力于解决不公平的差距。

本书研究重点关注了收入分配领域中的机会不平等问题，为了解中国居民在收入获取过程中面临的机会不平等程度及特点提供了翔实的经验证据。我们探讨了收入差距中机会不平等的存在性问题；收入差距中的机会不平等测度问题；收入差距中的机会不平等上下界估计与分解问题；收入差距中的机会不平等代际差异与区域差异问题；居民对机会不平等的主观感知以及这些感知如何影响居民看待收入差距的态度问题；收入差距的机会不平等造成的社会总福利损失问题；个人所得税对收入差距中的机会不平等调节效应问题。

我们的研究表明，中国居民在获取收入的过程中存在比较显著的机会不平等问题，即个人不可控的外在环境因素显著地影响着居民的收入获取。由机会不平等导致的收入差距在总收入差距中所占的比例，在部分时期高达1/3。从时间趋势上看，中国收入差距中的机会不平等程度在2008年之前有上升趋势，但2008年以后呈现出小幅的下降趋势。但这一趋势是否会持续以及其背后深层次的原因都还需要进一步研究。从城乡间差异来看，中国城市居民在获取收入的过程中面临着比农村居民更为严重的机会不平等。这主要是城市内部更加丰富的资源以及更加不平等的资源配置的综合作用结果。从性别差异上看，城市的女性面临比男性更加严重的机会不平等。这主要是由

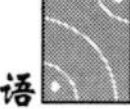

于女性在劳动市场中受到的约束比男性更多，进而导致她们更加难以摆脱自己面临的不利环境。从机会不平等的代际差异来看，20 世纪 40 年代、50 年代、60 年代和 70 年代出生的人群中，收入差距的机会不平等程度有上升趋势，但 80 年代和 90 年代出生的人群中，收入差距的机会不平等有下降趋势。不过由于 80 年代和 90 年代出生的样本量较少，这两个年代出生的人群所面临的收入机会不平等估计可能会存在较大误差。我们通过面板数据的特性估算了机会不平等的上下界，结果发现，收入差距中的机会不平等占收入差距的比例的上界大约在 60% ~80%（具体大小取决于所用的不平等指数），下界大约在 10% ~30%。这一结论反对了以往的研究将机会不平等的上界默认为 100% 的做法。通过研究民众对机会不平等的主观感知，我们发现，我国居民在评价公平问题时确实比较看重机会公平。这主要体现为两个方面：第一，越是认为机会公平的居民越有可能认为当前的收入差距是公平的，即机会平等的感知显著影响着民众看待收入差距的态度；第二，越是认为机会公平的居民越倾向于认为自己的幸福感高，即机会平等的感知显著影响着民众的主观福利。这些结论有效地支持了机会公平的规范价值理论。机会不平等除了影响居民的主观福利之外，也确实在客观上会造成一定的社会福利损失。我们的估算结果表明，机会不平等导致的每年社会福利总损失大约在 1.5% ~20%。换言之，在给定收入总量的前提下，如果不存在机会不平等导致的收入差距，社会总福利会有所提高。此外，我们对我国的个人所得税政策在调节机会不平等中的作用进行了分析。结果发现，虽然个税可以在一定程度上起到调节机会不平等的作用，但效果比较小，个税更多地调节的是收入的结果不平等。

由于笔者自身能力的约束和客观的数据限制，本书在部分问题上还有待完善。例如，收入差距的机会不平等与中国经济增长的之间的因果关系问题还需要进一步研究。虽然在本书的第五章和其他学者的研究当中都涉及该问题，但目前的研究结论面临的最大约束是，缺乏长期的省际间收入差距机会不平等的可靠测量。在这一客观约束下，研究省际间的经济增长与机会不平等之间的关系很难给出问题的可靠答案。另外，本书只涉及收入差距当中的机会不平等问题，其他领域的机会不平等也需要更深入的研究和关注。

参考文献

[1] 陈钊，万广华，陆铭．行业间不平等：日益重要的城镇收入差距成因——基于回归方程的分解［J］．中国社会科学，2010（3）：65－76，221．

[2] 邸玉娜．代际流动、教育收益与机会平等——基于微观调查数据的研究［J］．经济科学，2014（1）：65－74．

[3] 官皓．收入对幸福感的影响研究：绝对水平和相对地位［J］．南开经济研究，2010（5）：56－70．

[4] 何立新，潘春阳．破解中国的"Easterlin 悖论"：收入差距、机会不均与居民幸福感［J］．管理世界，2011（8）：11－22，187．

[5] 何石军，黄桂田．中国社会的代际收入流动性趋势：2000～2009［J］．金融研究，2013（2）：19－32．

[6] 怀默霆．中国民众如何看待当前的社会不平等［J］．社会学研究，2009，24（1）：96－120，244．

[7] 黄嘉文．收入不平等对中国居民幸福感的影响及其机制研究［J］．社会，2016，36（2）：123－145．

[8] 江求川．婚姻中的教育匹配对中国收入差距的影响［J］．中南财经政法大学学报，2018（2）：32－42．

[9] 江求川，任洁，张克中．中国城市居民机会不平等研究［J］．世界经济，2014，37（4）：111－138．

[10] 江求川，张克中．中国劳动力市场中的"美貌经济学"：身材重要吗？［J］．经济学（季刊），2013，12（3）：983－1006．

[11] 李春玲．高等教育扩张与教育机会不平等——高校扩招的平等化效应考查［J］．社会学研究，2010，25（3）：82－113，244．

[12] 李春玲．社会政治变迁与教育机会不平等——家庭背景及制度因

素对教育获得的影响（1940—2001）[J]. 中国社会科学，2003（3）：86-98，207.

[13] 李静，潘丽群，踪家峰. "门当户对"加剧收入不平等吗[J]. 统计研究，2015，32（11）：65-71.

[14] 李路路，朱斌. 当代中国的代际流动模式及其变迁[J]. 中国社会科学，2015（5）：40-58，204.

[15] 李实，宋锦，刘小川. 中国城镇职工性别工资差距的演变[J]. 管理世界，2014（3）：53-65，187.

[16] 李煜. 婚姻的教育匹配：50年来的变迁[J]. 中国人口科学，2008（3）：73-79，96.

[17] 刘精明. 中国基础教育领域中的机会不平等及其变化[J]. 中国社会科学，2008（5）：101-116，207.

[18] 刘生龙，周绍杰，胡鞍钢. 义务教育法与中国城镇教育回报率：基于断点回归设计[J]. 经济研究，2016，51（2）：154-167.

[19] 鲁元平，王韬. 收入不平等、社会犯罪与国民幸福感——来自中国的经验证据[J]. 经济学（季刊），2011，10（4）：1437-1458.

[20] 潘丽群，李静，踪家峰. 教育同质性婚配与家庭收入不平等[J]. 中国工业经济，2015（8）：35-49.

[21] 亓寿伟. 中国代际收入传递趋势及教育在传递中的作用[J]. 统计研究，2016，33（5）：77-86.

[22] 任海燕，傅红春. 收入与居民幸福感关系的中国验证——基于绝对收入与相对收入的分析[J]. 南京社会科学，2011（12）：15-21.

[23] 王美今，李仲达. 中国居民收入代际流动性测度——"二代"现象经济分析[J]. 中山大学学报（社会科学版），2012，52（1）：172-181.

[24] 王学龙，袁易明. 中国社会代际流动性之变迁：趋势与原因[J]. 经济研究，2015，50（9）：58-71.

[25] 吴愈晓. 中国城乡居民的教育机会不平等及其演变（1978—2008）[J]. 中国社会科学，2013（3）：4-21，203.

[26] 谢宇. 认识中国的不平等[J]. 社会，2010，30（3）：1-20.

[27] 徐建炜，马光荣，李实．个人所得税改善中国收入分配了吗——基于对1997—2011年微观数据的动态评估［J］．中国社会科学，2013（6）：53－71，205.

[28] 杨瑞龙，王宇锋，刘和旺．父亲政治身份、政治关系和子女收入［J］．经济学（季刊），2010，9（3）：871－890.

[29] 尹志超，甘犁．香烟、美酒和收入［J］．经济研究，2010，45（10）：90－100，160.

[30] 岳希明，徐静，刘谦，等．2011年个人所得税改革的收入再分配效应［J］．经济研究，2012，47（9）：113－124.

[31] 岳希明，徐静．我国个人所得税的居民收入分配效应［J］．经济学动态，2012（6）：16－25.

[32] 张克中，陶东杰，江求川．中国农村子女教育同胞竞争效应研究［J］．教育与经济，2013（6）：44－53.

[33] 张世伟，周闯．工薪所得税减除费用标准提升的作用效果：基于劳动供给行为微观模拟的研究途径［J］．世界经济，2010，33（2）：67－82.

[34] 张学志，才国伟．收入、价值观与居民幸福感——来自广东成人调查数据的经验证据［J］．管理世界，2011（9）：63－73.

[35] 周闯，张世伟．中国城镇居民的劳动供给行为——倒S型劳动供给曲线在中国城镇劳动力市场上的实证检验［J］．财经科学，2009（11）：56－64.

[36] 周兴，张鹏．代际间的收入流动及其对居民收入差距的影响［J］．中国人口科学，2013（5）：50－59，127.

[37] Aaberge, R., M. Mogstad and V. Peragine. Measuring Long-term Inequality of Opportunity [J]. Journal of Public Economics, 2011, 95: 193－204.

[38] Ali, I. Inequality and the Imperative for Inclusive Growth in Asia [J]. Asian Development Review, 2007, 4 (2): 1－16.

[39] Almas, I., Cappelen, A. W., Lind, J. T., et al. Measuring Unfair (in) equality [J]. Journal of Public Economics, 2011, 95 (7－8): 488－499.

[40] Arneson, R. J. Equality and equal opportunity for welfare [J]. Philo-

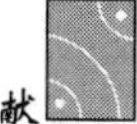

sophical Studies, 1989, 56 (1): 77 -93.

[41] Arneson, R. J. Liberalism, Distributive Subjectivism, and Equal Opportunity for Welfare [J]. Philosophy and Public Affairs, 1990, 19: 158 -194.

[42] Asadullah, M. N. , Yalonetzky, G. Inequality of Educational Opportunity in India: Changes Over Time and Across States [J]. World Development, 2012, 40 (6): 1151 -1163.

[43] Atkinson, A. B. and Bourguignon, F. Income Distribution and Differences in Needs [C]. in: G, Feiwel (ed.), Arrow and the Foundations of the Theory of Economic Policy, Macmillan, New York, 1987: 350 -370.

[44] Atkinson, A. B. , and Bourguignon, F. The Comparison of Multi - Dimensional Distributions of Economic Status [J]. Review of Economic Studies, 1982, 49: 183 -201.

[45] Atkinson, A. B. On the Measurement of Inequality, Journal of Economic Theory [J]. 1970, 2: 244 -263.

[46] Baeten, S. , Van, O. T. , Van, D. E. Rising Inequalities in Income and Health in China: Who is Left Behind? [J]. Journal of Health Economics, 2013, 32 (6): 1214 -1229.

[47] Barrett, G. F. , and Donald, S. G. Consistent Tests for Stochastic Dominance [J]. Econometrica, 2003, 71 (1): 71 -104.

[48] Barry, B. Theories of justice [M]. Berkeley: University of California Press, 1991.

[49] Benjamin Lockwood, Matthew Weinzierl. De Gustibus Non Est Taxandum: Theory and Evidence on Preference Heterogeneity and Redistribution [J]. Social Science Electronic Publishing, 2012.

[50] Bjorklund, A. , M. Jantti, and J. Roemer. Equality of Opportunity and the Distribution of Long-run Income in Sweden [J]. Social Choice & Welfare, 2012, 39: 675 -696.

[51] Black, S. E. , Devereux, P. J. , Black, S. E. , and Devereux, P. J. Chapter 16 - Recent Developments in Intergenerational Mobility [C]. Handbook of

Labor Economics, 2011, 4 (1): 1487 -1541.

[52] Boadway, R. , Cuff, K. and Marchand, M. Optimal Income Taxation with Quasi-linear Preferences Revisited [J]. Journal of Public Economic theory, 2000, 2 (4): 435 -460.

[53] Boadway, R. From Optimal Tax Theory to Tax Policy: Retrospective and Prospective Views [M]. Cambridge, CA: MIT Press, 2012.

[54] Boadway, R. , Marchand, M. , Pestieau, P. and Racionero, M. Optimal Redistribution with Heterogeneous Preferences for Leisure [J]. Journal of Public Economic Theory, 2002, 4 (4): 475 -98.

[55] Bossert, W. and M. Fleurbaey. Redistribution and Compensation [J]. Social Choice and Welfare, 1996, 13: 343 -355.

[56] Bossert, W. Opportunity Sets and Individual Well-being [J]. Social Choice & Welfare, 1997, 14 (1): 97 -112.

[57] Bossert, W. Redistribution Mechanisms Based on Individual Characteristics [J]. Mathematical Social Sciences, 1995, 29 (1): 1 -17.

[58] Bourguignon, F. , F. H. G. Ferreira and M. Menendez. Inequality of Opportunity in Brazil [J]. Review of Income and Wealth, 2007, 53: 585 -618.

[59] Brewer, M. , Saez, E. , Shephard, A. Means Testing and Tax Rates on Earnings [R]. IFS Working Paper, April, 2008.

[60] Brunori, Paolo. The perception of inequality of opportunity in Europe [R]. EUI Working Paper SPS 2015/02.

[61] Bucheli, M. Fiscal Policy and Equality of Opportunity in Uruguay [J]. Documentos De Trabajo, 2014.

[62] Calo - Blanco, A. , Garcia - Perez, J. I. On the Welfare Loss Caused by Inequality of Opportunity [J]. Journal of Economic Inequality, 2014, 12 (2): 221 -237.

[63] Chambers, J. , L. Swan, and M. Heesacker. Better Off Than We Know: Distorted Perceptions of Incomes and Income Inequality in America [J]. Psychological Science, 2014, 25 (2): 613 -618.

[64] Checchi, D. and V. Peragine. Inequality of Opportunity in Italy [J]. Journal of Economic Inequality, 2010, 8: 429 -450.

[65] Chen, Z. Measuring the Poverty Lines for Urban Households in China—An Equivalence Scale Method [J]. China Economic Review, 2006, 17 (3): 239 -252.

[66] Chone, P., Laroque, G. Optimal Taxation in the extensive model [R]. mimeo CREST and IFS working paper, 2009.

[67] Chung, J. H., Lai, H., Xia, M. Mounting Challenges to Governance in China: Surveying Collective Protestors, Religious Sects and Criminal Organizations [J]. China Journal, 2006, 56 (56): 1 -31.

[68] Cogneau, D., and Mesplesomps, S. Inequality of Opportunity for Income in Five Countries of Africa [J]. Research on Economic Inequality, 2008, 16 (08): 99 -128.

[69] Cohen, G A. On the Currency of Egalitarian Justice [J]. Ethics, 1989, 99 (4): 906 -944.

[70] Corak, Miles. Income Inequality, Equality of Opportunity, and Intergenerational Mobility [J]. Journal of Economic Perspectives, 2013, 27 (3): 79 -102.

[71] Cruces, G., R. Perez - Truglia, M. Tetaz. Biased Perceptions of Income Distribution and Preferences for Redistribution: Evidence from a Survey Experiment [J]. Journal of Public Economics, 2013, 98: 100 -112.

[72] Cuff, K. Optimality of Workfare with Heterogeneous Preferences [J]. Canadian Journal of Economics, 2000, 33 (1): 149 -174.

[73] Dagum, C. On the Relationship Between Income and Inequality Measures and Social Welfare Functions [J]. Journal of Econometrics, 1990, 43 (1 -2): 91 -102.

[74] Dardanoni, V., Fields, G., Roemer, J., Sanchez Puerta, M. How Demanding Should Equality of Opportunity Be, and How Much have We Achieved? [C]. In: Morgan, S. L., Grusky, D., Fields, G. (eds.), Mobility and Ine-

quality: Frontiers of Research in Sociology and Economics. Stanford University Press, Stanford, 2005.

[75] Devooght, K. To Each the Same and to Each His Own: A Proposal to Measure Responsibility-sensitive Income Inequality [J]. Economica, 2008, 75: 280 – 295.

[76] Diamond, P. A. Income Taxation with Fixed Hours of Work [J]. Journal of Public Economics, 1980, 13: 101 – 109.

[77] Dias, P. R., and Jones, A. M. Giving equality of Opportunity a Fair Innings [J]. Health Economics, 2007, 16 (2): 109 – 112.

[78] Dias, P. R. Inequality of Opportunity in Health: Evidence from a UK Cohort Study [J]. Health Economics, 2009, 18 (9): 1057 – 1074.

[79] Dias, P. R. Modelling Opportunity in Health Under Partial Observability of Circumstances [J]. Health Economics, 2010, 19 (3): 252 – 264.

[80] Dolan, P. and Tsuchiya, A. The Social Welfare Function and Individual Responsibility: Some Theoretical Issues and Empirical Evidence [J]. Journal of Health Economics, 2009, 28 (1): 210 – 220.

[81] Donni, P. L., Peragine, V., Pignataro, G. Ex-ante and Ex-post Measurement of Equality of Opportunity in Health: A Normative Decomposition [J]. Health Economics, 2014, 23 (2): 182 – 198.

[82] Dunnzlaff, L., Dirk Neumann, Judith Niehues, Andreas Peichl. Chapter 5: Equality of Opportunity and Redistribution in Europe [C]. in Juan Gabriel Rodríguez (ed.) Inequality of Opportunity: Theory and Measurement (Research on Economic Inequality, Volume 19) Emerald Group Publishing Limited, 2011, 99 – 129.

[83] Dworkin, R. What is Equality? Part 2: Equality of Resources [J]. Philosophy & Public Affairs, 1981b, 10 (4): 283 – 345.

[84] Dworkin, R. What is Equality? Part 1: Equality of Welfare [J]. Philosophy & Public Affairs, 1981a, 10 (3): 185 – 246.

[85] Ferreira, F. H. G., Gignoux, J. The Measurement of Educational Ine-

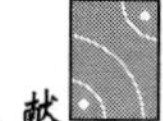

quality: Achievement and Opportunity [J]. World Bank Economic Review, 2014, 28 (2): 210 -246.

[86] Ferreira, F. H. G., Gignoux, J. The Measurement of Inequality of Opportunity: Theory and an Application to Latin America [J]. Review of Income and Wealth, 2011, 57 (4): 622 -657.

[87] Ferreira, F. H. G., J. Gignoux and M. Aran. Measuring Inequality of Opportunity with Imperfect Data: the Case of Turkey [J]. Journal of Economic Inequality, 2011, 9: 651 -680.

[88] Ferreira, F. H. G., Lakner, C., Lugo, M. A., and Ouml Zler, B. Inequality of Opportunity and Economic Growth: How Much Can Cross - Country Regressions Really Tell Us? [J]. Review of Income & Wealth, 2018, 64 (4): 800 -827.

[89] Fleurbaey, M., and Maniquet F. Fair social orderings [J]. Economic Theory, 2008, 34 (1): 25 -45.

[90] Fleurbaey, M., and Maniquet, F. Fair Social Orderings when Agents have Unequal Production Skills [J]. Social Choice & Welfare, 2005, 24 (1): 93 -127.

[91] Fleurbaey, M., and Peragine, V. Ex-ante versus Ex-post Equality of Opportunity [J]. Economica, 2013, 80 (317): 118 -130.

[92] Fleurbaey, M. Fairness, Responsibility, and Welfare [M]. Oxford University Press, 2008.

[93] Fleurbaey, M., Maniquet, F. Fair Income Tax [J]. Review of Economic Studies, 2006, 73 (1): 55 -83.

[94] Fleurbaey, M., Maniquet, F. Help the Low Skilled or Let the Hardworking Thrive? A Study of Fairness in Optimal Income Taxation [J]. Journal of Public Economic Theory, 2007, 9 (3): 467 -500.

[95] Fleurbaey, M. Three Solutions for the Compensation Problem [J]. Journal of Economic Theory, 1995, 65 (2): 505 -521.

[96] Foster, J. E., and Shneyerov, A. Path Independent Inequality Meas-

ures [J]. Journal of Economic Theory, 2000, 91 (2): 199 -222.

[97] Gaertner, W. and Schokkaert, E. Empirical Social Choice [M]. Cambridge University Press, 2012.

[98] Gamboa, L. F., Waltenberg, F. D. Inequality of Opportunity for Educational Achievement in Latin America: Evidence from PISA 2006 - 2009 [J]. Economics of Education Review, 2012, 31 (5): 694 -708.

[99] Gimpelson, V., Treisman, D. Misperceiving Inequality [R]. NBER Working Paper No. 21174, May 2015.

[100] Hadar, J., and Russell, W. R. Rules for Ordering Uncertain Prospects [J]. American Economic Review, 1969, 59: 25 -34.

[101] Hanoch, G., and Levy, H. The Efficiency Analysis of Choices Involving Risk [J]. Review of Economic studies, 1969, 36: 335 -346.

[102] Hart, H. L. A. Rawls on Liberty and Its Priority [J]. University of Chicago Law Review, 1973, 40 (3): 534 -555.

[103] Hassine, N. B. Inequality of opportunity in Egypt [J]. World Bank Economic Review, 2011, 26 (2): 265 -295.

[104] Heckman, J. What has Been Learnt about Labor Supply in the Past Twenty Years? [J]. American Economic Review, 1993, 83: 116 -21.

[105] Jacquet, L., Van de Gaer, D . A Comparison of Optimal Tax Policies when Compensation or Responsibility Matter [J]. Journal of Public Economics, 2011, 95 (11 -12): 1248 -1262.

[106] Kanbur, Ravi and Wagstaff, Adam. How Useful Is Inequality of Opportunity as a Policy Construct? [C]. Inequality and Growth: Patterns and Policy, 2016: 131 -150.

[107] Kaplow, L. Optimal policy with heterogeneous preferences [R]. Working Paper No. 14170, NBER, 2008.

[108] Knight, J., Song, Lina and Ramani Gunalilaka. Subjective Well-being and its Determinants in Rural China [J]. China Economic Review, 2009, 20 (4): 635 -649.

[109] Kolm, S. C. Multidimensional Egalitarianisms [J]. Quarterly Journal of Economics, 1977, 91: 1 – 13.

[110] Konow, J. A Positive Theory of Economic Fairness [J]. Journal of Economic Behavior & Organization, 1996, 31 (1): 13 – 35.

[111] Konow J. Fair and Square: The Four Sides of Distributive Justice [J]. Journal of Economic Behavior & Organization, 2001, 46 (2): 137 – 164.

[112] Konow J. Which Is the Fairest One of All? A Positive Analysis of Justice Theories [J]. Journal of Economic Literature, 2003, 41 (4): 1188 – 1239.

[113] Krueger, Dirk, and Fabrizio Perri. Does Income Inequality Lead to Consumption Inequality? Evidence and Theory [J]. The Review of Economic Studies, 2006, 73 (1): 163 – 193.

[114] Lee, Sang Yoon and Ananth Seshadri. Economic Policy and Equality of Opportunity [J]. The Economic Journal, 2018, 128 (612): F114 – F151.

[115] Lefranc, A., N. and Pistolesi A. Trannoy. Inequality of Opportunities vs. Inequality of Outcomes: Are Western Societies All Alike? [J]. Review of Income and Wealth, 2008, 54: 513 – 546.

[116] Lefranc A, Pistolesi N, Trannoy A. Equality of Opportunity and Luck: Definitions and Testable Conditions, with an Application to Income in France [J]. Journal of Public Economics, 2009, 93 (11): 1189 – 1207.

[117] Lu, I., Chanel, O., Luchini, S. and Trannoy, A. Responsibility Cut in Education and Income acquisition: An Empirical Investigation [J]. AMSE WP, 2013, 47.

[118] Luttens, R. I., Ooghe, E. Is it Fair to Make Work Pay? [J]. Economica, 2007, 74: 599 – 626.

[119] Maasoumi E. The Measurement and Decomposition of Multi – Dimensional Inequality [J]. Econometrica, 1986, 54 (4): 991 – 998.

[120] Marrero, G. A., and Rodriguez, J. G. Inequality of Opportunity in the U. S.: Trends and Decomposition [J]. Research on Economic Inequality, 2011, 19: 217 – 246.

[121] Marrero, Gustavo A. and Rodriguez, Juan G. Inequality of Opportunity and Growth [J]. Journal of Development Economics, 2013, 104 (C): 107 - 122.

[122] Mejia, Daniel and St - Pierre, Marc. Unequal Opportunities and Human Capital Formation [J]. Journal of Development Economics, 2008, 86 (2): 395 - 413.

[123] Mirrlees, J. A. An Exploration in the Theory of Optimum Income Taxation [J]. Review of Economic Studies, 1971, 38: 175 - 208.

[124] Mora, R., Ruiz - Castillo, J. Additively Decomposable Segregation Indexes. The case of Gender Segregation by Occupations and Human Capital Levels in Spain [J]. Journal of Economic Inequality. 2003, 1: 147 - 149.

[125] Musgrave, R. A., and Thin, T. Income Tax Progression, 1929 - 48 [J]. Journal of Political Economy, 1949, 56 (6): 498 - 514.

[126] Niehues, J., and Peichl, A. Upper Bounds of Inequality of Opportunity: Theory and Evidence for Germany and the U. S [J]. Social Choice & Welfare, 2014, 43 (1): 73 - 99.

[127] Norton, M. I., and D. Ariely. Building a Better America-one Wealth Quintile at a Time [J]. Perspectives on Psychological Science, 2011, 6: 912.

[128] O'Neill, D., O. Sweetman and D. Van de gaer. Equality of Opportunity and Kernel Density Estimation [C]. in T. B. Fomby and R. C. Hill (eds.), Advances in Econometrics, 2000, 14: 259 - 274.

[129] Page, Marianne, and John E. Roemer. The US fiscal system as an opportunity equalizing device [C]. Inequality in tax policy, 2001.

[130] Peragine, V. Ranking Income Distributions According to Equality of Opportunity [J]. Journal of Economic Inequality, 2004, 2 (1): 11 - 30.

[131] Pistolesi, N. Inequality of Opportunity in the Land of Opportunities, 1968 - 2001 [J]. Journal of Economic Inequality, 2009, 7 (4): 411 - 433.

[132] Ramos, X., and Gaer, D. Approaches to Inequality of Opportunity: Principles, Measures and Evidence [J]. Journal of Economic Surveys, 2016, 30

(5): 855 -883.

[133] Rawls, J. R. A Theory of Justice [M]. Cambridge, MA: Harvard University Press, 1971.

[134] Rawls, J. R. Justice as Fairness [J]. Philosophical Review, 1958, 67 (2): 164 -194.

[135] Roemer, J. E., and Trannoy, A. Chapter 4 - Equality of Opportunity [C]. Handbook of Income Distribution, 2015, vol. 2: 217 -300.

[136] Roemer, J E. A Pragmatic Theory of Responsibility for the Egalitarian Planner [J]. Philosophy & Public Affairs, 1993, 22 (2): 146 -166.

[137] Roemer, J E. Equality of Opportunity [M]. Harvard University Press, 1998.

[138] Roemer, J E. Equality of Talent [J]. Economics & Philosophy, 1985, 1 (2): 151 -188.

[139] Roemer, J, E., R. Aaberge, U. Colombino, J. Fritzell, S. P. Jenkins, A. Lefranc, I. Marx, M. Page, E. Pommer, J. Ruiz - Castillo, M. J. San Segundo, T. Tranaes, A. Trannoy, G. Wagner, I. Zubiri. To what Extent do Fiscal Systems Equalize Opportunities for Income Acquisition Among Citizens? [J]. Journal of Public Economics, 2003, 87: 539 -565.

[140] Roemer, John, E. Kantian Optimization: A Microfoundation for Cooperation [J]. Journal of Public Economics, 2015, 127: 45 -57.

[141] Roemer, J. On Several Approaches to Equality of Opportunity [J]. Economics & Philosophy, 2012, 28: 165 -200.

[142] Rolf, Aaberge and Colombino, Ugo. Accounting for Family Background when Designing Optimal Income Taxes: A Microeconometric Simulation Analysis [J]. Journal of Population Economics, 2012, 25 (2): 741 -761.

[143] Saez, E. Optimal Income Transfer Programs: Intensive Versus Extensive Labor Supply Responses [J]. Quarterly Journal of Economics, 2002, 117: 1039 -1073.

[144] Salvi, A. An Empirical Approach to the Measurement of Equality of

Opportunity [R]. unpublished manuscript, 2007.

[145] Santaeulaliallopis, R, and Zheng, Y. Missing Consumption Inequality: Direct Evidence from Individual Food Data [R]. Economics Working Papers, 2016.

[146] Schokkaert, E. and Capeau, B. Interindividual Differences in Opinions about Distributive Justice [J]. Kyklos, 1991, 44 (3): 325 – 345.

[147] Schokkaert, E. and Devooght, K. Responsibility – Sensitive Fair Compensation in Different Cultures [J]. Social Choice and Welfare, 2003, 21: 207 – 242.

[148] Schokkaert, E, and Lagrou, L. An Empirical Approach to Distributive Justice [J]. Journal of Public Economics, 1983, 21 (1): 33 – 52.

[149] Schokkaert, E. and Overlaet, B. Moral Intuitions and Economic Models of Distributive Justice [J]. Social Choice & Welfare, 1989, 6 (1): 19 – 31.

[150] Schokkaert, E. Everyone is Post – Welfarist [J]. Revue Economique, 1999, 50: 811 – 831.

[151] Schwartz, C. R. Earnings Inequality and the Changing Association between Spouses' Earnings [J]. American Journal of Sociology, 2010, 115 (50): 1524 – 1557.

[152] Sen, A. From Income Inequality to Economic Inequality [J]. Southern Economic Journal, 1997, 64: 384 – 401.

[153] Sen, A. Inequality Reexamined [M]. Cambridge, MA: Harvard University Press, 1992.

[154] Sen, A. K. Equality of what? [J]. Lecture on Human Values, Vol. 1, Salt Lake City: University of Utah, 1980, I (3 – 4): 12 – 31.

[155] Sen, A. The Idea of Justice [M]. Harvard University Press, USA, Penguin Books, UK, 2009.

[156] Shorrocks, A. F. Decomposition Rrocedures for Distributional Analysis: A Unified Framework Based on the Shapley value [J]. Journal of Economic Inequality, 2013, 11 (1): 99 – 126.

[157] Shorrocks, A. F. Inequality and Welfare Evaluation of Heterogeneous

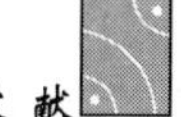

Income Distributions [J]. Journal of Economic Inequality, 2004, 2: 193 - 218.

[158] Shorrocks, A. F. Inequality Decomposition by Population Subgroups [J]. Econometrica, 1984, 52: 1369 - 1388.

[159] Sukiassyan, G. Inequality and Growth: What Does the Transition Economy Data Say? [J]. Journal of Comparative Economics, 2007, 35: 35 - 56.

[160] Tanner, Murray Scot. Challenges to China's Internal Security Strategy [R]. 2006.

[161] Tesfatsion, L. Stochastic Dominance and Maximization of Expected Utility [J]. Review of Economic Studies, 1976, 43: 301 - 315.

[162] Van de gaer, D. Equality of Opportunity and Investment in Human Capital [R]. Ph. D. dissertation, Leuven University, 1993.

[163] Van Parijs, P. Real Freedom for all [M]. New York: Oxford University Press, 1997.

[164] Verme, P. Facts and Perceptions of Inequality in Inside Inequality in the Arab Republic of Egypt [C]. Edited by Paolo Verme, Branko Milanovic, Sherine Al - Shawarby, Sahar El Tawila, May Gadallah, and Enas Ali A. El - Majeed. The World Bank, 2013.

[165] Villar, A. On the Welfare Evaluation of Income and Opportunity [J]. Contributions in Theoretical Economics, 2005, 5 (1): 1129 - 1129.

[166] World Bank. World Development Report 2006: Equity and Development [M]. Washington, DC: World Bank, 2005.

[167] Wu, X. Income Inequality and Distributive Justice: A Comparative Analysis of Mainland China and Hong Kong [J]. China Quarterly, 2009, 200 (200): 1033 - 1052.

[168] Xie, Y., and Zhou, X. Income Inequality in Today's China [J]. PNAS, 2014, 111 (19): 6928 - 6933.

[169] Zhang, Y., and Eriksson, T. Inequality of Opportunity and Income Inequality in Nine Chinese Provinces, 1989 - 2006 [J]. China Economic Review, 2010, 21 (4): 607 - 616.